Das Netz der Korruption

Peter Eigen, Jahrgang 1938, war jahrzehntelang in Südamerika und Afrika als Direktor der Weltbank tätig. Vor zehn Jahren gründete er Transparency International zum Kampf gegen weltweite Korruption. Was als Ein-Zimmer-Büro mit einem Telefonanschluss begann, ist zu einer der erfolgreichsten Nichtregierungsorganisationen mit Niederlassungen in 100 Ländern geworden. 2002 erhielt Transparency International den Carl-Bertelsmann-Preis.

Peter Eigen

Das Netz der Korruption

Wie eine weltweite Bewegung gegen Bestechung kämpft

Campus Verlag
Frankfurt/New York

Die Deutsche Bibliothek – CIP-Einheitsaufnahme

Ein Titeldatensatz für diese Publikation ist bei
Der Deutschen Bibliothek erhältlich
ISBN 3-593-37188-X

Copyright © 2003 Campus Verlag GmbH, Frankfurt/Main
Umschlaggestaltung: Guido Klütsch, Köln
Satz: Fotosatz L. Huhn, Maintal-Bischofsheim
Druck und Bindung: GGP Media, Pößneck
Gedruckt auf säurefreiem und chlorfrei gebleichtem Papier.
Printed in Germany

Besuchen Sie uns im Internet: www.campus.de

Für Jutta

Inhalt

Vorwort von Bundespräsident a.D. Richard von Weizsäcker . . 9

1. Einführende Gedanken 11

2. Arbeit bei der Weltbank 18

3. Erkenntnisse und Widerstände 28

4. Es geht los 37

5. Die Organisation wächst 46

6. Konflikt mit der Weltbank 56

7. Die OECD-Konvention 65

8. Der Integritätspakt 74

9. Wie Unternehmen handeln müssen 82

10. Wie man Korruption bekämpft: the Corruption Fighters'
    Toolkit 95

11. Das Internet als entscheidendes Werkzeug 104

12. Der Corruption Perceptions Index 112

13. Der Bribe Payers Index 121

14. Der TI-Integritätspreis – Schutz für Whistleblower . . . 126

15. Korruption in Deutschland 138

16. Kohl, Klüngel und die Konsequenzen 148

17. Das (deutsche) Gesundheitswesen 161

18. Der Global Corruption Report 173

19. Internationale Organisationen und ihr Kampf
    gegen die Korruption 181

20. Es gibt nicht nur Transparency 193

21. Der Kreis schließt sich – Kenia als gutes Beispiel 206

22. Wie es weiter geht 217

Nachwort von Hans Küng 223

Nachwort von James D. Wolfensohn 238

Anhang

Die Weltkarte der Korruption 247
Der Corruption Perceptions Index 283
Der Bribe Payers Index 288
Web-Adressen 299

Danksagung 301

Die gekaufte Welt
Vorwort von Bundespräsident a.D. Richard von Weizsäcker

Seit zehn Jahren kämpft sich Transparency International vorwärts, um einem Grundübel unserer Welt das Handwerk zu legen: der Korruption. Man könnte beinahe glauben, es wäre ein Kampf gegen Windmühlen. Wir sind Menschen und keine Engel!

Gewiss, wir machen Geschenke, um anderen eine Freude zu bereiten, oder einfach aus Freude am Schenken, aus Freundschaft. Aber es ist auch eine verbreitete Versuchung, zu schenken, um dabei ein Ziel zu erreichen. Im Normalfall benutzt jemand seine Macht bewusst, um einen persönlichen Vorteil zu erzielen. Denn der Starke sitzt am Schalthebel. Der Schwache hingegen muss ihn erst günstig stimmen, damit sich der Hebel bewegt. Das ist ein klassischer Fall von Korruption, vor allem dort, wo Rechtsstaat und freie, wirklich unabhängige freie Presse noch fehlen.

Aber auch unsere Demokratien sind davon nicht frei. Mächtige Parteien haben bestimmenden Einfluss auf die Vergabe von Posten und Aufträgen, und allzu gern lassen sie sich zusätzlich zu ihren ohnehin allzu üppigen Mitteln alimentieren.

In der Weltwirtschaft stoßen wir auf alle Arten von dunklen Kanälen, die einen fairen Wettbewerb durch Korruption ersetzen. Schließlich sind es mafiotische Mächte und auch Terroristen, die sich mit Korruptionsmethoden ihre Ziele vor dem Zugriff der Ordnungshüter freikaufen wollen.

Peter Eigen hat zusammen mit seiner großartigen Frau Jutta die Initiative zu einem planmäßigen Kampf gegen diese Seuche ergriffen, um die es sich bei der Korruption handelt. Weltweit hat er Erfahrungen gesammelt. Er berichtet darüber in seinem Buch *Das Netz der Korruption*, das die strenge Objektivität eines Sachbuches präsentiert und sich zugleich wie ein hochspannender Roman liest. In allen Kontinenten rückt er dieser Krankheit auf die Spur und überall hat er Mitstreiter gefunden. Zu ihnen gehören mutige Journalisten, gewissenhafte Staatsanwälte, Bürger aus allen Schichten bis hin zum nigerianischen Präsidenten Obasanjo, der in seinem Land gegen das Übel kämpft.

Der Korruption die Stirn zu bieten heißt nicht, einfach nur Moralkeulen zu schwingen, um eben doch aus uns Menschen Heilige zu machen. Aber es gilt, dem egoistischen Machtmissbrauch das Handwerk zu legen und den Schwachen zu ihren Chancen zu verhelfen. Das ist eine gemeinsame Aufgabe von uns Bürgern, zum Wohle des Rechts, der Transparenz und Gerechtigkeit. Daher ist das Werk von Peter Eigen, das er mit Transparency International geschaffen hat, eine vorbildliche Leistung, die uns hoffen lässt, auf eine engagierte Zivilgesellschaft zu setzen, wenn wir rund um den Globus lernen wollen, human zusammenzuleben.

Richard von Weizsäcker

1
Einführende Gedanken

Korruption ist der Missbrauch von Macht zum privaten Nutzen.

Definition, Transparency International

Korruption ist ein Grundübel unserer Zeit. Sie zeigt ihr hässliches Gesicht allenthalben. Sie liegt an der Wurzel fast aller wichtigen Probleme – oder verhindert zumindest ihre Lösung – und wirkt besonders verheerend in den armen Regionen in der Welt, wo sie viele Millionen Menschen in Elend, Armut, Krankheit, gewalttätigen Konflikten und Ausbeutung gefangen hält.

Peter Eigen, im März 2003

Ich verbrachte mein Arbeitsleben vor allem in der Weltbank, jener internationalen Entwicklungsorganisation, die weltweit den armen Ländern mit Krediten bei ihrer wirtschaftlichen und sozialen Entwicklung hilft. Aber das Wort Korruption gab es im offiziellen Sprachgebrauch der Weltbank nicht. Zwar wussten wir, dass Bestechung allgegenwärtig war und immer noch ist, wir wussten auch, dass sie viele unserer Entwicklungsbemühungen behinderte, wenn nicht gar unseren Erfolg unmöglich machte, doch darüber redeten wir nur hinter vorgehaltener Hand, denn als Gegenstand ernsthafter Arbeit war sie off limits, sie war tabu. Die Weltbank war dabei keineswegs selbst in besonderem Maße betroffen. Doch sie schloss die Augen davor, dass beinahe jedes Entwicklungsprogramm, das sie unterstützte, durch eine korrupte Realität verzerrt war. Hohe Summen wanderten in die privaten Taschen von mächtigen Politikern und Beamten, Firmen aus dem Westen bereicherten sich durch unnötig hohe Auftragssummen, oder die Entscheidungsmacht wurde anderweitig missbraucht. Jedes böse Wort von uns Weltbankangestellten blieb ungehört. Vorschläge oder gar verbindliche Regeln, die verhindert hätten, dass sich die Plutokraten der Entwicklungsländer und korrupte Lieferanten aus dem Norden auf Kosten ihrer Bürger mit dem Geld der Geberländer bereicherten, wurden gänzlich abgelehnt. Denn das, so die Argumentation unserer Rechtsabteilung, wäre eine politische Einmischung in die inneren Angelegenheiten des jeweiligen Staates, die nach der Satzung der Weltbank verboten war.

Natürlich konnten sich aufgeweckte Beobachter der katastrophalen Auswirkung der Korruption nicht verschließen. Ich erinnere mich gut an eine Bemerkung meiner Frau Jutta, dass die Weltbank »auf den Dächern geigt, während Rom brennt«. Doch die Ansicht, dass es geradezu die Pflicht dieser Institution sei, eine klare Position gegen die Korruption einzunehmen, galt als ketzerisch.

Als ich daher versuchte, mich privat in meiner Freizeit gegen die Korruption zu engagieren, wurde mir auch das per Memorandum des Weltbankpräsidenten Conable ausdrücklich verboten. Ich hatte immer mit vollem Einsatz und Überzeugung für diese Institution gearbeitet. In vielen Jahren haben wir vieles erreicht und den Ländern der Dritten Welt sehr helfen können. Bis heute achte und schätze ich die Weltbank und bereue keinesfalls meine Entscheidung, ihr so lange anzugehören. Ich trat ihr aus der Überzeugung bei, zu helfen, eine bessere Welt zu schaffen. Jetzt verließ ich aus derselben Überzeugung die Organisation nach 25 Jahren vorzeitig und gründete im Mai 1993 mit einigen wenigen Freunden und Mitstreitern aus aller Welt die Nichtregierungsorganisation (NGO) Transparency International (TI) zum Kampf gegen die allgegenwärtige Korruption.

Der Ausgangspunkt 1993 sah trübe aus. Über Korruption wurde weder in der Politik, der Gesellschaft noch in der Wirtschaft gesprochen. Dabei war gerade die Wirtschaft in einem Teufelskreis gefangen. Um im weltweiten Konkurrenzkampf bestehen zu können, glaubte sie bestechen zu müssen. Keine Korruption, kein Auftrag, so lautete die Formel. Wer versuchte, aus diesem Dilemma auszubrechen, konnte sein Unternehmen an den Rand des Ruins bringen. Und warum sollten sie es auch versuchen? Das System funktionierte doch perfekt – und wurde sogar von staatlicher Seite gefördert. Als einzige führende Wirtschaftsmacht hatten nur die USA bereits 1977 mit dem Foreign Corrupt Practices Act ihren Unternehmen bei Strafe verboten, im Ausland zu bestechen. Aber Staaten wie Deutschland erlaubten dies nicht nur stillschweigend, sondern unterstützen es sogar, indem sie im Ausland gezahlte Bestechungsgelder steuerabzugsfähig machten.

Der bis heute immer wiederholte Spruch, es sei in den Ländern der Dritten Welt nun einmal Tradition, zu bestechen und Beamten und Diktatoren Bakschisch an die Hand zu geben, war schon damals nicht nur zynisch und weltfremd, sondern einfach falsch. Es stimmt natürlich, dass in verschiedenen Kulturen Geschenke und auch die Unterstützung von Familien- oder Stammesangehörigen einen unterschiedlichen Stellenwert haben. Doch es gibt kein Land in der Welt, in dem akzeptiert wird, dass die Mächtigen, denen man die Entscheidung über Wohl und Wehe der Gesellschaft anvertraut hat, sich große Geldbeträge auf anonyme Bankkonten überweisen lassen, um falsche wirtschaftspolitische Entscheidungen zu treffen. Wenn solche Systeme mancherorts entstanden sind, und oft wurden sie vom Westen dort eingeführt, dann tragen private Unternehmen daran eine große Mitschuld. Übrigens wäre dann auch Deutschland ein Land der Dritten Welt: Auch hierzulande wird bestochen, geschoben und gemauschelt, und zwar auf allen Ebenen. Das zeigte nicht zuletzt der noch ungelöste Spendenskandal Kohl oder die Affären in Köln und Wuppertal.

Michael Wiehen, langjähriger Vorsitzender der deutschen Sektion von Transparency International, drückt es so aus: »Die Korruptionsbereitschaft ist in Deutschland vor allem auf mittelständischer und kommunaler Ebene immer noch sehr groß. Ohne Geschenke läuft gar nichts. Das sieht man dort gar nicht als Korruption an, weil es eben immer schon so war.« Doch ganz genauso wie in den Kreisen der Weltbank redete man auch in Deutschland jahrelang einfach nicht darüber, ein Unrechtsbewusstsein fehlte fast gänzlich. Erst durch immer zahlreichere Veröffentlichungen in den Medien und einen immer schlechter werdenden Platz in unserem Corruption Perception Index, einem Indikator, der weltweit die wahrgenommene Korruption misst, wurde man hierzulande darauf aufmerksam, dass Korruption eben kein Problem allein der Dritten Welt ist.

Viel wichtiger noch ist aber die Einsicht, dass Korruption kein Kavaliersdelikt ist. Immer wieder wird sie bagatellisiert und damit verkannt. Denn Korruption bringt weltweit Tod und Verderben. Sie vernichtet immense volkswirtschaftliche Werte und hindert die Staaten der Dritten Welt in ihrer Entwicklung. Korruption zerstört ehrliche Unternehmen und verzerrt den Wettbewerb, sie beeinflusst die Politik führender Staaten, unterhöhlt die Demokratie und wird von der organisierten Kriminalität und dem Terrorismus benutzt.

So vielfältig wie das Gesicht der Korruption ist, so vielfältig waren 1993 auch die Motive der Menschen, die sich zusammentaten, um mit den Mitteln der Zivilgesellschaft einen Ausweg zu finden und Transparency International zu gründen. Einige kamen wie ich aus der internationalen Entwicklungshilfe, andere aus der Wirtschaft, der Wissenschaft, von Regierungen oder Medien. Es waren Männer und Frauen aus der Ersten, der Zweiten und der Dritten Welt, Politiker, Journalisten, Rechtsanwälte, Aktivisten und Bürgerrechtler.

Aber eines einte uns: Wir waren Menschen, die alle bereits ein langes Leben international hohe Ämter bekleidet hatten oder immer noch bekleideten. Und alle hatten die Auswirkungen der Korruption mehr oder weniger direkt erlebt. Kamal Hossein zum Beispiel, der als Justizminister von Bangladesch, als Mitarbeiter der Vereinten Nationen und als internationaler Anwalt jahrzehntelange Erfahrung mit internationalen Korruptionsfällen hatte; das Kommunikationsgenie Frank Vogl, ehemaliger Sprecher der Weltbank und unser erster Pressesprecher; Hansjörg Elshorst, Geschäftsführer der deutschen Gesellschaft für Technische Zusammenarbeit (GTZ), der sich in seiner Entwicklungsarbeit nicht mehr dem Bestechungskartell unterwerfen wollte, und Fritz Heimann, der als Rechtsberater von General Electric mit ansehen musste, wie sich die internationale Konkurrenz durch Bestechung Wettbewerbsvorteile verschaffte.

Wir waren alle keine langhaarigen Weltverbesserer oder Revolutionäre in zerrissenen Jeans, sondern gestandene Professionelle, Anwälte, Politiker und Bankmanager. Wir hatten auch nicht vor, uns an Werkstore zu ketten oder in Schlauchbooten vor Ölbohrinseln zu kreuzen. Im Gegenteil: Von Anfang an wollten wir uns mit den traditionellen Akteuren dieser korrupten Welt an einen Tisch setzen und gemeinsam Lösungen finden. Wir wollten das System der Korruption anprangern, nicht diejenigen, die durch jahrelange Praxis im Kreislauf der Bestechung gefangen waren. Als Pragmatiker wollten wir genau mit den Methoden kämpfen, die wir über die Jahre hinweg praktiziert hatten. Und die bestanden für uns darin, durch Überzeugung alle Beteiligten an einen Tisch zu bringen, Kompromisse zu finden, Allianzen zu schmieden und möglichst gemeinsam für Transparenz zu sorgen.

Um eine Chance zu haben, mussten wir nicht nur weltweit aktiv und vor Ort präsent sein, sondern uns auch von dem Wissen, dem Engagement und dem Willen der lokalen Zivilgesellschaft leiten lassen. Daher begannen wir sofort, nationale Ableger zu gründen. Heute, zehn Jahre später, hat Transparency International Sektionen in über 100 Ländern, unsere so genannten National Chapter. Kontakte bestehen sogar in über 120 Ländern: Von Deutschland über Bangladesch, Kenia, Chile und den Philippinen bis zu Russland und den USA haben sich Tausende für unser Ziel engagiert. In den vergangenen Jahren haben wir Instrumente geschaffen, um die Korruption effizient einzudämmen, z. B. schufen wir so genannte »Inseln der Integrität«, schlossen »Integritätspakte«, veranstalteten Schulungen und Seminare, stellten weltweit den Grad der Korruption sowie die Bereitschaft, Bestechungsgelder zu zahlen, in Ranglisten dar und engagierten uns für mehr Transparenz in Wirtschaft, Verwaltung und Politik.

Im vergangenen Jahrzehnt erlitten wir Rückschläge und konnten Erfolge verbuchen, wir haben aber noch lange nicht genug erreicht. Transparency International steht vor einem großen Umbau, die Herausforderungen wachsen. Der 11. September hat die Korruption in ein völlig neues Licht getaucht, denn seither müssen wir sie nicht mehr nur als ein Wirtschaftsdelikt, sondern ganz klar auch als Werkzeug von Terroristen begreifen. Denn wie es Roland Noble, Generalsekretär von Interpol, ausdrückt: »Was hilft die beste technische Ausstattung der Polizei, wenn ihre Organe korrupt sind? Wenn Terroristen alle Fahndungs- und Sicherheitsmaßnahmen umgehen können, indem sie die Leute, die sie eigentlich von ihren Taten abhalten sollen, korrumpieren?«

Eine weitere Herausforderung für TI ist die Geldwäsche – einer der Eckpfeiler der organisierten Kriminalität und des Terrorismus. Wir müssen uns um das wirtschaftliche Weiterkommen der armen Länder der Welt kümmern, um jene Zustände zu verhindern, die erst zu Terrorismus und organisierter Kriminalität führen. Und schließlich auch um Umweltschutz und das Wiederauffinden der von den Potentaten der Dritten Welt geraubten und veruntreuten Gelder.

Welche Methoden wir als Organisation der Zivilgesellschaft dabei anwenden, wie sich TI aus einer kleinen Idee zu einer weltweiten Bewegung entwickelt hat, und auch, was jeder Einzelne durch persönliche Integrität und Transparenz zu einer neuen Weltordnung beitragen kann, möchte ich in diesem Buch erzählen. Es ist ein bisschen meine Geschichte. Aber es ist vor allem die Geschichte von Tausenden von Menschen, die sich tagtäglich für eine Sache engagieren, von der sie so überzeugt sind, dass manche dabei sogar ihr Leben riskieren.

2
Arbeit bei der Weltbank

Mein Mann stand der Weltbank immer kritisch-loyal gegenüber. Er bewundert sie auch jetzt noch und bereut es in keinster Weise, so lange für sie tätig gewesen zu sein, auch wenn er ihr gegenüber in einzelnen Fragen eine sehr kontroverse Meinung hatte.

Jutta Eigen

Ich war nie ein Revoluzzer. In bin in einem liebevollen und großzügigen Elternhaus im fränkischen Erlangen aufgewachsen und war wohl das, was Jutta Philippi, meine spätere Frau, scharfzüngig einen »Kleinstadtkönig« nannte. Ich hatte einen studentischen Reiterverein gegründet, wo ich meiner Leidenschaft, dem Reiten, frönen konnte. Im gemeinsam eingerichteten Studentenkeller spielte ich Klarinette in einer Jazzband, bei der Schülermitverwaltung im musischen Gymnasium organisierte ich Sport-, Tanz- und andere Feste und ich schrieb regelmäßig kleine Artikel für das *Erlanger Volksblatt*. Abgesehen von einigen wenigen Abstechern zu den bayerischen Jungdemokraten, zu denen mich ein Mitschüler schleppte, wuchs ich relativ unpolitisch auf, studierte Jura in Erlangen und Frankfurt am Main, wo ich schließlich meinen Doktor machte.

Doch im Sommer 1963 änderte sich mein Leben durch eine Südamerika-Reise. Ich hatte gerade ein Jahr als Fulbright-Stipendiat in den USA verbracht und wollte nun per Anhalter durch den Süden des Doppelkontinents fahren. Auf dieser Reise bekam ich erstmals ein Gefühl für die Ungerechtigkeiten der Welt, ein Gefühl, das mich nachhaltig verändern sollte. Denn je nachdem, wer mich auf dieser viermonatigen Reise gerade mitnahm oder mir Unterkunft gewährte, lernte ich sowohl die Herrschenden als auch die Arbeiter und Studenten kennen.

In Nicaragua zum Beispiel war ich eingeladen bei reichen Freunden des Diktators Somoza. Nie werde ich vergessen, wie arrogant die lokale Elite sich verhielt, in die mein Gastgeber mich einführte, als wir durch die wunderbare Landschaft Nicaraguas fuhren. Sie ließen Polizisten stramm stehen und kommandierten sie herum, belästigten die Landbevölkerung mit verächtlichen Sprüchen und benahmen sich überall wie mittelalterliche Feudalherren. Von linksgerichteten Studenten wiederum, die mich mitnahmen, als ich per Anhalter nach Costa Rica fuhr, hörte ich sehr viel über die politischen Zusammenhänge. Auf einer Bananenplantage im Süden des Landes lernte ich einiges über die wirtschaftlichen Interessen amerikanischer multinationaler Gesellschaften in Mittelamerika.

In Ecuador schließlich heuerte ich auf einem Frachter an, um mir die Weiterfahrt nach Peru zu verdienen. Von dort ging es nach Chile, wo ich bei kommunistischen Aktivisten und Künstlern wohnte, die die Ausbeutung durch die USA anprangerten. Aber über einen amerikanischen Diplomaten lernte ich auch Peter Reitter, den Vertreter der Weltbank, kennen. Er war es, der mir den Floh ins Ohr setzte, für die Weltbank zu arbeiten, als er mir von den positiven Effekten seiner Arbeit vorschwärmte.

In Argentinien lernte ich jüdische Flüchtlinge, Alt-Nazis, ehemalige Kameraden aus der Burschenschaft meines Vaters und Mitglieder der Militärjunta kennen. Hier versuchte ich morgens Arbeit auf einem Schiff zu finden, und nachmittags bewegte ich dann in feinem Zwirn die Pferde von General Carlos Delia, dem damaligen Weltmeister im Jagdspringen und Mitglied der Junta.

Auf dieser Reise erlebte ich hautnah, wie feudal sich die herr-

schende Klasse vielerorts gebärdete und wie chauvinistisch sie auf
Kosten der großen Mehrheit ihrer Bürger lebte. Und so entdeckte
ich gleichzeitig meine Liebe für Lateinamerika und meinen Ab-
scheu für Diktatoren und Ausbeuter. Schon als ich als Matrose auf
einem holländischen Schiff zurück nach Europa fuhr, wusste ich
zwei Dinge: Ich würde wiederkommen und ich wollte etwas Nützliches mit meinem Leben anfangen.

Es dauerte 20 Jahre, bis ich tatsächlich Abteilungsleiter für
sechs südamerikanische Länder in der Weltbank wurde und endlich in der Lage war, etwas zu bewegen. Aber erst einmal kam ich
1963 aus Lateinamerika zurück und ging viel ernsthafter als zuvor
an mein Studium. Ich suchte die Nähe politischer Kreise, orien-
tierte mich dabei nach links und wurde auch Mitglied der Studio-
bühne Erlangen, einer Gruppe aus Brecht-Anhängern. Wir gingen
auf Tournee und besuchten unter anderem Lehrgänge am Berliner
Ensemble unter Helene Weigel. Wir gastierten in Polen und ge-
wannen 1964 mit einer Peymann-Inszenierung der »Straßenecke«
von Hans Henny Jahnn sogar den 1. Preis bei einem Festival in
Warschau. Dass ich mein Studium trotz meiner neuen Schauspiel-
interessen mit einer guten Note abschloss, verdanke ich nur einem
sehr guten Freundeskreis, dem ich bis heute eng verbunden bin.

Schon ein Jahr nach dem Abschluss meiner Promotion lud mich
der Direktor des Instituts für Wirtschaftsrecht an der Universität
Frankfurt, Professor Heinrich Kronstein, ein, mich über internationales Wettbewerbsrecht zu habilitieren. Im September 1966
nahm er mich mit in die USA an das »Institute for International
and Foreign Trade Law« an der Georgetown-Universität Washington, wo ich als sein Assistent über die amerikanischen Wettbe-
werbsbehörden recherchieren wollte.

Aus meiner Habilitation über die »Möglichkeiten der Domesti-
zierung privater Wirtschaftsmacht in internationalen Märkten«
wurde nichts. Bis heute liegt sie unfertig in der Schublade. Denn
nach anderthalb Jahren in Washington warb mich die Weltbank

1968 für ihre Rechtsabteilung ab. Die Entscheidung fiel mir relativ leicht, da ich ja schon seit meinem Chile-Aufenthalt mit dem Gedanken gespielt hatte, ihr beizutreten. Vor allem wollte ich nun endlich etwas bewegen.

In den vier Jahren, die ich in der Rechtsabteilung in Washington arbeitete, war es privat recht turbulent. In dieser Zeit bekam unsere Tochter Johanna zwei Brüder, unsere beiden Söhne Christian und Tobias. Aber auch in meinem Beruf hatte ich alle Hände voll zu tun. Meine Aufgabe bestand nun hauptsächlich darin, in Arbeitsgruppen mit anderen Experten der Weltbank die rechtlichen Aspekte unserer Programme auszuarbeiten. Meine Kollegen waren einerseits die Loan Officers, die für einzelne Länder, und die Project Officers, die für einzelne Sektoren wie Transport, Landwirtschaft, Erziehung, Bergwerke und Gesundheit zuständig waren. Ich nahm an zahlreichen Projektmissionen in die verschiedensten Ländern teil, von Costa Rica über Tansania bis Pakistan, und arbeitete mit daran, die Teilung von Bangladesch und Pakistan rechtlich zu vollziehen. Außerdem betreute ich in der Rechtsabteilung die immer wichtiger werdenden Anleihen an den deutschen Kapitalmärkten.

1971 kam das Angebot, für einige Zeit nach Botsuana zu gehen und der dortigen Regierung im Auftrag der Ford Foundation beim Aufbau eines Justizsystems zu helfen. Zunächst hatte ich Zweifel, ob ich der Weltbank für diesen Zeitraum den Rücken kehren sollte. Doch als auch meine Frau das Angebot bekam, in einem Regierungskrankenhaus als Ärztin zu arbeiten, war die Entscheidung gefallen. Ich nahm unbezahlten Sonderurlaub bei der Weltbank und ging mit meiner Familie für zwei Jahre nach Afrika, um das, was ich bei der Weltbank gelernt hatte, weiterzugeben. Und ich glaube, ich habe meinen Teil dazu beitragen können, dass in diesem Land heute ein stabiles Rechtssystem und relativer Wohlstand herrschen.

Von mir wurde verlangt, alle wichtigen internationalen Wirt-

schaftsverhandlungen rechtlich zu betreuen. Das war in der damaligen geopolitischen Situation von Botsuana nicht einfach, denn es
war von allen Seiten von rassistischen und undemokratischen
Nachbarn umgeben. Nur im Norden berührte Botsuana in einem
geometrischen Punkt mitten im Sambesi-Fluss den unabhängigen
Schwarzen Kontinent. Dieser Punkt hatte völkerrechtlich keine
Ausdehnung und konnte – auch gegen den Willen der Nachbarn –
mit einer Fähre überfahren werden. Aber am Gefühl der Einge-
schlossenheit konnte dieser Punkt nichts ändern. Dies war wohl
auch einer der Gründe, warum die Regierung von Seretse Khama,
der das Land 1966 in die Unabhängigkeit geführt hatte, so sehr
auf Verhandlung und Recht setzte. Das kam der Rationalität der
Konzessionsverträge für große Diamantenminen, die wir Harry
Oppenheimer und seinem Team abhandelten, sehr zupass. Nie
wieder sollte ich eine so offene und vernünftige Regierung in
Afrika oder anderswo vorfinden wie damals in Botsuana.

Aufgrund der guten Erfahrungen in Botsuana hatte ich schon
damals mit dem Gedanken gespielt, die Weltbank gänzlich zu verlassen und eine gemeinnützige Organisation mit dem Ziel zu gründen, Staaten der Dritten Welt insbesondere bei Verhandlungen mit
internationalen Bergwerksgesellschaften zu beraten. Ich traute
mich aber 1974 nicht, die Weltbank zu verlassen und kehrte 1975
als so genannter Loan Officer zurück, der für die Elfenbeinküste,
Benin und Togo zuständig war.

Es war eine sehr intensive Zeit, in der ich viel reiste und sehr
viel über diese Länder lernte. 1977 wurde ich dann Abteilungsleiter und blieb – unterbrochen von einem Sabbatjahr, in dem ich
eine Gastprofessur an der Universität Frankfurt übernahm – zuständig für die sieben zentralafrikanischen Länder Kamerun, Zen-
tralafrikanische Republik, Tschad, Volksrepublik Kongo, Äquato-
rial-Guinea, Gabun und São Tomé/Príncipe.

Es war eine harte und aufreibende Zeit, auch mit sehr erschüt-
ternden Erlebnissen, wie beispielsweise 1977 im Kongo. Wir

unterstützten dort ein großes Eisenbahnprojekt. Doch der gigantische Tunnelbau wurde von Freiheitskämpfern aus Angola angegriffen und kam völlig zum Stillstand. Die beteiligten Firmen waren nur bereit, das wichtige Projekt fortzusetzen, wenn sie militärischen Schutz und eine Gefahrenzulage bekommen würden. Ich unternahm alles, um das Projekt zu retten und reiste durch die ganze Welt, um die Gelder bei den Geberländern zu organisieren. Am Vorabend meiner Abreise traf ich einmal den Präsidenten der Republik Kongo, Marien Ngouabi, der mir einen Brief an den Weltbankpräsidenten McNamara mitgab. Als ich in Washington ankam, war Ngouabi bereits tot. Er und die Leute, die zufällig bei ihm waren, sind ermordet worden, weil er eine Öffnung zum Westen anstrebte. Erstmals wurde mir bewusst, dass meine Arbeit auch Risiken hatte. Viel später, als ich gegen die Korruption aktiv wurde, bekam ich das noch viel stärker zu spüren.

Immer wieder kam es aufgrund meiner rigorosen Positionen auch zu Konflikten mit dem Management der Bank. Ich konnte zwar meistens ungehindert arbeiten, da die von mir betreuten Länder manchen Personen anscheinend nicht wichtig genug erschienen, doch häufig eckte ich auch an. So beschwerte sich ein amerikanisches Unternehmen direkt bei Robert McNamara über mich, als ich auch nach 1972 der Regierung von Botsuana den einen oder anderen Ratschlag gab, der das Land vor der Ausbeutung durch internationale Konzerne bewahren sollte. Ich würde die Menschen vor Ort radikalisieren und aufwiegeln, hieß es. Daraufhin musste mein damaliger Vorgesetzter und heutiger Mitstreiter Michael Wiehen, der Direktor für Ostafrika war, den Canossa-Gang antreten und sich für mich entschuldigen. Der Regierung von Botsuana schrieb die Weltbank einen Brief, in dem alles, was ich sagte, als meine ganz persönliche Meinung heruntergespielt wurde. Allerdings ohne die erhoffte Wirkung. Der damalige Staatssekretär im Finanzministerium und heutige Präsident des

Landes, Festus Mogae, antwortete nur: »Sehr gut. Das ist genau
der Grund, warum wir Peter Eigens Rat befolgen.«

Doch selbst wenn ich hin und wieder kritisch war und meinen
Überzeugungen treu blieb, war ich meist ein treuer Soldat der
Weltbank. Ich war pragmatisch und konnte alles, was geschah, ra-
tionalisieren – ganz im Gegensatz zu meiner Frau Jutta. Sie war es,
die mich immer wieder auf den Boden brachte, die mit mir disku-
tierte und mehr als einmal meine Arbeit in Frage stellte. Sie sagte,
wenn wir mit den Diktatoren und Plutokraten gemeinsame Sache
machen würden, würden wir auch unsere Glaubwürdigkeit bei der
Bevölkerung und in der Welt verlieren. Schon 1965 stand sie de-
monstrierend mit dem Kinderwagen vor den Toren des Gebäudes,
in dem ich in Erlangen mit einer amerikanischen Delegation disku-
tierte. Bis zu ihrem Tod im Sommer 2002 engagierte sie sich für
kranke und unterprivilegierte Menschen in aller Welt. 1972 in
Botsuana eröffnete sie zusätzlich zu ihrer Arbeit in einem Regierungskrankenhaus eine Buschklinik außerhalb der Hauptstadt
Gaborone, in der sie gemeinsam mit traditionellen Wunderheilern
die Ärmsten der Armen behandelte. 1999 gründete sie die »Stiftung Kinder-Hilfe« und als Mitglied der »Ärzte für die 3. Welt«
verbrachte sie auch nach unserer Rückkehr aus Afrika jedes Jahr
mehrere Monate in Krankenhäusern in Entwicklungsländern.
Während ich mit den Herrschenden der afrikanischen und lateinamerikanischen Länder konferierte, arbeitete sie in den Slums und
war mit dem alltäglichen Elend konfrontiert. Unser Sohn Tobias
erinnert sich: »Meine Mutter hatte immer heftige Kontroversen
mit meinem Vater. Das war in Chile so, als er mit Pinochet zu-
sammenarbeitete, und auch später in Afrika. Sechs Tage die Woche verbrachte sie in den Slums, während Vater bei den Weltbank-
meetings in den feinen Büros saß. Am Frühstückstisch kam es
dann immer zu Diskussionen. Er vertrat die Position der Weltbank, sie hatte eine völlig andere Perspektive. Wir sahen dennoch,
dass es ihm nicht immer leicht fiel, wie er frustriert nach Hause

kam, wenn die afrikanischen Potentaten wieder einmal ein unsinniges Projekt auf Kosten eines sinnvollen durchgesetzt hatten.«

Diese Gespräche blieben bei mir nicht ohne Wirkung. Doch lange Jahre blieb ich bei meiner Überzeugung, dass ich nur etwas erreichen konnte, wenn ich mich mit den Mächtigen an einen Tisch setzte. Mehr als einmal musste ich dabei riesige Kröten schlucken. Doch ohne meine Frau hätte ich vielleicht noch die eine oder andere mehr geschluckt. Kurz vor ihrem Tod erinnerte sie sich: »Der Reichtum unserer Beziehung und gleichzeitig der Grund für einen ständigen Konflikt war, dass ich immer mehr auf dem Boden gearbeitet habe, während er mit den Herrschenden verkehrte. Ich denke, das hat ihm geholfen, eine andere Perspektive zu erhalten, auch wenn unsere Diskussionen oft heftig waren. Dennoch musste Peter auch nach meinem Empfinden mit den Mächtigen der Länder zusammenarbeiten, er hatte keine andere Wahl.«

1983 wurde ich Abteilungsleiter für Lateinamerika und war zuständig für Argentinien, Chile, Ecuador, Paraguay, Peru and Uruguay mit einem jährlichen Kredit-Budget von 1,5 Milliarden US-Dollar. Ich war nun mehr als je zuvor damit beschäftigt, die Wirtschaft ganzer Staaten zu fördern und verhandelte ständig mit den Regierungen dieser Länder auf der einen Seite und den Geberländern, Entwicklungshilfeorganisationen, den Banken und dem Internationalen Währungsfonds (IWF) auf der anderen Seite.

Dies war die Zeit der Schuldenkrise, in der die Weltbank neben dem IWF versuchte, mit großem Aufwand von finanziellen und anderen Mitteln als Feuerwehr einzugreifen. Aber wir mussten äußerst vorsichtig sein, um uns nicht vor den Karren der großen Banken spannen zu lassen. Im Gefolge des Ölschocks hatten sie sich zu freimütig und unverantwortlich in vielen Ländern Lateinamerikas engagiert und wir sollten ihnen nun die Kastanien aus dem Feuer holen. Wiederum war meine rigorose Haltung häufig den Banken und unserem Management nicht genehm. In Chile kam

die Kritik von links, einschließlich Jutta, die draußen vor der Weltbank dagegen protestierte, dass wir mit Strukturanpassungsdarle-
hen der Pinochet-Regierung helfen wollten, aus der tiefen Krise zu
kommen; für Peru wurde ich von rechts beschimpft, weil ich
weiterhin die Kredite auszahlen wollte, obwohl Alan Garcia den
Schuldendienst verweigerte; für Ecuador bekamen wir von den
Umweltschützern Prügel, weil die Erdölgesellschaften mit unserer
Hilfe den Urwald und seine Bewohner gefährdeten; und bezüglich
Argentinien hagelte es von allen Seiten Kritik, da wir dem demokratisch gewählten Präsidenten Alfonsin eine bessere Wirtschafts-
politik aufzwingen wollten. Zu all dem kam fast überall ein tiefsit-
zendes System der Korruption ...

Auf diesem Posten blieb ich bis 1988, um dann nach Afrika zu-
rückzukehren. Mit meiner Familie zog ich nach Kenia, wo ich nun
Direktor der Regionalmission der Weltbank für Ostafrika wurde
und etwa 100 Mitarbeiter hatte. Hier, auf dem letzten Posten meiner Laufbahn, wurden die Auswirkungen der Korruption am uner-
träglichsten. Auf allen meinen Stationen war ich mit den verschiedensten Formen der Bestechung und Bestechlichkeit konfrontiert
gewesen. Zwangsläufig hatte ich sie hinnehmen müssen. In Afrika
aber spürte ich ihren direkten Einfluss. Und ich lernte durch viele
sehr gute, bis heute bestehende Kontakte, dass die Bevölkerung
keineswegs aus Tradition an der Korruption festhält. Einen großen
Anteil daran hatte nicht zuletzt meine Frau, die jeden Tag in die
Slums fuhr und abends wieder in die luxuriöse Villa zurückkehrte.
Sie erinnerte sich: »Korruption war in den Gesprächen mit meinem
Mann lange nicht das Thema. Erst in Kenia habe ich hautnah erlebt, wie sich die Minister der Regierung bereicherten, und dies auf
eine geradezu schamlose Art. Es war auch ein sehr gefährliches
Land, Kritiker mussten hier um ihr Leben fürchten. Wir haben hier
drei Jahre sehr intensiv gelebt.«

Kenia hätte nicht unbedingt meine letzte Station in der Weltbank sein müssen. Ich hätte noch einige Jahre bis zu meiner Pen-

sionierung warten, vielleicht noch etwas die Karriereleiter hinaufklettern können. Doch dann gab es plötzlich Dinge, die wichtiger waren. Für mein Engagement gegen die Korruption bekam ich immer mehr Resonanz von Freunden aus der Ersten, Zweiten und Dritten Welt. Aber innerhalb der Weltbank waren mir die Hände gebunden. Ich musste sie verlassen.

3
Erkenntnisse und Widerstände

Als mich Peter Eigen zum ersten Mal fragte, was ich von einer internationalen Antikorruptionsinitiative hielte, war ich mehr als skeptisch. Ich sagte: »Du bist ein Illusionist. Lass die Finger davon! Du hast keine Chance.« Seitdem ist Peter Eigen von unzähligen weiteren Menschen als Utopist verlacht worden. Aber er hat es geschafft, sehr viele gute und motivierte Leute von seinen Ideen zu überzeugen und sie zur Mitarbeit zu bewegen.

Michael Wiehen, ehemaliger Direktor der Weltbank und später Vorsitzender von Transparency International Deutschland

Für uns ist Kenia die Heimat von TI. Hier wurde die Saat gesät. Auch wenn die Regierung zunächst die Gründung eines TI-Chapters untersagte. Wir fühlen uns Peter Eigen sehr stark verbunden, ohne ihn wären wir lange nicht da, wo wir heute sind. Wenn jemand anderes eine Organisation wie Transparency International gegründet hätte, hätten wir ihm vermutlich nicht so vertraut.

John Githongo, Staatssekretär im Büro des Präsidenten Kibaki von Kenia, ehemaliger Journalist und Vorsitzender von TI Kenia

Einmal im Jahr treffen sich in Paris die Vertreter der Geberländer und -organisationen für Kenia zum so genannten »Consultative Group Meeting«. Da die Weltbank traditionell den Vorsitz führt, gehörte es von 1988 bis 1991 zu meinen Aufgaben, auch in Kenia regelmäßig eine technische Geberkonferenz zu leiten. Hier ging es darum, welche Entwicklungsprojekte förderungswürdig und aus unserer Sicht sinnvoll waren. Natürlich war es eine politische Veranstaltung, bei der jede Organisation und jeder Staat ihre eigenen Interessen vertraten. In zähen Verhandlungen gelang es uns aber immer wieder, Gelder für wichtige Projekte bereit zu stellen, die Kenia unserer Ansicht nach in seiner Entwicklung nach vorne brachten.

Doch meist war alles umsonst. Während wir uns in Paris und Nairobi noch um Details stritten, hatten sich die Firmenbosse längst mit Regierungsmitgliedern und hohen Beamten der Entwicklungsländer an einen Tisch gesetzt und sie dazu gebracht, völlig unnötige und überteuerte Projekte zu beschließen. Wenn die Weltbank oder eine andere staatliche Entwicklungsorganisation sich weigerten, diese sinnlosen oder gar schädlichen Projekte zu finanzieren, sprangen die privaten Hausbanken der Lieferunternehmen nur zu gerne in die Lücke. Sie gewährten den Staaten des Südens einen schnellen, aber oft überteuerten Kredit, der häufig genug mit staatlichen Garantien gedeckt war. Denn ihr Kalkül beinhaltete, dass es früher oder später zu einer Umschuldung oder Entschuldung durch die Geberländer kommen würde, wenn dem betroffenen Staat die Zahlungsunfähigkeit drohte.

Solche unnötigen Projekte und überhöhten Kredite sind der Hauptgrund für die hohe Verschuldung, die schlechte Infrastruktur und die Umweltzerstörung in den Ländern der Dritten Welt. Die Unternehmen, die bestechlichen Potentaten und die Banken haben ihre Schäflein im Trockenen – die Leidtragenden sind die Bevölkerung ebenso wie die künftigen Generationen. Das Grundübel in diesem System ist die Korruption. Denn um die zum Teil widersinnigen Projekte durchzusetzen, müssen große Summen in die privaten Schatullen der Entscheidungsträger geflossen sein.

Ich erinnere mich, dass wir in der Weltbank beschlossen, einen Teilbetrag für ein Telekommunikationsprojekt in der Elfenbeinküste nicht auszuzahlen, da die Regierung es nicht dem günstigsten Anbieter zusprechen wollte. Offensichtlich aus sachfremden

Erwägungen bekam ein Auftragnehmer mit guten Beziehungen, der einen viel höheren Preis verlangte, den Zuschlag. Doch unsere Entscheidung änderte nichts. Eine westliche Privatbank finanzierte, vermittelt vom Auftragnehmer, das völlig überteuerte Projekt.

Ähnlich unsinnig war der Plan einer deutschen Firma, eine Mautstraße in einem der ärmsten Länder Afrikas zu bauen. Ganz bewusst verhinderte die Regierung in Kamerun vor Jahren den Bau einer Straße, die die Hauptstadt an die Hafenstadt Douala angebunden hätte. Die Gebergemeinschaft hatte entschieden, diesen Bau zu finanzieren, der den dringenden Bedürfnissen der Menschen dort genau entsprach. Die Straße hätte sich als Allwetterstraße durch schwieriges Terrain entlang der Berghänge gewunden und wäre mit einer maximal zulässigen Geschwindigkeit von 80 km/h ausreichend gewesen für die wenigen zu erwartenden Autos. Vor einem Jahr fuhr ich mit Hochgeschwindigkeit über die mehrspurige Autobahn, die die Regierung inzwischen hatte bauen lassen. Für das geringe Verkehrsaufkommen war sie noch jetzt zu grandios und teuer – ein weißer Elefant im armen Umfeld.

In Kenia finanzierte die Weltbank ein großes Gesundheitsprojekt, bei dem in einem Slum auch eine moderne Aidsklinik errichtet werden sollte. Als die Zusage der Weltbank kam, rissen die Mitarbeiter der Klinik das behelfsmäßige Gebäude ab, das kaum mehr als eine Wellblechbaracke war, um Platz für das neue Gebäude zu schaffen. Da auch meine Frau Jutta dort arbeitete und den sterbenskranken Menschen half, wussten sie von mir, dass das Geld an die Regierung ausgezahlt worden war. Nun warteten sie jeden Moment darauf, dass es kam. Aber nichts geschah. Das Geld kam nicht. Ich hakte nach und kämpfte darum, dass es an die Hilfsorganisation ausgezahlt würde, wurde aber nur beschwichtigt und vertröstet. Und dabei blieb es. Anstatt zu helfen, hatten wir die Kranken nun auch ihrer provisorischen Klinik beraubt. Denn da der Platz in den Slums knapp war, mussten wir hilflos und frustriert zusehen, wie die Bewohner mit ihren Wellblechhütten und Pappkartons auf den frei gewordenen Platz zogen.

Frustrierend war auch ein anderes Projekt zur Wasserversorgung im Küstengebiet um Mombasa. Wir waren der Meinung, man müsste zunächst das vorhandene, aber sehr marode System reparieren. Nach unserer Schätzung hätte dies etwa 40 Millionen Dollar kosten sollen. Ein Firmenkonsortium aus Deutschland, Japan und anderen Ländern hingegen wollte für über 200 Millionen Dollar eine nagelneue Pipeline von den Nzima-Springs bis nach Mombasa bauen. Die Nzima-Springs liegen am Fuße des Kilimandscharo in einem der schönsten, aber auch wasserärmsten Parks Kenias. Nicht auszudenken, welchen Schaden das Ableiten von großen Wassermengen aus dieser Trockenzone für Flora und Fauna des zerbrechlichen Mikrokosmos bedeutet hätte. Doch die Firmen hatten Kredite von privaten Banken organisiert und sich längst mit dem zuständigen Minister geeinigt. Dieser tat nun alles, um unsere Pläne zu sabotieren. Er argumentierte, dass die Weltbank die Wirklichkeit in Afrika nicht kenne und das Potenzial für den Tourismus vergesse. Aber in der afrikanischen Realität füllen die Reichen bis heute ihre Swimmingpools mit dem kostbaren Wasser und die Armen müssen nach wie vor für ihr weniges Geld Trinkwasser bei fahrenden Wasserhändlern kaufen. Ich war und bin überzeugt, dass hier Korruption im Spiel war. Doch ich konnte nichts tun. Denn das wäre gegen die Politik der Weltbank gewesen.

Andere hielten sich nicht zurück. So kämpften die deutschen und skandinavischen Geberorganisationen heftig gegen dieses Projekt und ein ähnliches Staudammprojekt am Turkwell-Fluss im Westen des Landes. Die Norweger wurden daraufhin sogar ausgewiesen. Die kanadische Botschafterin, die ein paar deutliche Worte gesagt hatte, wurde fast zur persona non grata erklärt.

Die Stimmung hatte sich Ende der 80er, Anfang der 90er Jahre deutlich gewandelt. Immer mehr Geberorganisationen und Partnerländer hatten erkannt, dass sie auch eine politische und soziale Verantwortung für das trugen, was in den Ländern der Dritten Welt geschah. Die Zeit, in der vom Westen großzügig Geld nach Afrika gepumpt wurde, nur um die Potentaten vom Überlaufen zum bösen Feind aus dem Osten abzuhalten, war spätestens mit dem Fall der Mauer vorbei.

In dieser Situation vernichtete ein Versprechen aus Deutschland ein kleines, aber sehr wirksames Projekt, das die katastrophale Verkehrssituation in Nairobi für die nächsten Jahrzehnte verbessert hätte. Mit etwa 20 Millionen Dollar wollten wir ein Verkehrsmanagementprojekt unterstützen, das ein Verkehrsleitsystem, Parkplätze und eine Infrastruktur geschaffen hätte. Doch aus dem Büro von Präsident Moi hörten wir, dass der deutsche Bundeskanzler Helmut Kohl, beraten von deutschen Wirtschaftsführern, ihm den Aufbau eines Schnellbahnsystems in Nairobi für etwa 700 Millionen Mark versprochen hätte. Wie sich auf Nachfragen herausstellte, waren nur die Studien als Entwicklungshilfe versprochen worden – diese allerdings für viele Millionen Mark, von denen ein Großteil für deutsche Berater vorgesehen war. Die 700 Millionen Mark für den Bau der Bahn hätte sich Kenia natürlich leihen müssen. Letztlich kam es doch nicht zu diesem ehrgeizigen Projekt, aber auch unser kleines Vorhaben war gescheitert. Bis heute versinkt Nairobi im Verkehrschaos.

Aber nicht nur in Kenia und in den anderen Ländern Ostafrikas stand Korruption auf der Tagesordnung. Auch mein Freund Hansjörg Elshorst etwa, der damals Geschäftsführer der deutschen Gesellschaft für Technische Zusammenarbeit (GTZ) war, konnte davon ein Lied singen. Die GTZ ist eine staatliche Organisation, die mit etwa 10 000 bis 12 000 Mitarbeitern neben der Weltbank die größte Entwicklungshilfeorganisation der Welt ist. Während aber die Weltbank Projekte des Staates finanziert, besteht die Leistung der GTZ zum Teil aus Beratung, die sie auch im Wettbewerb mit anderen Consultingfirmen auf dem freien Markt anbietet. Allein in Saudi-Arabien arbeiteten bis zu 400 Berater der GTZ, die von den Scheichs bezahlt wurden. Doch immer mehr sah sich die GTZ mit Korruption konfrontiert. Elshorst erinnert sich: »Es wurde immer schwieriger, Aufträge zu bekommen, ohne Schmiergeld zu zahlen. Aber wir konnten und wollten es nicht tun. Einige meiner Mitarbeiter waren nicht dieser Meinung. Sie sagten: ›Aber andere tun es doch auch.‹ Darauf antwortete ich: ›Wenn es morgen in der Zeitung stehen kann, dann tun wir es auch, wenn nicht, dann ist das ein klares Nein.‹ Daraufhin verloren wir Anfang der 90er Jahre ein sehr lukratives Geschäft in Indonesien. Einen Auftrag über 100 Millionen Dollar.

Auf meine Entscheidung hin gab es innerhalb der GTZ sehr viel Ärger und ich wurde auf einer Betriebsversammlung heftig angegriffen. Schließlich gefährdete diese Entscheidung auch Arbeitsplätze. Ich sagte daraufhin: ›Wenn wir nicht schmieren können, müssen wir eben die Korruption abschaffen‹.«

Die Korruption abschaffen – damit hatte Hansjörg Elshorst den Nagel auf den Kopf getroffen. So wie ihm ging es auch mir. In jahrelanger Zusammenarbeit hatten wir uns kennen und schätzen gelernt. Sicher waren wir oft unterschiedlicher Meinung, besonders weil Hansjörg nur zu gerne die Politik der Weltbank kritisierte, die ich als loyaler Vertreter der Organisation verteidigte.

Unter seiner Führung, und später auch seinen Nachfolgern, wurde die GTZ die wichtigste Hilfe für Transparency International. Nicht nur nahm sie schon ganz früh, als die meisten uns noch für weltfremde Spinner hielten, das Risiko auf sich, unser Anliegen politisch und fachlich zu unterstützen, sondern sie war auch fortlaufend bereit, in kritischen Situationen mit Geld und guten Worten unsere Organisation zu fördern.

Allmählich erkannte ich, dass die Korruption das Grundübel der bisherigen Entwicklungshilfe und die zentrale Ursache für den Misserfolg fast aller Entwicklungsbemühungen ist. Hier war eine unheilige Allianz von Lieferanten aus dem Norden und lokalen

Behörden entstanden. Mit dieser Einschätzung war ich nicht allein. Nicht nur viele Entwicklungshelfer und Unternehmer aus dem reichen Norden teilten meine Meinung, sondern auch die junge afrikanische Elite von Intellektuellen. In vielen Gesprächen bestätigten sie mir, dass sie keineswegs mit der Situation zufrieden waren. Wieder aber war es meine Frau, die mir den entscheidenden Satz sagte: »Das brauchst Du nicht hinzunehmen.« In der Tat – das wollte ich auch nicht länger.

In dieser Situation traf es sich, dass alle Weltbankvertreter in Afrika zu einer Konferenz in Swasiland eingeladen waren – und der zuständige Vizepräsident, Kim Jaycox, mich bat, dort über Korruption zu sprechen: »Du hast da Erfahrung, denn Du arbeitest in Kenia.« Ich wollte mir diese Chance nicht entgehen lassen und erzählte einem kenianischen Freund bei einem unserer wöchentlichen Mittagessen von meinem kommenden Vortrag. Joe Githongo arbeitete für eine große Buchprüfungsgesellschaft und wurde damals diskriminiert, weil er ein Angehöriger des Stammes der Kikujo war. Wegen seiner Abstammung bekam er beispielsweise keine Regierungsaufträge mehr. Er hörte mir aufmerksam zu und sagte: »Ich schreibe Dir dieses Papier.« Zusammen mit seinem Kollegen Laurence Cockroft verfasste er ein Thesenpapier, das ich weiterentwickelte und auf der Konferenz meinen Weltbankkollegen vortrug. Die Essenz dieses Papiers war:

1. Die Afrikaner wollen etwas gegen Korruption tun.
2. Korruption ist allgegenwärtig und höchst schädlich.
3. Man kann etwas dagegen unternehmen.

Die Reaktion meiner Kollegen war enthusiastisch. Diesen Praktikern in anderen afrikanischen Ländern ging es wie mir. Sie hatten lange genug still gehalten und waren erleichtert, dass endlich einer das aussprach, was uns allen am Herzen lag. Wir gründeten sofort eine Task Force, die Methoden zur Korruptionsbekämpfung entwickeln sollte und zu deren Leiter sie mich bestimmten. Doch kaum hatten wir mit der Arbeit angefangen, als das Memorandum unserer Rechtsabteilung kam: Was wir taten, war nicht zulässig. Wir mussten sofort aufhören und die Task Force auflösen, denn der Weltbank sei jedwede politische Aktivität und Einmischung in die »inneren Angelegenheiten« eines Landes verboten. Und unser Vorgehen gegen die Korruption fiel darunter.

Nach dem ersten Schock akzeptierte ich das Verbot und sagte mir: »Dann engagiere ich mich eben privat, nach Feierabend.« Auch viele andere waren jetzt noch bereit mitzuhelfen. Wir entwickelten eine Idee, den »Business Practice Monitor«, in dem sich Firmen selbst verpflichten sollten, sich keiner Korruption schuldig zu machen. Wir konnten damals noch nicht wissen, dass es sich hierbei um einen ersten Vorläufer unseres heute unverzichtbaren »Integrity Pact« handelte.

In der Folge wollten wir mit Weltbankvertretern und Externen eine Konferenz veranstalten, um über diese Ideen zu diskutieren. Hansjörg Elshorst erklärte sich bereit, diese Veranstaltung zu finanzieren. 9 900 Mark konnte er eigenmächtig aus dem GTZ-Etat für einen solchen Zweck bewilligen. Weitere 9 900 Mark wollte Peter Sötje von der Deutschen Stiftung für Entwicklung beisteuern. Mit diesen Zusagen in der Tasche luden wir 20 wichtige und interessierte Gäste für den 1. September 1990 nach Berlin ein, um dort in der Villa Borsig unsere Ideen zu konkretisieren.

Doch erneut war alles umsonst. Der Staatssekretär im Ministerium für wirtschaftliche Zusammenarbeit, Siegfried Lengl, hatte die Auszahlung der Gelder verboten. Zwar durften sowohl die GTZ als auch die Stiftung für Entwicklung ohne Zustimmung des Ministeriums Mittel von bis zu 10 000 Mark ausgeben, aber, so seine Argumentation, die Gesamtsumme beider Bundeseinrichtungen überstieg diesen Betrag – und deshalb konnte er unsere Konferenz de facto verbieten. Nur eine Woche vor dem geplanten Termin mussten wir die Sache abblasen.

Allen Teilnehmern, die die Anreise teilweise auf eigene Kosten bereits gebucht hatten, musste ich innerhalb kürzester Zeit absagen und meine Konferenzidee vorerst auf Eis legen. Ich ließ mich aber nicht davon abhalten, privat weiterzumachen. Bis das zweite Memorandum der Weltbank kam, das nun vom Weltbankpräsidenten Conable persönlich unterschrieben war. Als Direktor der Weltbank könne ich auch nicht privat am Aufbau einer Struktur gegen Korruption mitarbeiten, da dies ein schlechtes Licht auf die Weltbank werfe, ich müsse deshalb sofort jede Art von Bemühungen in diese Richtung einstellen.

Für mich war dies das endgültige Signal, meinen Abschied zu nehmen. Ich war kurz davor, die so genannte »Rule of 80« zu erfüllen, nach der man ohne größere finanzielle Einbußen in den Ruhestand gehen kann, wenn die Summe aus Lebensalter und Dienstjahren die Zahl 80 erreicht. So war es für mich kein allzu großes Opfer, eher ein Neuanfang. Mit 54 fühlte ich mich natürlich noch zu jung für den Ruhestand. Ich hatte viel vor, wollte noch ein paar Beraterverträge annehmen und mich vielleicht ein, zwei Tage die Woche um den Aufbau einer Antikorruptionsorganisation kümmern.

Es war wieder meine Frau Jutta, die mich auf den Boden zurückholte: »Wir brauchen doch jetzt kein Geld mehr durch Beraterverträge zu verdienen«, sagte sie, »sondern wir können jetzt genau das tun, was wir für richtig halten.« Und das war, wie sich bald herausstellte, nur als Fulltime-Job möglich: die Gründung von Transparency International.

4
Es geht los

Hier waren wir, eine Horde von weißen, westlichen, älteren Männern mit einer Menge Pragmatismus und umfangreichen Erfahrungen in der Wirtschaft und gründeten eine NGO. Eine Nichtregierungsorganisation, wie sie sonst nur von idealistischen, jungen Menschen ins Leben gerufen wird.

Frank Vogl, ehemaliger Pressedirektor der Weltbank

Eigentlich hatte ich geplant, nahtlos aus der Weltbank auszuscheiden und mich sofort in die Arbeit an der neuen Antikorruptionsorganisation zu stürzen, die zu diesem Zeitpunkt noch nicht einmal einen Namen hatte. Doch das Verbot des Initialtreffens durch Staatssekretär Lengl warf uns um ein komplettes Jahr zurück. Als ich im Juli 1991 die Weltbank verließ, ging ich erst einmal für sechs Monate nach Namibia. Im Auftrag der Ford Foundation, die ja schon vor Jahren meine Beratertätigkeit in Botsuana gefördert hatte, half ich dem jungen Staat, der gerade seine Unabhängigkeit von Südafrika gewonnen hatte, eine neue Rechtsordnung auf den Weg zu bringen. Meine Frau Jutta arbeitete auch hier wieder als Ärztin in einem Programm von UNICEF.

Mein Vorgesetzter während dieser Zeit war der brillante Generalstaatsanwalt Hartmut Ruppel, mit dem mich bald eine enge Freundschaft verband. Auch mit dem obersten Richter Theo Frank entwickelte sich ein vertrauensvolles Arbeitsverhältnis. Beide waren brennend daran interessiert, die neue demokratische

Regierung, die aus einem mutigen Freiheitskampf gegen das Apartheid-Regime in Südafrika hervorgegangen war, auch für die Zukunft offen und integer zu halten. Theo Frank leitete eine Antikorruptionskommission, die Präsident Nujoma eingesetzt hatte – deren Untersuchungsergebnisse dann allerdings nicht veröffentlichen werden durften. Und Hartmut Ruppel setzte mich gezielt ein, einen Verhaltenskodex für hohe Beamte und Mandatsträger zu entwerfen. Beide sollten sich später bei der Gründung von Transparency International engagiert beteiligten. Ein weiterer Antrieb für meine Arbeit für TI war der Besuch von General Obasanjo, dem damaligen Vorsitzenden des African Leadership Forums und ehemaligen und amtierenden Präsidenten von Nigeria. Er gab in einem Treffen mit Präsident Nujoma der Idee von Transparency International schon damals wichtigen Auftrieb. Anschließend besuchten wir Südafrika, wo Obasanjo bei seinem Freund Mandela für unsere Sache warb. Auf derselben Reise machten wir in Harare halt, wo er auf einer großen Konferenz der Global Coalition for Africa als eines ihrer Mitglieder die Antikorruptionsbewegung anpries.

So hielten wir an unserer Idee auf verschiedenen Konferenzen fest und konnten allmählich einige wichtige Bundesgenossen für uns gewinnen: den Ex-Weltbankpräsidenten Robert McNamara, die Entwicklungshilfeminister Jan Pronk (NL), Linda Chalker (UK) und Carl-Dieter Spranger (D) und ihre engsten Mitarbeiter, den Chef der Interamerikanischen Entwicklungsbank Enrique Iglesias, den Generaldirektor für den Europäischen Entwicklungsfonds, Dieter Frisch, Huguette Labelle, die Präsidentin der Kanadischen Entwicklungsorganisation CIDA, und zahlreiche weitere Persönlichkeiten, insbesondere auch aus Afrika, Asien und Lateinamerika. Es war eine aktive Vorbereitungszeit zwischen meinem Abschied von Kenia im Sommer 1991 und der formellen Gründung von TI.

Als wir nach Jahrzehnten im Ausland nach Berlin zurückkehrten, hatte ich verschiedene Ideen, was ich hier mit meiner neu gewonnenen Freiheit anfangen wollte. Sicher war, dass ich immer wieder nach Namibia fahren würde, denn die Ford Foundation hatte einen entsprechenden Fonds eingerichtet, der mir erlaubte, dorthin zu reisen, wenn ich gebraucht wurde. Ich dachte aber auch an die Gründung einer Anwaltskanzlei oder an ein Engagement bei der Osteuropa-Bank (EBRD), die nach dem Fall der Mauer dringend erfahrene Führungskräfte brauchte. Dort übernahm ich auch tatsächlich das eine oder andere Projekt als Berater. Die hochinteressante, aber umstrittene Aufgabe, die Sicherung der Atomenergie in Mitteleuropa zu betreuen, lehnte ich aber auch auf den Rat meiner Frau hin ab. Instinktiv war sie gegen den Ausbau der Atomenergie – und zum anderen meinte sie, dass wir wegen unserer Weltbankpension kein Geld mehr brauchten. Stattdessen warb ich einen der Vizepräsidenten der EBRD Miklos Nemeth, für Transparency International an – er ist bis heute Mitglied des Beirats.

Es ist das große Verdienst von Hansjörg Elshorst, dass ich mich schließlich voll und ganz auf Transparency International konzentrierte. In vielen Gesprächen überzeugte er mich, alle meine Aufmerksamkeit auf TI zu richten – und unterstützte mich mit einem Beratervertrag der GTZ für eine Veranstaltung in Eschborn auch finanziell. So wurde aus der geplanten Nebentätigkeit schließlich eine Vollzeitbeschäftigung.

Zu Jahresbeginn 1993 sah es natürlich noch ganz anders aus. Meine Frau und ich teilten uns ein kleines Zimmer unter dem Dach unseres damals komplett vermieteten Hauses in Berlin. Nur mit einem Telefon und einem Faxgerät ausgerüstet, machte ich mich daran, alte Bekannte in aller Welt zu mobilisieren und von meiner Idee zu überzeugen. Es kam zu einer Reihe von Treffen mit den unterschiedlichsten Personen, die aus ebenso unterschiedlichen Gründen etwas gegen die Korruption unternehmen wollten. Unsere kleine Gruppe, die langsam entstand, traf sich in Eschborn, Kampala, Fairfax, London und einigen anderen Städten rund um den Globus.

Eine der bis heute wegweisenden Zusammenkünfte fand Anfang 1993 in der Nähe von London statt. Paul Batchelor, heute
Mitglied des Beirats von TI und damals Generaldirektor der
Unternehmensberatung Coopers & Lybrand (heute PricewaterhouseCoopers), hatte uns die Ausbildungsstätte des Unternehmens als Tagungsort zur Verfügung gestellt. Das Latimer House
war ein wunderschönes Schlösschen außerhalb von London. Hier
trafen wir uns mit rund 20 Mitstreitern, die den Kern von Transparency bilden sollten. Noch wussten wir nicht einmal genau, welche Art von Organisation wir gründen wollten. Zu unterschiedlich
waren die Motivationen der einzelnen Teilnehmer und die Ansätze, wie wir unseren Kampf beginnen wollten. Frank Vogl, der
frühere Pressedirektor der Weltbank und Mann der ersten Stunde,
erinnert sich an die Ausgangssituation: »Hansjörg Elshorst, Geschäftsführer der GTZ, war Feuer und Flamme, denn er hatte erlebt, wie Korruption Entwicklungsprojekte behinderte und verhinderte. Fritz Heimann dagegen, oberster Rechtsberater von
General Electric, war frustriert, dass US-Unternehmen nicht bestechen durften, während andere Länder korrumpierenden Firmen
sogar Steuervorteile gewährten. Er wollte also durch eine internationale Aktion die Chancengleichheit wieder herstellen. Jermyn
Brooks war erzürnt, dass die Buchhalter und Unternehmensbera-
ter seines Unternehmens überall auf der Welt unfreiwillig Teil des
Teufelskreises waren und nur viel zu oft ihre Augen davor verschließen mussten. Laurence Cockroft kannte als Entwicklungs-
hilfeberater das Problem der Korruption sehr gut. George Moody
Stuart wusste als Repräsentant verschiedener britischer Unternehmen, wo man überall in der Welt wen wie bezahlen musste.«

Michael Hershman hingegen war als ehemaliger stellvertreten-
der Generalinspektor der amerikanischen Entwicklungsbehörde
USAID und Inhaber einer weltweit tätigen amerikanischen Sicher-
heitsfirma einer der wenigen Mitgründer von Transparency International, der tatsächlich Erfahrung mit der aktiven Bekämpfung

der Korruption und großen Sachverstand bei Strafverfolgungs-
prozessen hatte.

Aufgrund der unterschiedlichen Positionen aller Teilnehmer
hatten wir schon viel Zeit mit wirrem Gedankenaustausch vergeu-
det. Deshalb bat ich Hansjörg Elshorst, den Vorsitz der Konferenz
im Latimer House zu übernehmen und dafür zu sorgen, dass wir
greifbare Ergebnisse erzielen würden. Er erinnert sich: »Ich musste
eine gewisse teutonische Rücksichtslosigkeit einsetzen, um eine or-
dentliche Diskussion durchzusetzen. Denn noch war nicht einmal
klar, worüber wir sprechen wollten. Die einen wollten ein internationales Forum schaffen, die anderen eine weltweite Strafverfol-
gungsbehörde. Die holländische Regierung bot uns Büros und
sechs bezahlte Stellen an – aber das lehnten wir sofort ab, da die
Gefahr bestand, zu einer Regierungsbehörde zu werden.«

Nicht einmal über den Namen konnten wir uns zunächst einigen. Ich war von Anfang an für Transparency International. Doch
das Wort »transparency«, also Transparenz, stieß bei den Ameri-
kanern auf wenig Gegenliebe. Michael Hershman meinte abfällig:
»Bei diesem Begriff denke ich an Kondome. Besser wäre Honesty
oder Integrity International.« Aber ich wollte dabei bleiben und
erzählte meinen amerikanischen Freunden, dass das Wort in Europa einen sehr, sehr guten Klang hätte und genau das ausdrückte,
was wir wollten. Meinen europäischen Freunden, die auch nichts
mit dem Begriff anfangen konnten, erzählte ich, dass die Amerikaner ganz begeistert seien. Heute sagt Michael Hershman: »Die anderen setzten sich mit ihrem Namen durch – und im Nachhinein
muss ich sagen, sie hatten Recht.« Erstaunlicherweise fanden wir
nicht in einer aufgeregten Diskussion zum ersten Gerüst für Transparency International, sondern just an dem einzigen Tag, den wir
uns frei genommen hatten. Ich fuhr mit Hansjörg Elshorst und
Frank Vogl nach Oxford und Cambridge, um mit ihnen die malerischen Städte und die Universitäten anzusehen. Als wir durch die
wunderschönen Gärten von Cambridge liefen und uns unterhiel-

ten, wurde uns immer klarer, dass Transparency International nicht so sehr ein Wachhund oder Ankläger werden, sondern eher eine katalytische Rolle spielen und alle Beteiligten aus dem Korruptionskreislauf an einen Tisch bringen sollte. Hier sprachen wir wohl auch das erste Mal unsere Idee aus, so genannte »Inseln der Integrität« im Meer der Korruption zu schaffen. Das war der pragmatische Ansatz, kleine, begrenzte Gebiete oder Märkte zu sichern, in denen es möglich sein sollte, Geschäfte ohne Korruption abzuschließen – auch wenn die Beteiligten sich sonst korrupter Methoden bedienten. Dies war der erste Ansatz für unseren »Integrity Pact«, der heute weltweit in Gebrauch ist.

In unserem Gespräch wurden wir aber auch konkreter, was die weitere Entwicklung von Transparency anbetraf. Frank Vogl erinnert sich:»Die nächsten Schritte waren klar. Zunächst mussten wir uns die Unterstützung wichtiger Persönlichkeiten aus den Entwicklungsländern sichern. Denn wir konnten ihnen nicht einfach nördliche Wertevorstellungen aufzwingen. Sie mussten von Anfang an dabei und vor allem überzeugt sein. Dann mussten wir eine Organisation mit Strukturen schaffen. Hansjörg Elshorst als Leiter einer Regierungsorganisation bzw. Fritz Heimann als führendes Mitglied eines Unternehmens fielen aus – so wählten wir Peter zu unserem Chairman.«

Der erste Schritt zu einer Organisation war die Gründung eines eingetragenen Vereins. Sie erfolgte ziemlich schnell und auf etwas ungewöhnliche Art. Im Februar lud nämlich der niederländische Entwicklungshilfeminister Jan Pronk die wichtigsten Mitglieder unserer Gruppe nach Den Haag ein, damit wir ihm das Konzept von Transparency International vorstellten. Er und sein enger Berater Michel van Hulten hatten schon länger nicht nur Organisationen wie die Global Coalition for Africa, sondern auch unsere kleine Gruppe unterstützt, er zahlte auch jetzt unsere Anreise. Und hier, in seinem Konferenzraum, gründeten wir nun Transparency International. Er rief einen deutschen Notar aus Amsterdam herbei, der die Gründung nach deutschem Recht belegte. Gleichzeitig sorgten wir dafür, dass der Verein auch in Berlin ins Vereinsregister eingetragen wurde. Die Gründungsmitglieder waren: Hansjörg Elshorst, Joe Githongo, Fritz Heimann, Michael Hershman, Kamal Hossain, Dolores L. Español, George Moody Stuart, Jerry Parfitt, Jeremy Pope, Frank Vogl und ich.

Gleichzeitig formten wir ein Direktorium, das die neue Organisation leiten sollte – also einen Vereinsvorstand. Ich wurde Vorsitzender, Kamal Hossain aus Bangladesch und Frank Vogl aus den USA die Vize-Vorsitzenden. Zum Vorstand gehörten außerdem: Laurence Cockroft (Großbritannien), Dolores Español (Philippinen), Theo Frank (Namibia), Joe Githongo (Kenia), Michael Hershman (USA) und Jerry Parfitt (Großbritannien).

Nach einem Empfang mit etwa 100 niederländischen Vertretern aus Polizei, Justiz und Politik flog ich wieder zurück nach Frankfurt am Main, wo ich mir ein Auto mietete und mich auf den Weg nach Berlin machte. Ich schaltete das Radio ein und traute meinen Ohren kaum, als die Nachricht kam: »In Den Haag ist heute der Deutsche Peter Eigen zum Vorsitzenden einer internationalen Organisation gewählt worden, die weltweit die Korruption bekämpfen will.« Erst jetzt bemerkte ich, wie wichtig es war, das Kommunikationsgenie Frank Vogl und damit die Presse auf unserer Seite zu haben.

Nun ging es an den zweiten Schritt. In Berlin wollten wir unsere Gründungskonferenz abhalten und dazu möglichst viele prominente Politiker und Wirtschaftsgrößen in die deutsche Hauptstadt holen. Hierzu formulierten wir klare Ziele. Wir wollten:

1. die Mauer aus Schweigen rund um die Korruption durchbrechen, indem wir ausführlich und professionell über das Thema sprachen;
2. gemeinsam die Realität der Korruption erkennen und definieren und die Mängel bestehender nationaler und internationaler Gegenmaßnahmen aufzeigen;

3. Koalitionen gegen die Korruption bilden, indem wir verschiedene Seiten zusammenbringen würden und gleichzeitig Ressourcen für die neue Organisation mobilisieren;

4. die Aufmerksamkeit der Medien auf die Gefahren der Korruption lenken und zeigen, welchen Schaden sie besonders in den Entwicklungsländern anrichtet.

Die Konferenz sollte vom 4. bis 6. Mai 1993 in der Berliner Villa Borsig stattfinden, dem Sitz der Deutschen Stiftung für internationale Entwicklung (DSE). Da ich allein mit der Organisation der Veranstaltung sowie dem Aufbau von Transparency überlastet gewesen wäre, engagierten wir unseren ersten Mitarbeiter, Frederik Galtung, den Sohn des norwegischen Friedensforschers und Trägers des Alternativen Nobelpreises Johan Galtung.

Endlich konnte ich mein Büro aus dem kleinen Zimmer unter dem Dach unseres Haus verlagern, da wir vom Institut für Wassergefährdende Stoffe an der Technischen Universität Berlin ein kleines Büro zur Verfügung gestellt bekamen. Dort teilten wir uns einen Computer, dessen Tastatur sich immer derjenige schnappte, der gerade etwas tippen musste, der Drucker allerdings stand 50 Meter entfernt im Zimmer der Sekretärin des Instituts. Gemeinsam verschickten wir unzählige Einladungen per Fax und E-Mail und telefonierten, bis uns die Ohren glühten. Aber ohne das Organisationstalent Frederik, der auch noch unglaublich viele Sprachen spricht, hätte ich es niemals geschafft.

Die Konferenz mit 70 Teilnehmern aus mehr als 20 verschiedenen Staaten war ein Erfolg und brachte uns einen großen Schritt voran. Vor allem, weil so viele hochrangige Freunde aus aller Welt gekommen waren.

Robert S. McNamara, der ehemalige US-Verteidigungsminister und Ex-Chef der Weltbank, war begeistert von unserem Konzept der »Inseln der Integrität« und sagte sein Kommen zu, wenn es mir gelingen würde, mindestens einen hochrangigen Wirtschaftsvertreter und einen führenden Politiker aus einem bedeutenden Land nach Berlin zu holen. Und tatsächlich schaffte ich es, den Vizepräsidenten von Ecuador, Alberto Dahik, nach Berlin zu holen. Zusammen mit Fritz Heimann als Stellvertreter von General Electric reichte das McNamara aus, um anzureisen. Allein sein Erscheinen und seine Aussage: »Die Chance, die Korruption effektiv zu mindern, ist nun größer als in den letzten 50 Jahren« half uns, glaubwürdiger zu werden – sowohl in den Industriestaaten als auch in der Dritten Welt.

Aber es kamen noch weitere wichtige Persönlichkeiten, ohne deren Unterstützung Transparency International niemals so schnell gewachsen und international akzeptiert worden wäre.

Mit all den bedeutenden Persönlichkeiten aus allen Teilen der Welt an Bord riefen wir gleich während der Konferenz ein Advisory Council, also eine beratende Versammlung ins Leben, deren Vorsitz Alberto Dahik aus Ecuador übernahm. Außerdem beschlossen wir, möglichst schnell nationale Niederlassungen, also unsere Chapter, zu gründen. Und schon bald nahmen die Ersten in Kenia, USA, Bangladesch, Großbritannien, Deutschland und Ecuador ihren Betrieb auf.

5

Die Organisation wächst

Es war von Anfang an klar, dass wir eine internationale Koalition bilden mussten, deren Mitglieder nicht nur aus Entwicklungshilfeorganisationen kamen, sondern die unterschiedliche Lebenshintergründe hatten. So fingen beispielsweise wir Amerikaner sehr früh an, unser eigenes Chapter zu organisieren. Das stellte sich als ziemlich schwierig heraus. Doch bereits 1994 gingen wir an den Start.

Fritz Heimann

Da war sie also, die neue Organisation namens Transparency International, oder zumindest das Gerüst, das wir nun mit Leben erfüllen mussten. Unser Hauptquartier in Berlin bestand aus dem kleinen Büro in direkter Nähe zum Bahnhof Zoo. Da ich der erste Mitarbeiter war, fiel die Entscheidung für Berlin als vorläufigem Sitz von TI. Außerdem beherbergte die deutsche Hauptstadt so kurz nach dem Fall der Mauer noch keine andere internationale NGO. So erhofften wir uns hier ein bisschen mehr Aufmerksamkeit als in den anderen Hauptstädten der Welt, wo es gleich Dutzende von nichtstaatlichen Organisationen mit den unterschiedlichsten Zielen gab. Die endgültige Entscheidung über den Sitz sollte fallen, wenn wir einmal einen hauptamtlichen Geschäftsführer anheuern würden.

Natürlich war das Geld knapp. Wir waren auf Spenden und Unterstützungen von diversen internationalen Organisationen angewiesen. Da waren etwa die GTZ, die mit einer Bürgschaft von 70 000 Mark für unsere Miete einstand, und später die Ford Foundation, die uns mit hohen Beträgen unterstützte. 5 000 Dollar jährlich kamen von der Global Coalition for Africa, an der zum Beispiel McNamara, Minister Pronk vom niederländischen Entwicklungshilfeministerium und Präsident Masire von Botsuana beteiligt waren. Mittel, die es uns erst ermöglichten, eine tatkräftige Organisation aufzubauen. Hansjörg Elshorst erinnert sich: »Die Unterstützung war notwendig. Schließlich musste Peter nicht nur den Lebensunterhalt seiner Angestellten bestreiten, Miete bezahlen und Reisekosten aufbringen, sondern noch eine Organisation aufbauen. Ohne die Ausfallbürgschaft der GTZ hätte eine heute solide und anerkannte Organisation vor zehn Jahren noch nicht mal ein Büro anmieten können.«

Bei jeder Gelegenheit versuchte ich große oder kleine Spenden einzutreiben – natürlich immer unter unserem Gebot der Transparenz. Wir waren so erfolgreich, dass wir schon im Jahr 1993 mit Margit van Ham unsere erste Office-Managerin und mit Frederik Galtung unseren ersten Programme Officer fest einstellen konnten. Am 1. Januar 1994 schließlich fing Jeremy Pope als erster Geschäftsführer bei uns an. Er und seine Frau Diana waren so begeistert von Berlin, dass sie die Entscheidung über den Hauptsitz dort bereitwillig akzeptierten. Nach und nach übernahmen wir immer mehr Räume in dem Universitätsinstitut am Bahnhof Zoo.

Wir wollten jedoch nicht nur in Berlin schnell operativ und unübersehbar sein, sondern auch in möglichst vielen anderen Staaten. Von Anfang an stürzten wir uns darauf, nationale Sektionen, unsere National Chapter, zu gründen. Wir wollten damit nicht nur vor Ort auf die Regierungen einwirken können, sondern auch die Zivilgesellschaft auf unsere Seite bringen. Frank Vogl drückt es so aus: »Der Erfolg von Transparency basiert auf dem außergewöhnlichen Mut der Menschen in den Entwicklungsländern, die teilweise unter Einsatz ihres Lebens für unsere

Sache eintreten. In ihren nationalen Chapter begründen sie die Effektivität von TI.«

Die ersten nationalen Chapter wurden mit sehr viel Privateinsatz und Eigeninitiative von unseren Mitgliedern vor Ort schnell aus dem Boden gestampft. Michael Hershman und Fritz Heimann etwa gründeten unsere Niederlassung in den USA und nutzten dabei die Infrastruktur ihrer Firmen. Joe Githongo versuchte es in Kenia.

Mit unserem Drang, möglichst schnell international vertreten und aktiv zu sein, machten wir leider auch Fehler. So bedaure ich es im Nachhinein sehr, so stark auf Alberto Dahik gesetzt zu haben, den Vizepräsidenten von Ecuador und damaligen Vorsitzenden unseres Advisory Councils. Denn TI sollte, das ist die Erkenntnis aus dem Fall Dahik, politisch unabhängig sein und keinesfalls von Regierungsmitgliedern eines Landes geleitet oder übermäßig protegiert werden. Doch 1993 war ich von der umfassenden Unterstützung durch Dahik und seinen Präsidenten Sixto Durán Ballén unglaublich begeistert, fast geblendet. Schon bei unserem ersten Besuch in seinem Land bestellte er den Obersten Richter des Landes, den Chef der staatlichen Ölgesellschaft, und weitere Vertreter aus Politik, Justiz und Wirtschaft einfach in sein Büro, wo wir regelrecht Hof hielten und unser Konzept erläuterten.

Kraft seiner politischen Macht stampfte er TI in Ecuador aus dem Boden. Wir flogen zusammen nach Guayaquil, wo er den Präsidenten der katholischen Universität, übrigens den späteren Staatspräsidenten, schlichtweg zum Vorsitzenden des nationalen Chapters machte. Kaum hatten wir unser Konzept der »Inseln der Integrität« entwickelt, wurde es sofort bei der Ausschreibung für eine neue Ölraffinerie eingesetzt. Damals war ich begeistert davon, wie schnell hier ein schlagkräftiges Chapter aufgezogen wurde. Leider übersah ich, dass allein durch die Zusammensetzung aus Vertretern der lokalen Eliten TI-Ecuador schon fast so etwas wie eine Persiflage auf unsere eigentliche Idee geworden war.

Erst als Alberto Dahik 1995 selbst in einen Korruptionsskandal verstrickt wurde – ihm wurde vorgeworfen, mit schwarzen Kassen politischen Einfluss genommen zu haben –, wurde mir die Gefährlichkeit einer so engen Liaison zur Politik klar. Dahik floh aus Ecuador in Richtung Costa Rica und ich musste innerhalb einer halben Stunde die schwere Entscheidung treffen, ihn als Vorsitzenden unseres Beirats zu suspendieren – unabhängig davon, ob die gegen ihn erhobenen Vorwürfe nun zutrafen oder nicht. Unsere Freundschaft ist darüber zerbrochen.

So sehr ich menschlich betroffen war, so sehr war dieser Vorfall ein enormer Rückschlag für unsere Zweigstelle in Ecuador. Es dauerte Jahre, bis wir die Fehler korrigieren konnten. Erst die neue Vorsitzende von TI-Ecuador, Valeria Merino Dirani, räumte dort auf wie Jesus im Tempel – verscherzte es sich dann aber auch mit den lokalen Eliten.

Der bedauerliche Fehler mit Alberto Dahik unterlief mir, weil ich Transparency International und unsere Ideen möglichst schnell verbreiten und bekannt machen wollte. Denn ohne das öffentliche Interesse hatten wir keine Chance. Umso dankbarer waren wir, dass wir den Kommunikator Frank Vogl an unserer Seite hatten, der uns in die Medien brachte. Auch wenn sie mich anfangs – wie der britische *Economist* – als »Don Quichotte« belächelten.

Auch andere Mitstreiter machten immer wieder auf unsere Sache aufmerksam. So etwa George Moody-Stewart, der 1993 sein Buch *Grand Corruption* veröffentlichte. Der britische Geschäftsmann im Ruhestand war der Erste aus dem Kreis der Wirtschaftsführer, der offen die korrupten Methoden darlegte, mit denen die Exporteure und Unternehmen weltweit arbeiteten. Zum ersten Mal legte er mutig und eloquent dar, wie die Privatwirtschaft Regierungen und jede Entwicklungsbemühung in der Dritten Welt beeinflusste und torpedierte. Ihn kostete das ein paar Sitze in einigen Aufsichtsräten, aber für unsere Sache war das Buch so wertvoll, dass er das verschmerzen konnte. Wir begannen nun damit, die ersten intellektuellen Werkzeuge gegen Korruption zu entwickeln. Jeremy Pope sammelte das Material für die erste Auflage des Source Book, das heute in mehr als 20 Sprachen Methoden, Beispiele und Mittel auflistet, wie man der Korruption beikommen kann. Es entstand aus einer Checkliste, die er mir mit nach Ecuador gegeben hatte. In dieser Liste waren die relevanten Elemente für ein unbestechliches, also ein Integritätssystem genannt: Gesetze, Institutionen, Richtlinien. In ihrer Gesamtheit und ihrem reibungslosen Zusammenspiel sollten sie ein Integritätssystem ausmachen, das gegen Korruption schützt. Außerdem arbeiteten wir weiter an unserem Konzept der »Inseln der Integrität« und entwickelten daraus langsam unseren Integritätspakt.

1994 hielten wir unsere erste Jahreshauptversammlung mit rund 20 Mitgliedern ab. Alberto Dahik empfing uns in der ecuadorianischen Hauptstadt Quito, wo wir uns entschieden, unsere Aktivitäten auszuweiten. Bisher hatten wir, die pensionierten Entwicklungshelfer und langjährigen Banker, hauptsächlich die große Korruption in der internationalen Wirtschaft ins Auge gefasst. Doch die junge ecuadorianische Aktivistin Valeria Merino Dirani überzeugte uns, dass wir uns auch um die ganz alltägliche Korruption kümmern müssten, die die Bürger jeden Tag spüren würden: die korrupten Polizisten, die bestechlichen Zollbeamten und die gekauften Politiker, mit denen sie jeden Tag konfrontiert seien. Wir spürten, dass sie Recht hatte und stimmten ihrem Vorschlag zu.

Außerdem fassten wir den Beschluss, weiterhin keine einzelnen Korruptionsfälle zu untersuchen oder Namen zu nennen. Wir wollten keine uns bekannt gewordenen Einzelfälle anprangern, sondern ein Klima für eine transparente Zusammenarbeit schaffen – und die Mittel dazu liefern. Das Aufdecken von Skandalen, so meinten wir schon damals, ist die Aufgabe von Behörden und Journalisten. Wir aber analysieren die aufgedeckten Fälle und entwickeln Systeme, um Korruption in Zukunft verhindern zu können. Durch diese Entscheidung brachten wir uns in jene objektive Position, die es uns ermöglichte, mit allen Seiten zu sprechen – den Bestochenen, den Bestechenden und der Strafverfolgungsbehörden. Und es half uns dabei, unsere Mitglieder vor Ort zu schützen. Denn uns war klar, dass investigativ tätige Aktivisten in nicht wenigen Ländern der Erde um ihr Leben fürchten mussten. Insofern wandten wir uns ab von der Strategie von Amnesty International, die ja gerade durch das Anprangern von Menschenrechtsverletzungen so erfolgreich ist.

Die Mitgliederversammlung in Quito setzte wichtige Akzente. So schickten wir eine Resolution an die Regierungen der Organisation of American States (OAS), in der wir darauf hinwiesen, wie wichtig die Korruptionsbekämpfung in Lateinamerika ist. Mit dieser Aktion erzielten wir unseren ersten größeren Erfolg, als es nämlich unseren lateinamerikanischen Sektionen gelang, die Korruption auf die Agenda des im Dezember stattfindenden Gipfeltreffens der beiden Amerikas zu bringen. Frank Vogl erinnert sich: »Im Vorfeld des Gipfels suchte die Clinton-Administration wohl recht verzweifelt nach einem anderen Thema als Drogen. Aber die Korruption wollten sie nicht unbedingt selbst auf die Agenda setzen. Also übte TI etwas Druck auf die südamerikanischen Regierungschefs aus, damit diese die Korruption auf die Tagesordnung brachten. Tatsächlich wurde dieser Gipfel zum ersten, auf dem das Thema Korruption offensiv angesprochen wurde – und damit zu einem symbolischen Meilenstein im Kampf gegen die Korruption. Das zu einem Zeitpunkt, als das TI-Hauptquartier gerade mal vier Mitarbeiter hatte.«

Dieser Erfolg zeigte uns, wie wichtig es war, regionale Chapter zu haben, die auch eng miteinander kooperierten. Denn nur durch eine konzentrierte Aktion, gesteuert aus Berlin und von unseren

Freunden in den lateinamerikanischen Staaten ausgeführt, hatten wir es geschafft, politisch Einfluss zu nehmen. Im Anschluss an die Konferenz wurde auch eine Konvention unterzeichnet, mit der die amerikanischen Staaten sich zur besseren Kooperation im Kampf gegen die Korruption verpflichteten.

Außerdem schlugen General Obasanjo und Oskar Arias aus Costa Rica in Quito vor, die Finanzierung des Source Book der Ford Foundation anzutragen, die seitdem ein hervorragender Partner und Sponsor von TI geblieben ist. 1994 war auch insofern ein Meilenstein, als sich die argentinische Poder Ciudadano (»Bürgermacht«) als erste nationale Nichtregierungsorganisation Transparency International anschloss. Ihr charismatischer Führer Luis Moreno Ocampo wurde Mitglied unseres Advisory Councils und Mitglied des Direktoriums; heute ist er Chefankläger des Internationalen Strafgerichtshofs.

Im Jahr 1995 wurde die Welt erstmals in größerem Ausmaße auf TI aufmerksam. Der erste Corruption Perceptions Index, der seine Veröffentlichung nur einem Zufall verdankt, brachte uns weltweit Schlagzeilen. Denn erstmals erstellten wir eine Rangliste der Korruption, mit der wir bewerteten, welche Staaten nach Umfragen vieler unabhängiger Meinungsforschungsinstitute besonders korrupt waren und welche nicht.

Im selben Jahr übernahm James Wolfensohn das Amt des Präsidenten der Weltbank. Für uns bedeutete dieser Wechsel eine entscheidende Änderung. Denn während uns die Bank bisher bis aufs Messer bekämpft hatte, saß nun ein Mann am Ruder, der die Korruption als allgegenwärtiges Übel begriff. Gegen die heftigsten Widerstände aus den eigenen Reihen lud er uns zu sich ein, um mehr über unseren Kampf zu erfahren.

Michael Hershman bezeichnet es heute als »monumentales Ereignis« für TI, dass wir 1995 auch erstmals an der alle zwei Jahre stattfindenden Internationalen Antikorruptions-Konferenz (IACC) teilnahmen – und uns kurz darauf angeboten wurde, das Sekretariat für die Konferenzserie zu übernehmen. Allerdings stand die nächste Konferenz 1997 unter einem schlechten Stern, da sie – was sich nicht mehr ändern ließ – in Peru stattfand. Fujimori, der peruanische Präsident, der heute wegen seiner Korruption und undemokratischen Praktiken weltweit diskreditiert ist, eröffnete sogar persönlich die Konferenz – und viele lateinamerikanische TI-Sektionen blieben der Veranstaltung lieber fern. Doch die nächsten Konferenzen in Durban (1999) und Prag (2001) wurden ein voller Erfolg.

1995 war auch das Jahr des Skandals um Alberto Dahik. General Olusegun Obasanjo aus Nigeria folgte ihm als Vorsitzender unseres Beirats nach und wurde einer der radikalsten Verfechter der Demokratie in Nigeria, wo General Abacha gerade sein blutiges Regime angetreten hatte. Als ich ihn bei einem Frühstück im UN-Plaza-Hotel in New York warnte, doch etwas vorsichtiger mit seinen öffentlichen Angriffen auf Abacha zu sein, verlachte er mich nur: »Die würden sich nie trauen, mir etwas anzutun. Die Nigerianer würden wie ein Mann für mich auf die Straße gehen.« Leider hatte er sich geirrt. Als Obasanjo nach Nigeria zurückkehrte, wurde er aus fadenscheinigen Gründen vom Abacha-Regime verhaftet und in einem skandalösen Prozess zu 25 Jahren Haft verurteilt. Von da an verging kein Tag, an dem Transparency International nicht für seine Freiheit kämpfte und Position bezog. Bei jeder Gelegenheit erinnerte ich an sein Schicksal. Immer wieder erwähnte ich seinen Namen, wenn ich öffentliche Vorträge oder Reden hielt. Einmal, zu Beginn einer Konferenz in Lima, ließ ich sogar offizielle Regierungsvertreter Nigerias gegen ihren Willen in einer Schweigeminute für Obasanjo aufstehen.

Als Diktator Abacha 1998 unerwartet starb, kam Obasanjo frei. Er feierte seine Freiheit mit uns in Berlin und wollte nun mit voller Kraft sein Amt als Vorsitzender des Beirats wieder aufnehmen. Solange Obasanjo im Gefängnis saß, hatte Ahmedou Ould-Abdallah aus Mauretanien es kommissarisch ausgeübt. Heute ist er der Präsident Nigerias, des Landes, das auf unserem Korruptionsindex regelmäßig einen der letzten Plätze einnimmt. Gemäß unseren – nach dem Fall Dahik verschärften – Prinzipien gab er sein Amt in unserem Beratungsgremium an Kamal Hossein ab, den ehemaligen Justiz- und Außenminister von Bangladesch.

Ende 1997, also vier Jahre nach der Gründung von TI, hatten wir bereits 38 nationale Niederlassungen gegründet. Jeremy Pope trat damals als Managing Director zurück und ging nach London, um unsere Abteilung für »Innovationen und Forschung« zu leiten. Als seinen Nachfolger hätten wir uns keinen besseren Mann als Hansjörg Elshorst wünschen können. In seiner Position als Geschäftsführer der GTZ war er einer der Männer gewesen, ohne deren intellektuelle wie auch finanzielle Unterstützung Transparency International heute überhaupt nicht denkbar ist. Im Herbst 2002 schließlich übernahm Elshorst den Vorsitz über TI Deutschland von Michael Wiehen.

TI wurde unter Hansjörg Elshorst noch professioneller und beschäftigt heute mehr als 50 Mitarbeiter in unserem Berliner Hauptquartier. Er schuf vor allem eine Organisation, die es uns und unseren überall verstreuten Chaptern ermöglichte, miteinander zu kommunizieren und an der weltweiten Arbeit von TI aktiven Anteil zu nehmen.

Im Jahr 1999 entstand der Bestechungsindex (Bribe Payers Index – BPI), der die andere Seite der Korruption misst, nämlich jene, die Bestechungsgelder bezahlen. Es handelt sich also um die Rangfolge der Länder, deren Unternehmen bereit sind, Schmiergelder in Entwicklungsländern zu bezahlen.

Ein Jahr später halfen wir dabei, die Wolfsberg-Prinzipien ins Leben zu rufen, eine Vereinbarung der größten Privatbanken der Welt, die Geldwäsche und Korruption verhindern soll. 2001 schließlich erschien zum ersten Mal unser Global Corruption Report (GCR), der eine Art Standortbestimmung der weltweiten Korruption ist.

Heute hat TI fast 100 Chapter überall in der Welt und ist tatsächlich innerhalb von zehn Jahren zu einer anerkannten Organisation geworden, die 2002 den renommierten und mit 150 000 Euro dotierten Carl-Bertelsmann-Preis erhielt. Bis dahin war es ein langer, steiniger Weg – der jedoch längst nicht zu Ende ist.

Und auch ein Weg, der niemals zu schaffen gewesen wäre, ohne die großzügige Hilfe all der zahlreichen Partner und Freunde, die ich natürlich nicht alle namentlich aufführen kann. Dazu sind es einfach zu viele. Zu ihnen gehören die Frauen und Männer der ersten Stunde ebenso wie unsere Freunde in Berlin und in unseren nationalen Sektionen weltweit, die später auf den fahrenden Zug aufgesprungen sind. Und natürlich all diejenigen, die bis heute unsere Idee mittragen. Um all ihnen gerecht zu werden, hätte dies ein anderes Buch werden müssen. Ein Buch, das im Detail erzählt, wie es uns gelungen ist, eine erfolgreiche Nichtregierungsorganisation fast aus dem Nichts zu schaffen – ein Buch, das für viele, die ihr Ziel mit Mitteln der Zivilgesellschaft verfolgen möchten, Anregung und Ermutigung sein könnte.

Hier jedoch geht es um einen umfassenden Überblick über die Entstehungsgeschichte von TI, die Konflikte, die wir ausfechten mussten, einen Überblick über das weltumspannende Problem der Korruption – und darum, zu zeigen, welche Werkzeuge wir für den Kampf gegen den Bestechungssumpf entwickelt haben.

6
Konflikt mit der Weltbank

Die Weltbank hat die Korruption zum größten Hindernis für wirtschaftliche und soziale Entwicklung erklärt. Korruption untergräbt die Entwicklung, indem sie den Rechtsstaat verzerrt und die institutionellen Grundlagen schwächt, auf denen wirtschaftliches Wachstum basiert.

www1.worldbank.org/publicsector/anticorrupt

Von wenig wohlmeinenden Kritikern wurde Transparency International über Jahre hinweg als »Kreatur der Weltbank« angesehen, obwohl ausgerechnet diese Institution uns von Anfang an mehr als feindlich gegenüberstand. Zwar kam ich aus den Reihen der Bank, doch gerade weil es mir dort unmöglich gewesen war, etwas gegen die Korruption zu unternehmen, hatte ich sie ja verlassen. Ähnlich ging es einigen meiner Mitstreiter, aber umgekehrt äußerte sich ein Teil unserer früheren Kollegen bei jeder Gelegenheit verächtlich über TI, als seien wir eine Ausgeburt von dilettantischen Weltverbesserern.

Viel schlimmer noch: In den ersten Jahren versuchten Vertreter der Weltbank alles, um uns in unserer Arbeit zu behindern. Es half nicht einmal, dass der ehemalige Präsident der Weltbank Robert S. McNamara auf unserer Seite stand und von der Bank forderte, unsere Vorhaben und ganz besonders unser Konzept der »Inseln der Integrität« zu unterstützen. Während er sogar persönlich mit uns zu sieben afrikanischen Staatschefs reiste, um sie zu überzeugen, blieb die Weltbank hartnäckig. Selbst eine bescheidene finanzielle Unterstützung, die wir für unsere Arbeit beantragten, wurde abgelehnt.

Das lag vor allem an ihrer Rechtsabteilung und deren Chef, dem Ägypter Ibrahim Shihata. Der inzwischen verstorbene Shihata war ein mächtiger Mann innerhalb der Weltbank. Sein erklärtes Ziel war sehr ehrenwert: Er wollte die Entwicklungsländer davor schützen, im Zusammenhang mit Weltbankprojekten Opfer zu vieler Vorschriften und Bedingungen zu werden. Damals nahm die Tendenz der Weltbank, ihre Darlehensnehmer mit der so genannten »Konditionalität« ans Gängelband zu nehmen, drastische Ausmaße an. Ibrahim Shihata und seine Mannschaft wiesen in zahlreichen Artikeln und Büchern darauf hin, dass die Satzung der Bank es ausdrücklich verbot, wenn die Bedingungen für ein Darlehen den Bereich der Wirtschaftsentwicklung verließen und zu weit in die politischen Angelegenheiten der Empfängerländer vordrangen. Die rechtliche Beurteilung über diese Ermessensfrage oblag satzungsgemäß dem General Counsel, also Ibrahim Shihata.

Sein Missverständnis bezüglich TI war nur, dass es uns keinesfalls um Vorschriften oder Konditionalität ging. Wir hatten unsere Arbeit gerade auch auf Wunsch jener Entwicklungsländer aufgenommen, in denen eine neue Generation von Politikern, Professionellen, Intellektuellen in Afrika und anderen Teilen des Südens uns dringend um Hilfe beim Schutz ihrer Gesellschaften gegen Korruption bat. Als ich Ibrahim Shihata anfangs meine Ideen für TI vorstellte, war er sogar sehr angetan und bot seine persönliche Mitarbeit an. Doch von Anfang an wollte er die Weltbank völlig heraushalten, damit man sie nicht mit dem Kampf gegen die Korruption in Verbindung bringt. Nach jahrelangen Diskussionen wurde er zunehmend offener und kurz vor seinem Tod hat er sich sogar auf Konferenzen insbesondere in arabischen Ländern mit brillanten Vorträgen für TI eingesetzt.

Zunächst aber setzte er Christian Walser, einen erfahrenen Juristen, darauf an, uns an unserem Versuch zu hindern, die Weltbankoperationen mit unserer Agenda zu durchsetzen. Das tat Walser dann auch mit voller Kraft, obwohl unübersehbar war, wie er mit seinem Handeln der Dritten Welt schadete. Doch das schien diesen hartnäckigen Mann nicht zu stören.

Er argumentierte etwa, dass die so genannten Procurement Guidelines Korruption praktisch ausschlossen. Diese Anschaffungsrichtlinien sahen vor, dass jeder Anbieter aus einem Mitgliedsland der Weltbank ohne sachfremde Einschränkung zu jedem Ausschreibungsverfahren zugelassen werden muss. Diese heilige Lehre des normalen Weltbankverfahrens würde durch unseren Integritätspakt nur verwässert werden und sogar gegen Sinn und Zweck der Procurement Guidelines verstoßen. Daher sei er völlig überflüssig und sogar schädlich.

Nach unserem Integritätspakt sollten jedoch nur solche Anbieter zugelassen werden, die bereit sind, sich zur Nichtbestechung zu verpflichten. Bei Verletzung dieser Verpflichtung sollten korrumpierende Firmen von künftigen Ausschreibungsverfahren ausgeschlossen werden.

Ich hatte vor Jahrzehnten als Mitglied der Rechtsabteilung diese Procurement Guidelines selbst mit entworfen und kannte ziemlich genau ihre Stärken und Schwächen. So wusste ich auch, wie sie von korrupten Beamten und bestechenden Firmen ausgehebelt werden konnten. Aber die Juristen und Anschaffungsexperten der Weltbank wollten das einfach nicht wahrhaben. Selbst als die sieben afrikanischen Staatschefs, die wir mit McNamara besucht hatten, in klug formulierten Briefen von der Weltbank forderten, dass unser Konzept bei den von ihr finanzierten Projekten umgesetzt werden, blieb die Rechtsabteilung stur.

Ihr Argument war immer wieder, dass die Weltbank unpolitisch sein müsse. Eine klare Stellungnahme gegen die Korruption wäre aus ihrer Sicht eindeutig Einmischung in die Politik gewesen. Noch mehr: Die Rechtsabteilung verhinderte aktiv, dass unser Integritätspakt eingesetzt wurde. So wollte Äthiopien ihn auf eigene Faust bei einem großen Kraftwerksprojekt erstmals ausprobieren, doch bei der Vorbereitung des Projekts durch das Weltbank-Team verhinderte die Rechtsabteilung den Einsatz dieses wichtigen Instruments durch das eigentlich willige Vorbereitungsteam. Auf unseren Druck hin wurden die einschränkenden Klauseln in den Procurement Guidelines zwar geändert, doch der Integritätspakt war nur in den Fällen zugelassen, in denen erstens die jeweilige Regierung ihn für alle ihre öffentlichen Anschaffungen zwingend vorsieht, und zweitens eine unabhängige Instanz besteht, welche Streitigkeiten schlichtet. Beide Voraussetzungen sind unvernünftig, insbesondere die zweite, da der Integritätspakt ja gerade für solche Länder und Situationen gedacht ist, in denen wegen unzulänglicher Institutionen die Korruption grassiert.

Der Streit mit diesen Teilen der Weltbank kostete mich einige persönliche Freundschaften, die ich seit meiner Anfangszeit gerade auch in der Rechtsabteilung gepflegt hatte, auch jene mit Christian Walser.

Es war eine Zeit der Grabenkämpfe in der Weltbank. Wir hatten dort durchaus auch mächtige Freunde, nur konnten sie sich nicht durchsetzen. Manche spüren noch heute die Wunden, die sie sich bei dem Versuch, unsere Arbeit zu unterstützen, zugezogen haben. Der Versuch, mit der Weltbank effektiv gegen die Korruption zu kämpfen, schien hoffnungslos.

Bis im Sommer 1995 James Wolfensohn Präsident der Weltbank und Herr über diese mächtige internationale Organisation wurde. Schon kurz nach seinem Amtsantritt erkannte der ehemalige Investment-Banker, wie wichtig das Thema Korruption ist. Und wir verfolgten gespannt den Personalwechsel an der Spitze dieser widerspenstigen Organisation. Frank Vogl erinnert sich: »Wolfensohn, der von der Wallstreet kam, war sehr durch die Veränderungen in der politischen Landschaft beeinflusst. Er erkannte, dass es wichtig war, der Öffentlichkeit zu zeigen, dass das Geld der

Weltbank nicht direkt in die Taschen der Diktatoren wanderte. Gleichzeitig erschienen in Deutschland erste Artikel über die verschwundenen Milliarden aus Afrika. Für uns war das eine unglaubliche Gelegenheit. Und Peter ist einfach brillant, wenn es darum geht, Gelegenheiten zu erkennen und sie zu nutzen. Wir wussten genau, wie wichtig es war, die Weltbank mit all ihrem Einfluss in der Dritten Welt an unserer Seite zu haben.«

Doch die alte, indoktrinierte Garde innerhalb der Weltbank war absolut gegen uns. Diese Leute, die in den Jahren 1993 und 1994 noch das Sagen hatten, waren zum einen völlig verstrickt in innenpolitische Grabenkämpfe. Zum anderen waren sie absolut davon überzeugt, dass die Weltbank gute Arbeit leistete und dass ein Vorgehen gegen Korruption dieser Arbeit nur schaden würde. Also blockierten sie einfach alles, was von Transparency International kam. Aber Wolfensohn änderte das grundlegend.

Der neue Präsident bemühte sich von seinem ersten Arbeitstag an, möglichst viele Nichtregierungsorganisation zu treffen und sich ihre Argumente anzuhören. Er kam auch nach Bonn und traf sich an einem Montagmorgen im Dezember 1995 gleich mit einer ganzen Gruppe von NGOs, die in Deutschland ansässig waren, darunter auch mit mir von Transparency International. Ich hatte zuvor gehört, dass er ein begeisterter Musiker war und Cello spielte. Also ließ ich vorab bei ihm anfragen, ob er nicht Lust hätte, etwas mit uns bei seinem Besuch in Bonn zu musizieren. Ein dortiger Freund von mir ist ein guter Pianist und war gerne bereit, in unserem Hausmusik-Trio mitzumachen. Für Wolfensohn organisierte ich ein Cello und brachte meine Klarinette und die passenden Noten von Beethoven und Brahms für ein Trio mit.

Leider reagierte Wolfensohns Büro nicht mit einem Wort. Dennoch ließ ich die Verabredung zumindest im Geiste offen und war um Punkt zehn in dem Saal des Bundesministeriums für wirtschaftliche Zusammenarbeit (BMZ), in dem das Treffen mit Wolfensohn stattfinden sollte. Er traf etwas verspätet ein, war aber sehr charmant und auch recht unkonventionell, als er die anwesenden Vertreter der NGOs um ihre Meinungen und Vorschläge bat. Es war ein einziges Lamentieren und Beschweren. Die Vertreter der Umweltschutzorganisationen klagten über die Rolle der Weltbank bei der Umweltzerstörung, die Frauenverbände über die schlechte Stellung der Frauen, Entwicklungshilfeorganisationen berichteten von den Problemen bei der Finanzierung von Staudämmen oder Schulen durch die Bank. Wolfensohn hörte sich alles geduldig an, versuchte gar nicht, dagegen anzureden und versprach nur: »Alles wird besser.«

Dann war ich an der Reihe. Ich beschwerte mich zunächst nicht, sondern sagte, dass ich 25 Jahre für die Weltbank gearbeitet hätte und dass wir uns immer bemüht hätten, das Richtige zu tun. Dass er jetzt hier vor den Vertretern der NGOs alle diese Erfolge einfach so von der Hand weise und quasi zugebe, dass die Weltbank in den vergangenen Jahren in all diesen Bereichen schlecht gearbeitet habe, gefalle mir nicht. Denn wir hätten innerhalb der Weltbank schon einiges für die Entwicklungsländer erreicht. Aber dann gab ich zu, dass man dies eben nicht beim Thema Korruption behaupten könne. Ich erzählte, dass ich regelrecht aus der Weltbank herausgeekelt worden sei, als ich es wagte, dagegen aufzubegehren. Umso erleichterter sei ich, dass er gleich bei seinem Amtsantritt versprochen habe, etwas gegen die Korruption unternehmen zu wollen.

Das gefiel ihm, sehr sogar. Denn er relativierte seine Kritik an der Arbeit der Weltbank, die aber verbessert werden müsse, und bekräftigte, dass er vorhabe, mit ganz besonders harter Hand gegen die Korruption vorzugehen. Im Anschluss bat er mich, ihn in seinem Wagen zum nächsten Termin zu begleiten. Das tat ich gerne – und wir blieben noch bis in die späten Abend zusammen und unterhielten uns sehr angeregt. Dabei sagte er mir, dass er gar kein so guter Musiker sei. Zwar wäre er sehr begeistert und wäre von seinen Freunden Jacqueline du Prée und Daniel Barenboim besonders fürs Cello inspiriert worden. Für seine wenigen öffentlichen Auftritte hätte er aber sehr intensiv üben müssen. Einfach Noten vom Blatt abzuspielen, wie ich das für unser Bonner Trio vorgeschlagen hätte, traute er sich nicht zu. Aber das Band war geknüpft. Ich schwebte wie auf Wolken, denn ich war von diesem lebhaften Mann begeistert – und ich wusste natürlich auch, wie wichtig der Kontakt zu ihm für unsere Sache war. »Besuchen Sie mich doch einfach, wenn Sie das nächste Mal in Washington sind«, sagte er zum Abschied, nachdem er am Ende des Empfangs in der Godesberger Redoute, schon im Mantel, für die wunderbaren Musiker, die an dem Abend für ihn spielten, noch die Noten umgeblättert hatte.

Schon ein paar Wochen später hatte ich einen Termin bei ihm in seinem Washingtoner Büro und verbrachte dort mehrere Stunden. Es zeigte sich, dass er die Arbeitsweise und Strukturen der Weltbank noch nicht gut kannte und gerade erst begann, sich einzuarbeiten. Aber seine Mitarbeiter hatten ihm immerhin schon verraten, dass das Wort Korruption innerhalb der Weltbank tabu sei. Ich erklärte ihm die Dinge und Zusammenhänge so, wie ich sie sah – und wir verabredeten, dass ich bald wieder mit einem kleinen Stab von TI-Mitarbeitern zurückkehren würde und wir ein ganztägiges Seminar mit ihm und seinen wichtigsten Führungskräften veranstalten würden. Für uns war das der Durchbruch in den Beziehungen zur Weltbank. Kaum zwei Jahre nach Gründung von TI hatten wir einen Schritt gemacht, für den wir zehn Jahre veranschlagt hatten.

Es vergingen noch rund drei Monate, bis es tatsächlich zu diesem Treffen kam. Natürlich hatten wir uns ausführlich darauf vorbereitet und die verschiedenen Taktiken durchgesprochen. Frank Vogl erinnert sich: »Wir hatten von 9:30 bis 14:00 Uhr Zeit, 15 von Wolfensohns wichtigsten Leuten zu erklären, was die Weltbank nach Ansicht von TI unternehmen sollte. Wolfensohn selbst war bereits auf unserer Seite, aber er sagte zu uns: ›Ich muss mein

Management überzeugen.‹ Unser Vorteil war nun nicht nur, dass wir an diesem Tag eine ganze Reihe von ernst zu nehmenden Argumenten im Gepäck hatten, nein, wir konnten sie auch in die Sprache der Weltbanker fassen. Hier saßen ihnen nicht langhaarige Berufshippies gegenüber, sondern Manager, die selbst jahrelang in hohen Positionen der Weltbank gewirkt hatten. Und wir wussten genau, wie wir sie nehmen mussten.«

Wir nutzten die Zeit, um darzustellen, wie omnipräsent die Korruption war und wie sehr sie gerade Entwicklungsprojekte der Weltbank beeinflusste oder gar zunichte machte. Wolfensohn war von der ersten bis zur letzten Minute dabei und begann sofort, sich Notizen zu machen und Listen mit allen anstehenden Aufgaben zu erstellen. Nur Ibrahim Shihata fehlte. Er hatte unseren erklärten Gegner Walser geschickt, der während des ganzen Seminars kein Wort äußerte.

Bis die Weltbank letztendlich auf unseren Kurs einschwenkte und zu einem treuen Mitstreiter im Kampf gegen die Korruption wurde, verging noch eine lange Zeit. Zwar stand Wolfensohn als Kapitän auf der Brücke und versuchte das Steuerrad zu drehen, doch das Schiff bewegte sich noch unbeirrt im gewohnten Fahrwasser.

Heute haben wir den Eindruck, dass die Weltbank im Großen und Ganzen auf unserer Linie liegt. Das hat zum einen sicher seinen Grund darin, dass Wolfensohn sehr geschickt vor allem die politischen Exekutivdirektoren, die die über 180 Mitgliedstaaten vertreten, überzeugt hat. Zum anderen setzte er einen strategischen Ausschuss ein, der sich regelmäßig traf, um die Umsetzung der neuen Antikorruptionspolitik zu steuern. Der damalige Geschäftsführer von TI, Jeremy Pope, und ich waren regelmäßige Berater und Teilnehmer der Sitzungen dieses Ausschusses, dessen Empfehlungen nach und nach in die Arbeit der Weltbank eingefädelt wurden, bis sie nach fast zwei Jahren als umfassende Richtlinien überall verteilt wurden.

Inzwischen verkündete Wolfensohn die neue Politik der Weltbank in flammenden Reden auf wichtigen Konferenzen, wie zum Beispiel auf der Jahrestagung von Weltbank und Währungsfonds im Oktober 1996. Das erforderte erheblichen Mut, eine klare Vision und politisches Geschick. Heute kann man sich die Bedeutung dieser Leistung kaum noch vorstellen, so sehr haben sich die Zeiten geändert. Die Weltbank hat dabei eine bahnbrechende Rolle gespielt. Viele Institutionen, insbesondere auch bilaterale und internationale Entwicklungsorganisationen, die Vereinten Nationen, internationale Unternehmen und Verbände, haben sich dieser Linie angeschlossen und den Kampf gegen die Korruption aufgenommen.

7

Die OECD-Konvention

Jede Vertragspartei trifft die erforderlichen Maßnahmen, um nach ihrem Recht jede Person mit Strafe zu bedrohen, die unmittelbar oder über Mittelspersonen einem ausländischen Amtsträger vorsätzlich, um im internationalen Geschäftsverkehr einen Auftrag oder einen sonstigen unbilligen Vorteil zu erlangen oder zu behalten, einen ungerechtfertigten geldwerten oder sonstigen Vorteil für diesen Amtsträger oder einen Dritten anbietet, verspricht oder gewährt, damit der Amtsträger in Zusammenhang mit der Ausübung von Dienstpflichten eine Handlung vornimmt oder unterlässt.

OECD-Konvention zur Bekämpfung der Auslandskorruption,
Paragraf 1, Absatz 1

Eigentlich ist es heute kaum mehr zu glauben, dass es bis 1999 unter deutschem Recht erlaubt war, Politiker und Beamte anderer Länder zu bestechen. Schlimmer noch: Firmen konnten diese Bestechungszahlungen sogar als »nützliche Ausgaben« von der Steuer absetzen. Das bedeutete, jeder deutsche Geschäftsmann konnte ungestraft unter deutschem Recht die Beamten und politischen Führer jedes Staates der Dritten Welt mit Geld gefügig machen – und schädigte damit nicht nur die Bevölkerung in diesen Ländern, sondern den deutschen Steuerzahler gleich auf zweierlei Weise. Zum einen reduzierte er auf Kosten des Staatshaushaltes seine eigenen Steuern, zum anderen sorgte er dafür, dass viele nutzlose Entwicklungsprojekte oft auch von Deutschland gefördert wurden oder zumindest, dass Projekte unnötig teuer wurden. Dass dabei vor allem die ärmsten Bewohner jener Entwicklungsstaaten auf der Strecke blieben und weiter verelendeten, war die zwangsläufige und traurige Konsequenz. Wenn gegen einen solchen korrupten Geschäftsmann dann doch einmal vor Ort eine Untersuchung eingeleitet wurde, setzte er sich in die Heimat ab, wo sein Unternehmen ihn mit seinen nützlichen Fähigkeiten dann in einem anderen Land einsetzte.

In der Regierung Kohl erkannten das Skandalöse an dieser Rechtslage nur einige wenige Politiker wie Entwicklungshilfeminister Spranger, aber gegen die Wirtschaftslobbyisten und seine merkantilistisch eingestellten Kabinettskollegen konnte er sich nicht durchsetzen. Wirtschaftsminister Günther Rexrodt und Bundestagsabgeordnete der Regierungsparteien vertraten damals öffentlich die Meinung, dass ein Verbot der internationalen Korruption durch deutsche Exporteure den sofortigen Verlust von Arbeitsplätzen in Deutschland zur Folge haben würde. Schließlich würde man sich ohne diese Praktiken auf dem Weltmarkt nicht mehr durchsetzen können. Dass die USA schon 1977 in ihrem Foreign Corrupt Practices Act (FCPA) die Auslandskorruption verboten hatten, schien die Apologeten der ausländischen Bestechung nicht zu beeindrucken. Deutsche und andere europäische Unternehmen betrachteten den FCPA, soweit er überhaupt von den amerikanischen Behörden durchgesetzt wurde, sogar als Wettbewerbsvorteil. Sie konnten ungeniert bestechen und die Aufträge ergattern, während die Konkurrenz aus den USA zähneknirschend zuschauen oder zumindest diskreter bestechen musste.

Krampfhaft hielt sich bei uns die Theorie, dass in den meisten weniger entwickelten Ländern Korruption und Vetternwirtschaft traditionell nicht nur geduldet, sondern sogar moralisch positiv beurteilt werden. Da half es nicht, dass einige Regierungsvertreter aus afrikanischen Staaten immer wieder erklärten, dass es sich dabei nur um einen selbst gebastelten Mythos des Nordens handelte.

Ich erinnere ich mich noch gut an die Konferenz der Global Coalition for Africa Mitte der 90er Jahre in Den Haag, auf der der äthiopische Staatspräsident die »Brüder aus dem Norden« geradezu flehentlich bat, ihre Geschäftsleute daran zu hindern, die Eliten der afrikanischen Staaten systematisch zu bestechen. Hier waren viele hochrangige Vertreter diverser europäischer Staaten dabei. Ich beobachtete, wie der deutsche Staatssekretär Hedrich vom BMZ sich tief beeindruckt Notizen machte. Auch Prinz Bernhard der Niederlande sprach mich im Anschluss an diese Sitzung darauf an. Vielleicht nahm hier so langsam etwas Gestalt an.

Etwas, das die OECD aufnahm. Die »Organisation für wirtschaftliche Zusammenarbeit und Entwicklung« besteht aus inzwischen 30 Industrienationen, einschließlich Deutschland. Ihr ist es zu verdanken, dass heute die Auslandskorruption in fast allen ihren Mitgliedstaaten verboten ist. Im Mai 1995 formulierten die Wirtschaftsminister der OECD eine nichtbindende Empfehlung, dass alle Mitgliedstaaten ihren Staatsangehörigen die Korruption im Ausland verbieten sollten. TI wurde von Anfang an eingeladen, zu dieser Empfehlung Stellung zu nehmen. Unser Team beteiligte sich an vielen Sitzungen der Expertengruppe für Korruption bei der OECD in Paris. Vor allem begannen die nationalen Sektionen von TI intensive Gespräche mit ihren jeweiligen Regierungsdelegationen, die etwa von Kanada, Großbritannien und den USA mit Dankbarkeit aufgenommen wurden. In Deutschland hatten wir damit nur wenig Glück. Besonders im Wirtschaftsministerium wurden wir wie Aussätzige behandelt. Ähnlich ging es unseren Kollegen in Frankreich.

Angesichts dieses Widerstandes ist es fast ein Wunder, dass am 21. November 1997 die 30 OECD-Mitglieder und fünf weitere Exportländer die Konvention zur Bekämpfung der Auslandskorruption unterschrieben (»Übereinkommen über die Bekämpfung der Bestechung ausländischer Amtsträger im internationalen Geschäftsverkehr«). Zwei Jahre später, als alle Vertragsstaaten außer

Irland die Konvention ratifiziert und in nationales Recht umgesetzt hatten, trat sie in Kraft.

Dass es dazu kam, hat viele Gründe. Natürlich gab es politische und wirtschaftliche Interessengruppen, die heftigen Druck ausübten. So waren naturgemäß die Amerikaner sehr daran interessiert, endlich wieder gleiche Wettbewerbsbedingungen im internationalen Markt zu schaffen. Aber auch wir von Transparency International haben einen wichtigen Teil zum Erfolg der Konvention beigetragen. So übernahm es ein TI-Team von drei erfahrenen Juristen, Fritz Heimann aus den USA, Peter Rooke aus Australien und Michael Wiehen aus Deutschland, für uns in Paris am Sitz der OECD für die Konvention zu kämpfen und Lobbyarbeit zu betreiben. Fritz Heimann erinnert sich: »Als die ersten Gespräche über internationale Korruption innerhalb der OECD begannen, flog ich 1995 nach Paris. Ich wollte mich persönlich mit allen Beteiligten treffen und mit der US-Delegation zusammenarbeiten. Einige meiner Freunde dachten, ich würde meine Zeit bei der OECD verschwenden. Sie sagten, ich müsse nach Brüssel gehen, zur EU. Doch die Europäische Union hatte zu diesem Zeitpunkt kein größeres Interesse an dem Thema Korruption außerhalb ihrer Grenzen.«

Wir erfuhren auch, dass man gerade in den Finanzministerien nicht besonders glücklich über die Absetzbarkeit von Bestechungsgeldern zu sein schien. Die Beamten fürchteten anscheinend, durch die steuerliche Anrechenbarkeit dieser dubiosen Zahlungen sehr viel Geld zu verlieren. Damit hatten wir schon einige entscheidende Mitstreiter gewonnen.

Die OECD wurde tatsächlich relativ schnell aktiv und richtete eine Untergruppe ein, die sich mit dem Thema beschäftigen sollte. Und bereits 1996 formulierte diese eine erste Resolution zur Vermeidung von Korruption und arbeitete weiter daran, eine Konvention zu entwickeln, die die Bestechung von ausländischen Führungspersönlichkeiten grundsätzlich illegal machte.

Im Frühjahr 1997 trafen sich dann die entsprechenden Minister der Mitgliedstaaten. Und erstmals schien es im Vorfeld so, als ob Deutschland, Frankreich, Japan und Großbritannien bereit seien, etwas zu unternehmen und die inzwischen entwickelte Konvention zu unterschreiben. Ich war allerdings mehr als besorgt, dass das Ganze im Sande verlaufen oder mehrere Jahre brauchen würde. Denn ich wusste, wie lange es oft dauert, bis internationale Vereinbarungen die jeweiligen Parlamente passieren und in Kraft treten.

Doch die OECD verhinderte das, indem sie den beteiligten Staaten einfach keine Wahl ließ. Sie setzte mit Ende 1997 eine extrem enge Deadline für die Unterzeichnung der Konvention. Zu unserer Überraschung wurde dieser Termin in der Tat eingehalten. Am 17. Dezember 1997 wurde die OECD-Konvention gegen die Korruption in Paris unterzeichnet.

Ein entscheidender Faktor, der die Zustimmung der europäischen Regierungen zu diesem historischen Schritt beförderte, war die Zustimmung einiger führender europäischer Wirtschaftskapitäne, denen immer klarer wurde, dass es mit der internationalen Korruption, wie sie in den letzten Jahrzehnten eingerissen war, so nicht weitergehen konnte. Mit ihnen führte ich zunächst nur persönliche Einzelgespräche.

Als sich nach und nach eine gewisse Sympathie für unsere Überlegungen eingestellt hatte, luden wir die Wirtschaftsführer zu Sitzungen ins Berliner Aspen-Institut auf der Insel Schwanenwerder im Wannsee ein. Richard von Weizsäcker, der inzwischen Mitglied des Beirats von Transparency International geworden war, bürgte mit seinem Vorsitz in dieser Runde für Rationalität und Vertrauen. Nach drei Sitzungen war es so weit, dass maßgebliche Unternehmensführer einen offenen Brief an Minister Rexrodt und andere europäische Wirtschaftsminister schrieben, in dem sie ihre Regierungen aufforderten, eine OECD-Konvention gegen internationale Korruption zustande zu bringen. Sie sahen in dem koordi-

nierten Verfahren zum gleichzeitigen Abbau der Bestechung eine
Möglichkeit, dieses weltweite Übel zu beseitigen, ohne gegenüber
weniger skrupulösen Wettbewerbern ins Hintertreffen geraten zu
müssen.

Die Konvention beziehungsweise ihre gesetzmäßige Umsetzung
in deutsches Recht passierte sowohl den deutschen Bundestag als
auch den Bundesrat, wurde am 10. September 1998 im Bundesgesetzblatt (Bundesgesetzblatt II Seite 2327) veröffentlicht und trat
am 15. Februar 1999 in Kraft. Als ich dies anerkennend in meiner
Dankesrede für die Heuss-Medaillie erwähnte, die TI im Frühjahr
1999 verliehen wurde, brach das versammelte Publikum in der
Stuttgarter Reithalle, einschließlich der Vorsitzenden der Heuss-
Stiftung, Hildegard Hamm-Brücher, und des Bundespräsidenten
Herzog in Beifall aus. In der Tat war Deutschland einer der ersten
Signatarstaaten der OECD-Konvention, der dieses Formerforder-
nis voll erfüllte.

Doch was nützt das beste Gesetz, wenn es nicht umgesetzt und
überwacht wird. Die Expertengruppe bei der OECD sorgte unter
der kompetenten Leitung ihres Vorsitzenden, Professor Mark Pieth
von der Universität Basel, für ein wirksames Überwachungssystem.
So beschlossen die Vertragsstaaten, sich gegenseitig durch regelmäßige Besuche zu überprüfen, ob die Konvention nicht nur auf dem
Papier steht, sondern in nationales Recht umgesetzt und die Bestrafung der Auslandskorruption mit den einschlägigen Vergehen im In-
land gleichgestellt wird. Hierbei hört die Gruppe sowohl die Meinung von Regierungsvertretern als auch von Wirtschaftsverbänden
sowie anderen Organisationen der Zivilgesellschaft, wie eben auch
Transparency International. Naturgemäß sehen wir es als unsere
Pflicht an, die Einhaltung und Umsetzung der Konvention in den
Unterzeichnerstaaten kritisch zu begleiten und den jeweiligen Kom-
missionen unsere Sicht der Dinge darzulegen.

Für Deutschland übernehmen das die deutsche Sektion von TI
und einige TI-Mitarbeiter unter der Leitung von Michael Wiehen.

Deren Einschätzung war bei der ersten Überwachungsmission viel kritischer als die sehr positive Sicht der Wirtschaftsverbände und Regierungsvertreter. Leider ließ die Bundesregierung nicht zu, dass wir bei den offiziellen Treffen der Kommission mit Regierungsvertretern als Beobachter anwesend waren. Michael Wiehen: »Wir brauchen nach wie vor in Deutschland und vielen anderen betroffenen Ländern einen höheren Bekanntheitsgrad für die Konvention. Nur sieben Prozent der Manager von nationalen oder internationalen Unternehmen, die in 15 Entwicklungsländern tätig sind, sind überhaupt mit der Konvention vertraut. Der Anteil deutscher Firmen und speziell deren Niederlassungen in den Entwicklungsländern könnte durchaus etwas höher sein, aber wahrscheinlich nicht viel. Das merkt man auch in vielen persönlichen Diskussionen mit Managern, ganz besonders im mittelständischen Bereich. Hier ist das Wissen um die Strafbarkeit der Auslandskorruption und um den Wegfall der steuerlichen Absetzbarkeit erschreckend gering.«

Während der Staat inzwischen einiges getan hat, um die innerdeutsche Korruption einzudämmen, etwa durch so genannte Schwerpunkt-Staatsanwaltschaften, haben wir immer noch den Eindruck, dass lange nicht genug getan wird, um gegen die Auslandskorruption vorzugehen. Wir sind auch der Meinung, dass die Regierung nicht genug unternimmt, um den Fakt, dass es überhaupt eine solche Konvention gibt, bekannt zu machen. Die einzige uns bekannte Aktivität in diese Richtung ist eine Initiative des Wirtschaftsministeriums, eine Arbeitsgruppe aus Industrie, Regierung und NGOs zu schaffen, in der die Richtlinien der Konvention diskutiert werden und ein in der Konvention vorgeschriebener nationaler Kontaktpunkt geschaffen werden soll. Nach einigen wenigen Treffen ist in dieser Gruppe allerdings bisher nur wenig geschehen.

Andererseits wurden einige Handelskammern und Wirtschaftsverbände recht aktiv und veranstalteten Treffen, auf denen die

Auswirkungen der Konvention auf Deutschland diskutiert wurden. Vertreter von TI sprachen auf zahlreichen dieser Veranstaltungen oder veröffentlichten Beiträge in den Publikationen der Organisationen. Allerdings waren die Teilnehmerzahlen unserer Meinung nach nicht sonderlich hoch – und die Meinungen eher negativ und abwehrend. Wir bekamen die üblichen Argumente zu hören: »Wie sonst können wir Geschäfte machen?« und »Wieder einmal wird Deutschland den Regeln strikt folgen und jeder andere wird munter so weitermachen wie bisher.« Immer wieder mussten wir miterleben, dass Politiker und Wirtschaftsbosse öffentlich die Meinung aussprachen, dass »in bestimmten Ländern alle Wettbewerber immer noch bestechen und man keine andere Chance hat, als den lokalen Gewohnheiten zu folgen«. Das ist fürchterlich.

Es ist also noch viel zu tun, um die Regeln der OECD-Konvention in Deutschland zur gelebten Wirklichkeit werden zu lassen. Dazu gehören neben einer umfassenden Information und Aufklärung der im Ausland tätigen Firmen auch eine bessere Strafverfolgungsstruktur innerhalb der Behörden – sowie einige weitere wichtige Umsetzungen. So schreibt das Steuergesetz inzwischen vor, dass das Finanzamt sofort die Strafverfolgungsbehörden alarmieren muss, wenn es in den Büchern eines Unternehmens auf einen Hinweis stößt, dass das Unternehmen ausländische Entscheidungsträger bestochen haben könnte. Leider können wir nicht überprüfen, ob das tatsächlich konsequent geschieht. Uns sind nur wenige Fälle bekannt, in denen die Behörden tatsächlich aktiv wurden, so etwa, als eine Münchner Firma versuchte, einen Auftrag in Südafrika durch Bestechung zu erlangen oder ein Unternehmen aus Schleswig-Holstein seine potenziellen Auftraggeber in Litauen bestach. Das liegt zum einen daran, dass das Bundeskriminalamt keine zentrale Statistik führt, zum anderen kann es auch einfach daran liegen, dass erst verhältnismäßig wenige Fälle aufgedeckt wurden. Leider wissen wir nicht, ob die Finanzämter ihre

Erkenntnisse konsequent weitergeben, und wir vermuten, dass Informationen von unterlegenen Mitbietern oder aus dem jeweiligen Ausland die Strafverfolgungsbehörden häufig nicht erreichen.

Ein Erfolg für uns war es, dass die Richtlinien der Hermes-Exportbürgschaften auf unser Drängen hin geändert wurden. Jetzt steht in den Richtlinien der von der Allianz im Auftrag des Wirtschaftsministeriums erteilten Exportkredite ausdrücklich, dass die Versicherung keinesfalls für durch Korruption angebahnte Verträge einstehen wird und dass sofort jede Bürgschaft nichtig und alle gezahlten Gebühren hinfällig werden. Exporteure, die sich um eine Hermes-Bürgschaft bemühen, müssen der Korruption jetzt auch schriftlich eine Absage erteilen.

Unter der Führung eines unserer wichtigsten Mitarbeiters der ersten Stunde, Dieter Frisch, der als ehemaliger Generaldirektor für Enwicklungszusammenarbeit in Brüssel ein sehr hohes Ansehen genießt, ist es uns auch gelungen, diese Regelungen für Exportfinanzierung in das europäische Regelwerk einzuführen.

Alles in allem kleine Schritte auf dem richtigen Weg. Und noch sind viele Schritte zu gehen. Wir werden sie kritisch begutachten, analysieren und nicht davor zurückschrecken, weiterhin den Finger in offene Wunden zu legen.

8
Der Integritätspakt

Der Integritätspakt ist ein Werkzeug, das in den 90er Jahren von Transparency International entwickelt wurde, um den Regierungen, der Wirtschaft und der Zivilgesellschaft, die bereit sind, die Korruption zu bekämpfen, im Bereich von öffentlichen Auftragsvergaben zu helfen. Der Integritätspakt hilft, das Vertrauen der Bevölkerung in das Vergabeverhalten der Behörden zu stärken und trägt dazu bei, die Glaubwürdigkeit in das Vorgehen von Regierungen und Administrationen im Allgemeinen zu steigern.

Transparency International über den Integritätspakt

Die Idee ist genauso simpel wie revolutionär. In einem eng begrenzten Markt, in einer einzigen Wettbewerbssituation, setzen sich alle Beteiligten an einen Tisch. Die ausschreibende Behörde oder das ausschreibende Unternehmen und alle potenziellen Auftragnehmer, die sich um den Kuchen streiten. Und dann bringt man sie dazu – völlig unabhängig davon, wie sie sich in anderen Märkten verhalten oder ob sie nun zuvor jahrelang bestochen haben oder bestochen worden sind –, eine Vereinbarung zu treffen, die nichts anderes regelt, als dass sich jeder Teilnehmer verpflichtet, in dieser einen Wettbewerbssituation auf korrupte Methoden zu verzichten. Eine unabhängige Stelle, wenn möglich eine Organisation der Zivilgesellschaft, wie beispielsweise eine nationale Sektion von TI, wird berufen, die dies überwacht. Wer gegen das Antikorruptionsgebot verstößt, erhält empfindliche Strafen. Das ist kurz umrissen der Integritätspakt oder Integrity Pact (IP), eines unserer effektivsten Instrumente im Kampf gegen die Korruption.

Wer genau eigentlich die Idee hatte, kann heute bei Transparency International niemand mehr sagen. Als ich Ende 1992 mit Robert McNamara über diese Idee sprach, war er wie elektrisiert. Ich nannte das damals noch die »Insel der Integrität«, um zu veranschaulichen, dass wir von den Beteiligten nicht verlangten, überall in der Welt von heute auf morgen ihre Praktiken zu ändern. Sie sollten nur an einem Punkt anfangen, an dem sie sich darauf verlassen konnten, dass ihre Wettbewerber an dieselben Regeln gebunden waren. Es war gleichsam ein Fluchtweg aus dem Gefangenendilemma. McNamara glaubte so stark an diesen Mechanismus, dass er meine Einladung zur Gründungsveranstaltung in Berlin nur unter der Bedingung annahm, dass wir die »Insel der Integrität« zum Hauptgegenstand unserer Beratungen machen würden. Nur das konnte seiner Meinung nach einen Erfolg im Kampf gegen die Korruption ermöglichen. Vereinbarungsgemäß verhandelte er mit Alberto Dahik aus Ecuador, Fritz Heimann und mir am Vorabend der Konferenz bis in die frühen Morgenstunden, um den Einsatz der »Insel der Integrität« bei einem der nächsten Projekte in Ecuador zugesichert zu bekommen. Er versprach TI aus seiner eigenen Tasche eine Spende von 10 000 US-Dollar, wenn dies zum ersten Mal gelingen sollte. Nachdem wir uns auf all das verständigt hatten, erlaubte er uns hochzufrieden, bei der Gründungsveranstaltung seinen Namen zu benutzen, obwohl er sich nicht selbst an der Tagung beteiligen wollte. Später rief er mich immer wieder an, um den Stand der »Inseln der Integrität« zu erfahren. Schließlich reiste er mit uns zu befreundeten afrikanischen Staatschefs, um sie von der Nützlichkeit dieser Idee zu überzeugen.

Auch bei den großen Unternehmen fand die Idee Anklang. Sie erschien ihnen als plausible Möglichkeit, aus der Korruptionsfalle zu entkommen, ohne wichtige Aufträge an weiterhin bestechende

Wettbewerber zu verlieren. Der Versuch, die Interessenlage der wichtigen Akteure zu verstehen und ihnen einen Ausweg aus dem Dilemma zu ebnen, war sicherlich bezeichnend für die strategischen Überlegungen, die wir gemeinsam bei der Gründung von Transparency International verfolgten. Wieder waren wir ganz pragmatisch, wie es unser Ansatz war, und wir waren bereit, jene kleinen praktischen Schritte in den »Inseln der Integrität« vorwärts zu gehen.

Hansjörg Elshorst erinnert sich: »Ich weiß noch, wie ich mich kurz vor unserer wegweisenden Konferenz im Latimer House auf dem Flug von Frankfurt nach London mit dem Chefökonomen der GTZ unterhielt, der sehr skeptisch war und alles für Quatsch hielt. Meines Wissens war dies das erste Mal, dass wir davon sprachen, dass wir dafür sorgen müssten, dass auf einer ›Island of Integrity‹ das vorgelebt wurde, was wir uns vorstellten. Die Idee lag in der Luft, auch Peter und Michael Wiehen hatten sie wohl zur etwa gleichen Zeit, sodass ich keinerlei Geburtsrecht reklamiere. Schon damals griff das Konzept, sehr viele Menschen aus den unterschiedlichsten Lebensbereichen zusammenzubringen und gemeinsam deren Fähigkeiten und Ideen zu nutzen, um eine Koalition zu gründen.«

Es war Michael Wiehen, der nach seinem Ausscheiden aus der Weltbank den Integritätspakt ausarbeitete, um ihn zu dem feinen, aber auch flexiblen Instrument zu schleifen, der er heute ist. Er erzählt: »Der Integritätspakt ist ein Versprechen auf Gegenseitigkeit, gilt also für beide Seiten, zum Beispiel Ministerien auf der einen und Baufirmen, Lieferanten und technische Berater auf der anderen. Dabei muss der Auftraggeber bei der Ausschreibung angeben, dass er den Pakt anwenden will und sich alle Anbieter daran halten müssen. Wichtig ist dabei, dass sowohl der Auftraggeber als auch der Auftragnehmer Sanktionen unterliegen. So verpflichtet sich etwa der Auftraggeber, Disziplinarmaßnahmen gegen korrupte Mitarbeiter einzuleiten. Der potenzielle Auftragnehmer wird, wenn ihm korrupte Methoden nachgewiesen werden, natürlich den Auftrag verlieren. Außerdem beinhaltet der Pakt den Verlust der Bietergarantie, jener Summe, die die Bieter dem Auftraggeber als Sicherheit im Voraus bezahlen müssen und die bei einem Auftragsvolumen von 50 Millionen Euro in der Regel drei bis fünf Millionen beträgt. Zusätzlich wird der Korrumpierende schadensersatzpflichtig und kommt auf eine schwarze Liste, wird also von zukünftigen Aufträgen ausgeschlossen.«

Die Überwachung erfolgt entweder durch TI oder durch andere Mitglieder der Zivilgesellschaft. Der Auftraggeber kann auch eine externe Firma mit der Überwachung beauftragen. Wichtig ist, dass die Überwacher Zugang zu sämtlichen Unterlagen erhalten müssen.

Am effektivsten bei der Aufdeckung von Korruption sind, wie wir festgestellt haben, die Mitbewerber der korrupten Firmen. Die wissen oft als Erste, dass geschmiert worden sein muss. Wir vertrauen also auch auf den Druck durch benachteiligte Mitbewerber.

Die Kernpunkte des Integritätspakts sind schnell umrissen. Für die ausschreibende Behörde oder Organisation legt er Folgendes verbindlich fest, wie auch in unseren entsprechenden Grundlagenpapieren nachzulesen ist:

- Kein offizieller Vertreter der Behörde wird weder direkt noch durch Mittelsmänner jede Art von Bestechungsgeld, Geschenken, Gefallen oder sonstige Vorteile für sich oder eine andere Person, Organisation oder dritte Partei, die etwas mit der Vergabe zu tun hat, annehmen oder verlangen und dafür Vorteile im Bieterprozess gewähren.
- Die Behörde wird alle nötigen und angemessenen technischen, rechtlichen und administrativen Informationen, die das laufende oder ausgeschriebene Projekt betreffen, öffentlich zugänglich machen.
- Kein Vertreter der Behörde wird den Bietern oder Vertragspartnern vertrauliche Informationen zukommen lassen, die dem Bie-

ter oder Vertragspartner einen unrechtmäßigen Vorteil innerhalb des Ausschreibungsverfahrens oder der Durchführung des Vertragsabschlusses verschaffen würden.

- Alle Vertreter der Behörde, die mit dem Bieterprozess, der Überprüfung des Angebots und dem Vertragsabschluss zu tun haben, werden jedweden Interessenkonflikt im Zusammenhang mit der Auftragsvergabe enthüllen. Es wäre äußerst wünschenswert, dass sie auf dieselbe Weise sowohl ihre eigenen als auch die Vermögenswerte ihrer Familienmitglieder offen legen.
- Jeder Vertreter der Behörde wird jeden Versuch oder tatsächlich erfolgten Bruch der Vereinbarungen sowie jeden ernsthaften Verdacht, dass es zu einem solchen Bruch gekommen ist, den entsprechenden Regierungsbehörden melden.

Was die potenziellen Auftragnehmer angeht, sehen die Regeln ähnlich aus:

- Sie werden weder den Vertretern der ausschreibenden Behörde noch ihren Verwandten oder Freunden weder direkt noch durch Mittelsmänner jedwede Art von Schmiergeldern, Geschenken, Gefallen oder andere Vorteile anbieten, um innerhalb des Bieterprozesses Vorteile zu erhalten.
- Sie werden sich nicht mit anderen Parteien innerhalb des Ausschreibungsprozesses absprechen und so die gebotene Transparenz und Fairness des Bieterprozesses und des Vertragsabschlusses beeinträchtigen.
- Sie werden keine Vorteile im Gegenzug für unprofessionelles Verhalten akzeptieren.
- Sie werden alle Zahlungen an Agenten oder andere Mittelsmänner offen legen, die außerdem keinesfalls mehr als den angemessenen Gegenwert für ihre Dienste erhalten dürfen. Diese Offenlegung sollte vorzugsweise durch alle Bieter bei der Gebotsabgabe erfolgen, aber allerspätestens zu dem Zeitpunkt, zu dem der Auftrag vergeben wird.

Der Pakt ist multifunktional einsetzbar. Er passt nicht nur bei der Vergabe von Bauaufträgen, sondern immer da, wo eine begrenzte Anzahl von Wettbewerbern sich um einen konkreten Markt bemüht, also auch bei Privatisierungsprojekten und der Vergabe von Nutzungsrechten oder Lizenzen, etwa für Rohstoffgewinnung, Bergwerke, Erdölförderung, Forstrechten, Energie- oder Wasserversorgung, Telefondienste oder die Müllentsorgung. Natürlich ist es wichtig, dass wirklich alle Beteiligten an einem Ausschreibungsprozess dem Integritätspakt beitreten. Weigert sich nur ein einziger, funktioniert das Modell nicht. Darin lag übrigens der Disput mit der Weltbank, die sich wehrte, Anbieter, die sich weigern, dem Pakt beizutreten, von einer Ausschreibung auszuschließen. Doch wegen der immanenten Logik wirkten wir natürlich auf die ausschreibenden Stellen ein, dass sie den Beitritt aller potenziellen Bieter zu unserem Pakt zur Vorschrift machen. Sollten einige Bieter Zweifel daran haben, sollte man so lange mit ihnen verhandeln und den Vertrag überarbeiten, bis man sich schließlich auf einen für alle Beteiligten akzeptablen Integritätspakt einigt.

Der Integritätspakt ist kein in Stein gemeißeltes Gesetz, sondern er kann an viele Bedürfnisse angepasst werden. Außerdem werden generell das Konzept und seine konkrete Ausgestaltung von uns immer wieder auf ihre Brauchbarkeit überprüft und durch neu gewonnenes Wissen ergänzt.

Derzeit ist er weltweit in Gebrauch. So zum Beispiel bei 60 bis 70 Projekten in Kolumbien und jeweils zwei bis drei Projekten in Pakistan, Italien, Korea, Panama, Nepal, Paraguay und Mexiko.

In Kolumbien nahm die Regierung Pastrana im Mai 1999 unseren Integritätspakt sogar in die Prioritätenliste ihres »Nationalen Entwicklungsplanes« auf. In Artikel 4, Absatz 2, heißt es dort: »Um die Zivilgesellschaft am Kampf gegen die Korruption zu beteiligen, werden wir die Umsetzung des Programms der Inseln der Integrität von Transparency International propagieren, damit sich

Bieter in nationalen und internationalen Ausschreibungen zu ihrer persönlichen und wirtschaftlichen Verantwortung durch Antikorruptionsvereinbarungen bekennen.«

Innerhalb eines Jahres gelang es TI Kolumbien, schon rund 40 Projekte mit dem Integritätspakt erfolgreich umzusetzen. An einigen dieser Projekte waren auch internationale Institutionen wie die Weltbank, die interamerikanische Entwicklungsbank, die UNDP (das Development Programme der UNO) oder die deutsche GTZ beteiligt.

Einige weitere Beispiele sollen zur Illustration genügen. In der argentinischen Stadt Morón wurde der Integritätspakt zwischen der Stadtverwaltung und insgesamt vier Bietern geschlossen, die sich um einen Vierjahresvertrag zur Müllentsorgung bewarben. Das Projekt hatte einen ungefähren Umfang von 32 Millionen US-Dollar. In Italien überzeugte unser Chapter die Verwaltungen von Mailand, Genua, Varese und Bergamo, unseren Pakt einzusetzen. Nachdem die Stadtverwaltung und das Stadtparlament von Mailand im Oktober 2000 seiner Anwendung bei öffentlichen Ausschreibungen zustimmten, signalisierten sofort sechs weitere italienische Städte ihr Interesse. Und tatsächlich flogen in Mailand auch einige Firmen auf, die sich nicht an den Pakt gehalten hatten. Auch in der südkoreanischen Hauptstadt Seoul waren wir erfolgreich. Allein im Jahr 2000 wurde der Integritätspakt bei insgesamt 62 Projekten mit einem Gesamtvolumen von 105 Millionen US-Dollar eingesetzt. Mehr Informationen gibt es übrigens im Internet unter <www.metro.seoul.kr>.

Über eines unserer aktuellsten Projekte erzählt Michael Wiehen: »Wir freuen uns besonders, dass der Integritätspakt jetzt auch zum ersten Mal in Pakistan zum Einsatz kam. Hier ging es um die Projektierung einer circa 150 Kilometer langen Wasserpipeline. Ein ähnliches Projekt vor vier Jahren hatte damals 200 Millionen Dollar gekostet. Diesmal sind es gerade mal 50 Millionen. Wir führen das natürlich nicht nur auf den Integritätspakt zurück, sondern auch auf das gesteigerte öffentliche Interesse an dem Projekt, aber sicher haben wir einen kleinen Beitrag geleistet.«

Weltweit sind wir also aktiv, um unseren Integritätspakt bekannt zu machen. Die Ergebnisse sind mehr als ermutigend. Korrupte Staatsdiener und korrumpierende Unternehmen flogen auf, Bieterprozesse wurden für die Öffentlichkeit transparent gestaltet, Projekte für die öffentlichen Kassen günstiger. Eine Erfolgsbilanz, die ausgerechnet hierzulande durchbrochen wird. Michael Wiehen: »In Deutschland haben wir unsere Mithilfe vor sechs Jahren beim Bau des Flughafens Berlin-Schönefeld angeboten. Damals hatten sowohl die Anbieter als auch die Regierungen von Berlin und Brandenburg ihre Zustimmung gegeben. Aber die Betreibergesellschaft hat den Pakt vehement abgelehnt und somit zum Scheitern gebracht. Sie haben sich bitter beschwert, wie wir überhaupt davon ausgehen könnten, dass es hier zu Korruption kommen könne. Drei Monate später gab es den ersten Korruptionsfall. Wir haben bereits mit einer ganzen Reihe von deutschen Kommunen gesprochen oder sind noch in Gesprächen. Denn wir haben viele Informationen, die belegen, dass wir Weltmeister im Bestechen sind. Allein in Wuppertal laufen 750 Verfahren wegen Korruption. Doch bisher war noch niemand in Deutschland bereit, den Integritätspakt einzusetzen. Es bedarf eben noch einer Menge Überzeugungsarbeit.«

9
Wie Unternehmen handeln müssen

Von den Top-1000 der Wirtschaftsunternehmen haben vielleicht
100 einen Verhaltenskodex. Nicht einmal 20 davon haben eine
Unternehmenspolitik und einen Leitfaden, der das Unternehmen
davon abhält, Bestechungsgelder zu zahlen.

Jermyn Brooks, Transparency International

Im November 1998 wurde ich von der amerikanischen Organisation »Business for Social Responsibility« zu einem Vortrag nach
Boston eingeladen. Im Ballsaal eines schönen alten Hotels hatten
sich etwa 800 Generaldirektoren großer Konzerne vor allem aus
den USA und Europa versammelt, um darüber zu diskutieren, wie
in einer globalisierten Wirtschaft sozial gerecht gehandelt werden
könnte. Insbesondere ging es um die Rolle, die die Privatwirtschaft
dabei übernehmen könnte. Vor mir sprach der frühere Ministerpräsident von Israel, Shimon Peres. Seine Hauptthese war, dass angesichts der verminderten Fähigkeit von Regierungen, die Geschicke der Weltgemeinschaft zu steuern, die Stunde des Privatsektors
geschlagen habe, um Verantwortung zu übernehmen. Immerhin
wären die multinationalen Wirtschaftsunternehmen ja seit langem
gewohnt, in der globalen Arena zu arbeiten, sie dächten in globalen Kategorien und verfügten über globale Mittel, um ihre globalen
Strategien durchzusetzen. Daher komme es nun vor allem darauf
an, dass Wirtschaftsunternehmen lernten, sozial verantwortlich zu
handeln und sich nicht nur von Gewinnstreben und Shareholder-

Values leiten zu lassen. Ihr Ziel solle sein, die längerfristigen Interessen der Menschheit zu verstehen und zu fördern.

Provoziert durch diese faszinierende Vorlage, legte ich mein sorgfältig vorbereitetes Manuskript zur Seite und setzte mich kritisch mit seiner These auseinander. Schon vor 30 Jahren, als ich noch als Assistent von Professor Heinrich Kronstein versuchte, die Funktionen und Hintergründe des internationalen Wettbewerbsrechts zu durchschauen, hatte ich erkannt, dass es sehr nützlich ist, wenn Geschäftsleute bereit sind, sich an ethische Grundsätze zu halten und sie in ihren Unternehmen umzusetzen. Doch ohne gesetzliche und hoheitliche Rahmenbedingungen funktioniert keine Wettbewerbsgesellschaft, in der Unternehmen ihre volle Leistung erbringen und dabei noch das Allgemeinwohl fördern.

Dasselbe gilt auch noch heute für die Rolle der Privatunternehmen in der globalen Wirtschaft. Sie brauchen Rahmenbedingungen, um ihre beachtlichen Fähigkeiten, ihre technologischen und finanziellen Mittel und ihr organisatorisches Geschick im Sinne einer nachhaltigen wirtschaftlichen und sozialen Entwicklung einzusetzen. Allerdings stimmte ich mit meinem Vorredner überein, dass einzelstaatliche Regierungen immer weniger in der Lage sein werden, diese Bedingungen zu schaffen, da die zu regelnden Sachverhalte immer öfter über die nationalen Hoheitsgrenzen der jeweiligen Staaten hinausgehen. Ich sagte, dass meiner Meinung nach die Regierungen und ihre internationalen Organisationen bei der zunehmenden Globalisierung in den letzten Jahrzehnten häufig versagt hätten, ganz besonders bei der internationalen Korruptionsbekämpfung. Hier seien es in erster Linie die Regierungen der meisten Exportländer, also vor allem der reichen Länder, die grenzüberschreitende Bestechung erlaubten und sogar förderten.

Den versammelten Wirtschaftskapitänen machte ich deutlich, dass die Privatwirtschaft in dieser Beziehung genauso versagt hatte wie die Regierungen. Und das fast ausnahmslos, denn kein Wirtschaftsunternehmen kann sich an hohe sozialethische Maßstäbe halten, wenn die Mitbewerber dies nicht tun. Mein Fazit in jenem Bostoner Ballsaal: Wir brauchen einen neuen Akteur, der als dritte Kraft Staat und Wirtschaft dazu bringt, Rahmenbedingungen zu schaffen, welche die Unternehmen zu ethisch verantwortungsvollem Handeln verpflichten. Bezüglich der Bestechungen postulierte ich also ein gemeinsames Ringen um Rahmenbedingungen, die alle Marktbeteiligten dazu zwingen, innerhalb ihrer Strukturen Korruptionsprävention zu betreiben. Zu meiner freudigen Überraschung waren die anwesenden Wirtschaftsführer von diesen Überlegungen angetan und dankten mir mit stehenden Ovationen. Sie hatten sich nicht sonderlich wohlgefühlt bei Peres' Gedanken, dass sie nun die soziale Verantwortung für die langfristigen Bedürfnisse der Menschheit übernehmen sollten und in der globalen Arena in ein Vakuum staatlicher Regierungsführung vorrücken sollten.

Diese Forderung des Privatsektors nach verbindlichen Regelungen für sozial verantwortliches Verhalten ist uns auch später immer wieder aufgefallen, wenn wir mit unseren Partnern aus Privatunternehmen über Antikorruptionsstrategien diskutierten. Denn so wünschenswert es wäre, dass Unternehmen von sich aus reagieren und erkennen, dass sie etwas gegen Korruption unternehmen müssen, war doch erst der Zwang der OECD-Konvention nötig. Als sich die rechtlichen Grundlagen für grenzüberschreitende Bestechung geändert hatten – in Deutschland im Februar 1999 – erkannten viele Firmen, dass sie ein internes Integritätssystem brauchen, um innerhalb ihres Unternehmens sicherzustellen, dass nicht nur ethische, sondern nun auch gesetzliche Vorschriften eingehalten werden – und zwar weltweit. Größere, weltweit agierende Firmen gaben sich deshalb »Codes of Conduct« genannte Verhaltensregeln, an denen die Mitarbeiter ihr Handeln messen müssen.

Dennoch gibt es immer noch viel zu wenig Firmen, die bereit sind, einen »Code of Conduct« zu entwickeln oder einen bereits erprobten zu diskutieren. Dabei bieten nicht nur Transparency

International, sondern auch Unternehmerverbände und andere Organisationen ihren Mitgliedern bereits vorgefertigte Bausteine und Muster an. Jermyn Brooks, der Finanzchef von TI, der sich weltweit für die Einführung von »Codes of Conduct« einsetzt und sie seit Jahren mitentwickelt hat, erzählt: »Wir haben ein Produkt, das jedes Unternehmen sofort einsetzen und an seine spezifischen Umstände anpassen kann. Unser Job ist es, die Firmen für diese Idee zu interessieren. Wir veranstalten deshalb überall auf der Welt Konferenzen und Seminare. Sehr viele, sehr große internationale Unternehmen sind auch sehr daran interessiert. Wir finden eine große Bereitschaft vor. Speziell in den USA, wo die derzeit üblichen Systeme nicht funktionieren. Die größte Aufgabe wird es sein, die Unternehmen mittlerer Größe und kleinere, nicht börsennotierte Gesellschaften von der Notwendigkeit zu überzeugen.«

Ein äußerst nützliches Produkt sind in diesem Zusammenhang unsere Business Principles for Countering Bribery, also unsere Geschäftsprinzipien zur Vermeidung der Korruption, die wir zusammen mit der New Yorker Nichtregierungsorganisation Social Accountability International (SAI) und einem Lenkungsausschuss aus Unternehmen, Forschung und Lehre, Gewerkschaften und anderen NGOs entwickelt haben. Ursprünglich hatten wir ehrgeizigere Pläne: SAI hatte sich um die Finanzierung eines Systems zur Zertifizierung integren Verhaltens privater Unternehmen bemüht – vergleichbar der ISO 9000 – und war von Geldgebern an TI als Partner verwiesen worden. Wir begannen auch sehr optimistisch an diesem Vorhaben zu arbeiten, merkten dann aber, wie ehrgeizig und unrealistisch es war. Nach vielen Diskussionen im Lenkungsausschuss, der regelmäßig in London tagte, blieb dann eine Liste von einfachen Geschäftsprinzipien. Diese sind eigentlich nichts anderes als ein Leitfaden für Unternehmen, um korrupte Praktiken zu unterbinden. Sie können in zwei Kernaussagen zusammengefasst werden:

- Das Unternehmen verpflichtet sich, jedwede Form von Korruption zu verhindern, sowohl direkt als auch indirekt.
- Das Unternehmen verpflichtet sich, ein Antikorruptionsprogramm einzuführen und umzusetzen.

Das 13-seitige Dokument ist auf unserer Webseite <www.transparency.org> zu finden und legt unmissverständlich fest, was Unternehmen in ihren verschiedenen Geschäfts- und Organisationsbereichen gegen die Korruption tun können. Die Geschäftsprinzipien sind inzwischen erfolgreich getestet worden, zum Beispiel von der großen Unternehmensgruppe Tata in Indien und von BP in Zentralasien, und werden jetzt in verschiedenen Regionen der Welt vorgestellt.

Ein interessanter Aspekt dieser Arbeit ergab sich aus der Notwendigkeit, zwischen den verschiedenen Mitgliedern des Lenkungsausschusses Kompromisse zu finden. Das zeigte sich besonders bei den so genannten facilitating payments, also bei »geringfügigen Vorteilszuwendungen« zur Beschleunigung von Amtshandlungen, die eigentlich rechtmäßig sind. Solche Zahlungen sind in vielen Ländern üblich, vor allem, wenn dort die Beamtengehälter unerträglich niedrig sind. Daher sind sie vom generellen Bestechungsverbot der OECD-Konvention ausgenommen und werden von manchen internationalen Unternehmen fast regelmäßig eingesetzt, etwa um eine Schiffsladung mit verderblichen Gütern im Hafen schnell zu löschen, um eine dringende Arbeitserlaubnis für einen Mitarbeiter zu erhalten oder um einen Telefonanschluss zu beschleunigen.

TI ist rigoros gegen facilitating payments, hat diese Kröte aber schlucken müssen, um die Unterzeichnung der OECD-Konvention im Herbst 1997 zu ermöglichen. In unseren Mitgliederversammlungen lehnten sich unsere nationalen Sektionen, vor allem die aus dem Süden, gegen diesen Kompromiss, der sich auch in den neuen Geschäftsprinzipien wiederfand, auf. Wir müssen immer wieder klarstellen, dass TI die etwas zu weiche Empfehlung zu den facilitating payments nur als Kompromiss mitträgt.

Obwohl sich immer mehr Unternehmen für unsere Geschäftsprinzipien zur Vermeidung der Korruption interessieren, ist es immer noch ein sehr langsamer Prozess, der sehr viel Überzeugungsarbeit erfordert, wie Jermyn Brooks meint: »Bisher ist die Bilanz mager: Von den Top-1000-Wirtschaftsunternehmen haben vielleicht 100 einen Verhaltenskodex. Nicht einmal 20 davon haben eine Unternehmenspolitik und einen Leitfaden, der das Unternehmen davon abhält, Bestechungsgelder zu zahlen.«

Die Wirtschaftsführer müssen sich bewusst werden, welche Gefahr von der Korruption ausgeht. Genauso wie es in den vergangenen Jahren mit den Themen Umweltschutz und Menschenrechten geschehen ist.

Dabei weist Jermyn Brooks immer wieder darauf hin, dass ein Unternehmen einen vorgefertigten Entwurf nicht einfach überstülpen kann wie einen neuen Hut, sondern dass die Geschäftsprinzipien von unten aus der Belegschaft entwickelt werden müssen, um Teil der Unternehmenskultur zu werden. Für diesen Prozess der Aneignung des Integritätssystems in einer Firma gibt es inzwischen vielfältige Erfahrungen, die regelmäßig von Unternehmensberatern vermittelt werden. Transparency International spielt dabei häufig nur eine katalytische Rolle, da wir selbst gar nicht die Kapazität haben, eine solche Umstellung der Betriebskultur zu betreuen.

Auch die Wirtschafts- und Berufsverbände haben sich inzwischen in diese Arbeit eingeschaltet. So hat etwa die deutsche Sektion der International Chamber of Commerce (ICC) einen Verhaltenskodex zum Thema Korruption für ihre Mitglieder geschaffen. Übrigens hatte die ICC schon 1978 einen freiwilligen Verhaltensstandard gegen Bestechung und Erpressung entworfen, der aber mangels Umsetzung nie seine mögliche Wirkung entfaltet hat; erst als 1999 die OECD-Konvention in Kraft trat, wurde mithilfe von TI ein neuer, wirksamer Verhaltenskodex entworfen, der jetzt großen Anklang bei den ICC-Mitgliedern findet. Im Internet sind die »ICC-Verhaltensrichtlinien zur Bekämpfung der Korruption im Geschäftsverkehr« unter <www.icc-deutschland.de/icc/frame/1.3.html> nachzulesen.

Die ICC hat also die Zeichen der Zeit erkannt. Jetzt ist es an ihren Mitgliedern, immerhin Tausenden von Firmen, die geschaffenen Richtlinien umzusetzen – oder eigene Verhaltensregeln zu schaffen, die auf ihre eigene, vielleicht sehr spezifische Situation passen. Wenn auf diese Weise gleichzeitig von allen relevanten Beteiligten in konkreten Märkten die Bestechung rigoros abgeschafft wird, bedeutet dies auch einen Ausweg aus dem verhängnisvollen Gefangenendilemma, in dem sich viele Unternehmen befinden: Sie können getrost ohne Bestechung in den Wettbewerb einsteigen, ohne befürchten zu müssen, Aufträge an korrupte Konkurrenten zu verlieren.

Die Wichtigkeit klarer Verhaltenskodizes gilt auch für öffentliche Einrichtungen, Behörden und Organisationen. Ein Beispiel ist besonders interessant, da hierbei eine Organisation vor Korruption geschützt wird, deren Aufgabe es ist, vor allem andere vor Korruption zu schützen, nämlich Interpol. So arbeiten wir und einige externe Experten eng mit dieser wichtigen internationalen Organisation zusammen, um einen Verhaltenskodex für die Polizei zu entwickeln. Interpol-Generalsekretär Ronald Noble erklärt dazu:

»Die Gesellschaft muss sich darauf verlassen können, dass sich die Polizei ehrenhaft verhält. Doch in jeder Profession gibt es die Guten und die Bösen. Das ist in der Bank, im Justizwesen und der Buchhaltung so – und auch bei der Polizei. Ich bin zwar der Überzeugung, dass bei der Polizei die Guten überwiegen, dennoch muss man auch intern offensiv über das Thema Korruption sprechen. Und es ist wichtig, sie strafrechtlich zu verfolgen. Wenn wir uns nicht um die kleinen Fälle kümmern, werden wir bald große Fälle haben. Wir arbeiten Hand in Hand mit TI und sind dabei, mehrere Mittel einzusetzen oder einzuführen. Zum Beispiel wollen wir die Integrität unserer eigenen Leute durch Undercover überprüfen, unseren eigenen »Code of Ethics« entwickeln, die Möglichkeit bieten, Beschwerden anonym loszuwerden und Polizisten dazu zwingen, ihre finanziellen Verhältnisse offen zu legen. Unser erstes Mandat ist es dabei, unser eigenes Haus in Ordnung zu bringen, wir haben gerade erst damit begonnen. Eine Expertengruppe aus Richtern, UN-Offiziellen, Vertretern von TI und der Weltbank hilft uns dabei.«

Und Nobles Kollege Rainer Bührer fügt hinzu: »TI hat dafür gesorgt, dass die Korruption als Thema bemerkt wurde. Vor ein paar Jahren noch hat man nicht einmal darüber gesprochen. Jetzt muss sich die Polizei selbst verifizieren, um die Glaubwürdigkeit und das Vertrauen nicht zu verlieren.«

Verhaltensrichtlinien sind gut, sie bieten eine Orientierung. Dass man es nicht allein mit gedruckten oder im Internet veröffentlichten Texten belassen kann, liegt aber auf der Hand. Gerade die Polizei ist in vielen Ländern besonders anfällig für Korruption. David Ndii von TI-Kenia sagt dazu: »Die Polizisten sind oft unterbezahlt, sie haben unmittelbare Hoheitsbefugnisse und sie laufen bewaffnet auf der Straße herum.«

Wenn Verhaltenskodizes eine wirksame Korruptionsprävention bewirken wollen, dann brauchen sie neben klaren Leitlinien ein wichtiges Gegenstück, nämlich dynamische Umsetzungsprogramme. Diese beinhalten normalerweise die Schulung und Einbindung aller Mitarbeiter, ein Programm zur unternehmensweiten Umsetzung und eine effektive Kontrolle, am besten durch eine unabhängige, externe Instanz. Auch die Einführung eines Korruptionsbeauftragten, anonyme Telefondienste für Beschwerden, der Schutz von Beschwerdeführern (Whistleblowers), die Absicherung durch Rotationen an gefährdeten Stellen und viele ähnliche Instrumente haben sich vielerorts als effektiv erwiesen.

Es ist entscheidend, dass die Verhaltensregeln keine reinen Lippenbekenntnisse bleiben. Schließlich sind sie vom Ansatz her freiwillige Methoden der Selbstkontrolle und oft rechtlich nicht verbindlich. Über einige Modelle, die dieses Manko aufheben, weil sie das oben beschriebene Gefangenendilemma häufig überwinden, berichtet Michael Wiehen: »Ein sehr interessantes Beispiel ist das »Ethik-Management-System« der bayerischen Bauindustrie: Hier verpflichten sich die Mitgliedsfirmen einem gemeinsamen Verein gegenüber, gewisse Grundwerte einzuhalten. Die Einhaltung und Umsetzung wird von Fachleuten kontrolliert und verifiziert, die integren Unternehmen werden zertifiziert, regelmäßig auf nachhaltige Umsetzung kontrolliert und unter Umständen auch wieder dezertifiziert. Und sie können mit diesem Zertifikat werben.«

Wo immer es ein ernst zu nehmendes Zertifikat oder Gütesiegel gibt, sollte man natürlich auch daran denken, Inhabern des Siegels bei öffentlichen Ausschreibungen einen Vorteil gegenüber anderen Mitbewerbern zu geben. Gerade in der Bauindustrie, wo die Margen heute extrem klein sind, könnte ein Preisvorteil von, sagen wir fünf Prozent, einen wichtigen Anreiz bieten. Wenn sich eines Tages Zertifizierung und Gütesiegel allgemein durchgesetzt haben, ist es auch denkbar, dass man die Teilnahme an öffentlichen Ausschreibungen allgemein nur solchen Unternehmen erlaubt, die ein Zertifikat oder Gütesiegel besitzen. Das würde im Grunde nur bedeuten, dass die ausschreibende Behörde ihre Verpflichtung, die Zuverlässigkeit der sich um einen Auftrag bewerbenden Unternehmen zu prüfen, mit Institutionen teilt, die dafür besser qualifiziert sind.

Nicht zuletzt die jüngsten Skandale um Enron und Worldcom haben gezeigt, wie wichtig es ist, dass Rahmenbedingungen den Unternehmen beträchtliche Anreize zu verantwortlichem Verhalten setzen. Umgekehrt werden korrupte Machenschaften riskanter und Manager gezwungen, einer Geschäftsethik zu folgen, anstatt einzig dem Profit hinterher zu sein.

Es ist bezeichnend, dass die Jahrestagung des Weltwirtschaftsforums in Davos 2003 unter dem Thema stand: »Vertrauen wiedergewinnen«. Seit Jahren werde ich zu dieser Veranstaltung der Machteliten der Welt eingeladen, um eine gemäßigte Stimme der Zivilgesellschaft in den Seminaren, Arbeitsgruppen und in Vorträgen zu Gehör zu bringen. Andere große NGOs wie Amnesty International, Greenpeace, World Wildlife Fund, Oxfam, Save the Children sind ebenfalls regelmäßig in Davos. Ihre Anwesenheit ist nicht unumstritten, da sich viele Organisationen der Zivilgesellschaft vehement gegen die Wirkung des Weltwirtschaftsforums wehren; sie sehen es als eine exklusive Veranstaltung der Mächtigen der Welt an, die ohne jegliche Legitimation und hinter verschlossenen Türen die Geschicke der Welt bestimmen.

Gerade im Jahr 2003 war die Stimmung in Davos von Bescheidenheit und Offenheit für neue Ideen gekennzeichnet – was natürlich auch von einer gewissen Selbstkritik der amerikanischen Teilnehmer angesichts des drohenden Krieges im Irak verstärkt wurde. Das Leitmotiv unseres diesjährigen globalen Korruptionsberichtes »Zugang zu Information«, den wir in einer Pressekonferenz auf dem Forum vorstellten, sowie einzelne Vorträge beispielsweise über die Vermeidung der Korruption bei Topmanagern in verschiedenen Wirtschaftssektoren wurden äußerst positiv aufgenommen.

Im Januar 1999 hörte ich einen Vortrag von Kofi Annan in Davos, in dem er die Privatwirtschaft zur Mitarbeit bei der Verwirklichung einer gerechteren Welt aufrief. Die Mehrheit der Menschen, die gegenwärtig in verheerender Armut und Elend vegetiert, sollte auch von den Vorteilen der Globalisierung profitieren können. Er rief dazu auf, mit konkreten Maßnahmen weltweit anerkannte Prinzipien wie Menschenrechte, faire Arbeitsbedingungen und Umweltschutz auch und gerade für Unternehmen zu fördern. Aus dieser Initiative entstand der wichtige Global Compact der Vereinten Nationen, der nun – gebündelt in den drei genannten Kategorien – insgesamt neun Prinzipien beinhaltet. TI arbeitete daran von Anfang an aktiv mit und heute gehören ihm schon 610 Unternehmen aus 43 Ländern an. Dabei ist es uns gelungen, die Korruption als das fundamentale Hindernis beim Schutz der neun Prinzipien ins Bewusstsein aller beim Global Compact Beteiligten zu rücken.

Sowohl bei einer Rede vor deutschen Industrievertretern in Berlin als auch bei anderen offiziellen Gelegenheiten drängte Kofi Annan darauf, die Korruptionsbekämpfung als übergeordnetes »zehntes Gebot« den neun Prinzipien des Global Compact voranzustellen; im Januar 2003 verlangte er deshalb in seiner Tischrede vor den Mitglieder des Beratungsausschusses, dass »Peters zehntes Gebot von den Beteiligten als verbindlich aufzunehmen« sei.

Bei einem Learning Forum der deutschen Gesellschaft für Technische Zusammenarbeit (GTZ) in Berlin gingen Unternehmensvertreter aus aller Welt gemeinsam mit NGO-Vertretern, Gewerkschaftern und renommierten Fachwissenschaftlern der Frage nach, wie ethische Grundsätze, die die UNO für Unternehmer als Spielregeln für die Globalisierung entwickelt hat, real umgesetzt, kontrolliert und bei Nichtbeachtung auch geahndet werden können. Die beteiligten Firmen und Konzerne hatten Kofi Annan ja schriftlich versprochen, in allen Ländern, in denen sie tätig sind, nach den neun Prinzipien zu handeln. Als einen der ersten Schritte beschlossen sie, Öffentlichkeit zu schaffen und sich überprüfen zu lassen, indem vorbildliche Firmen von nun an auf der Homepage des Global Compact vorgestellt werden. Außerdem will man der Zivilgesellschaft sowie allen anderen Beteiligten – auch Konkurrenten und Mitarbeitern – eine Möglichkeit bieten, sich über ein Unternehmen zu beschweren, das sich nicht an die Prinzipien hält. »Sanktionen blühen bislang allerdings keine, allenfalls ein Renommee-Verlust durch Streichung aus der UNO-Liste«, wie Holger Kulick unter dem Titel »Der Ethik-Kanon der UNO« im *Spiegel-Online* 2003 aus der Berliner Sitzung meldet. Und weiter: »Sinnvoller wäre ›eine Art Richterskala der Pflichterfüllung, mit der jedes Unternehmen öffentlich bewertet wird‹, regte auf dem Forum der Baseler Entwicklungssoziologe Klaus Leisinger an. Betrüblich sei, dass sich vor allem amerikanische Firmen vor der Teilnahme am Global Compact drückten und sich in der Praxis schwer mit manchen Prinzipien des UNO-Forums täten, klagten mehrere Unternehmer über ihre US-Konkurrenz. Aber auch in Westeuropa hätten noch zu wenig Firmen die ethischen Prinzipien des Global Compact ausreichend verinnerlicht. So würden panische Manager in Zeiten der Rezession die Ziele des Global Compact allzu rasch als ›Luxus‹ über Bord werfen, bedauerte Salil Tripathi von Amnesty International London.«

Ein Statement, das einige anwesende Wirtschaftsführer nicht gelten lassen wollten, die in ihren Unternehmen bereits »Codes of Conduct« eingeführt haben. So berichtete etwa Björn Edlund, Leiter der Unternehmenskommunikation von ABB, dass bei ihnen nach schwerwiegenden Vorfällen in der Vergangenheit bereits reagiert und ein entsprechendes Ethiksystem geschaffen wurde, das Fehler des Managements in Zukunft vermeiden soll. Hier steht unter anderem: »ABB erwartet von allen seinen Mitarbeitern, dass sie die höchsten Standards von ethischem Verhalten und Integrität aufrechterhalten.« Bei einem Unternehmen, das in 100 Ländern der Welt agiert und 146 000 Mitarbeiter hat, ist diese »Null-Toleranz«-Politik eine enorme Aufgabe.

Edlund war aber vor allem zu der Konferenz gekommen, um über Transparenz und Korruption im Geschäftsverkehr zu sprechen. Ihm schwebte vor, dass sich die im Global Compact engagierten Unternehmen zu einem zehnten Gebot verpflichten sollten, eben jenem von uns geforderten Prinzip der Transparenz und Korruptionsbekämpfung. Sein Argument für die versammelten Wirtschaftsführer war ebenso einfach wie einleuchtend. Durch den Verzicht auf Korruption würden die Geschäfte billiger, schließlich müsse man nun nicht mehr die oft enormen Summen auf den Endpreis aufschlagen. Und außerdem habe die Erfahrung gezeigt, dass auf Korruption fußende Geschäfte nicht lange hielten. Höchstens drei Jahre würden solche Kontrakte halten, dann würden sie »zur Explosion« kommen und für das Unternehmen einen enormen wirtschaftlichen Schaden bedeuten.

Für uns ist eine solche Aussage an solcher Stelle und von einem solchen Unternehmen natürlich Gold wert – die Außenwirkung ist enorm und (nicht nur) die anwesenden Managerkollegen erkennen, dass Unternehmen durchaus sozial handeln können, ohne ihren Profit zu reduzieren. Doch auch andere hoffen, dass der Global Compact bald aus zehn Geboten besteht. *Spiegel Online* dazu:

> Für den Leiter des Global Compact, Georg Kell, und seine Projektleiterin Ellen Kalinowsky ist solch ein »Integrity Compact« das zentrale Ziel, das rasch erreicht werden müsse. Denn um Unternehmensethik weltweit durchzusetzen, plant die Uno bis Ende 2003 eine Konvention gegen Korruption. Dafür sei, kalkuliert Kell, auch der Druck von Unternehmern wichtig, die deutlich machten, dass »ein ureigenes Interesse an einer solchen Übereinkunft besteht«, um ihr langfristiges Wirtschaften abzusichern.

Die Defizite in der globalen Regierungsführung können vor allem durch eine aktive Einbeziehung der Privatwirtschaft bewältigt werden. Die Manager müssen sich selbst eine Verhaltensrichtlinie geben, die ihnen als Richtschnur in ihrem täglichen Geschäftsgebaren dient und negative Entwicklungen in Zukunft verhindert. Und dies natürlich nicht nur im Bereich der Korruption. Konkret heißt das, dass beispielsweise ein Schokoladenhersteller verbieten sollte, dass seine Kakaobohnen von Kindersklaven geerntet werden.

Die Erkenntnis ist klar: Wer ein Unternehmen mit dem Ziel betreibt, allein den maximalen Profit zu erreichen, wird das nicht lange tun. Auf lange Sicht sind Profite nur möglich, wenn ein Unternehmen sich auch an ethische Grundprinzipien hält. Eine Erkenntnis, die sich unter dem Oberbegriff »Nachhaltige Entwicklung« (Sustainable Development) immer mehr in die Köpfe von Managern, Politikern und Bürgern einbrennt.

10
Wie man Korruption bekämpft: the Corruption Fighters' Toolkit

Von Beginn an war klar: Wir mussten noch viel mehr Menschen von unserer Idee begeistern und zum Mitmachen anregen – und wir würden Produkte benötigen, die wir ihnen »verkaufen« konnten. Das Source Book wurde eines dieser wichtigen Produkte.

Michael Hershman, TI-Mitgründer

Wir hatten von Anfang an einen sehr konkreten, praktischen Ansatz. Wir wollten das Bewusstsein für die Schädlichkeit der Korruption wecken, aber wir mussten auch eine gewisse Zuversicht verbreiten, dass man etwas gegen sie unternehmen kann. Daher haben wir früh versucht, Werkzeuge zu schaffen, mit denen dies möglich ist. Im Laufe der Jahre hat Transparency International dafür eine ganze Reihe von Methoden entwickelt. Allen voran natürlich unseren Integritätspakt und die Business Principles for Countering Bribery, die ich in den vorigen Kapiteln beschrieben habe. Aber es gibt auch viele kleinere Mittel, die bisher nur lokal eingesetzt werden und von unseren zahlreichen Sektionen erfunden und umgesetzt wurden. So hat unser deutsches Chapter beispielsweise ein »ABC der Korruptionsprävention – Leitfaden für Unternehmen« herausgegeben und unter <www.transparency.de> ins Internet gestellt, um für alle an der Bekämpfung der Korruption interessierten Unternehmer und Manager im deutschsprachigen Raum die Begrifflichkeit der Korruption klarzustellen. Und genauso haben viele andere Sektionen ihre eigenen Methoden und praktischen Lösungen entwickelt, um gegen das allgegenwärtige Übel anzugehen.

Wir als Sekretariat und Zentrale von TI sammeln diese Beispiele und bieten sie unseren Sektionen und allen an der Bekämpfung der Korruption Interessierten an; außerdem entwickeln wir globale Konzepte und Lösungsvorschläge, die wir unter anderem auf unserer zentralen Webseite <www.transparency.org> vorstellen.

Zwei Instrumente, die sich in den letzten Jahren als besonders effektiv herausgestellt haben, will ich an dieser Stelle vorstellen: das »TI Source Book« und das »Corruption Fighters' Toolkit«, den Werkzeugkasten des Korruptionsbekämpfers. Diese beiden Instrumente sind gleichzeitig systematische Materialsammlungen zur Korruptionsbekämpfung und analytische Hilfsmittel für konkrete Reformen – und doch haben die beiden ganz unterschiedliche Ansätze. Das Source Book verfolgt einen umfassenden normativen Ansatz, der die ganzheitliche Analyse eines nationalen Integritätssystems, insbesondere auch seiner Schwachstellen, ermöglicht und den Aufbau bzw. die Stärkung des ganzen Systems zum Ziel hat. Dagegen ist das Toolkit eine erfahrungsgesättigte Sammlung von Werkzeugen, die in allen Ecken der Welt erfolgreich im Kampf gegen den Bestechungssumpf verwendet werden.

Von Anfang an hat uns das Source Book in unserer Arbeit begleitet und ist heute schon in mehr als 20 Sprachen übersetzt worden. Es basiert auf unserer fundamentalen Überzeugung, dass eine Gesellschaft sich durch eine Vielzahl von verschiedenen Instrumenten gegen Korruption schützen muss, wie beispielsweise Gesetze, Institutionen, Richtlinien und Werte, die miteinander wie in einem Mosaik verbunden sind. Dafür münzten wir den Schlüsselbegriff »Integritätssystem« (Integrity System), der sich wie ein Mantra durch alle Aktivitäten von TI zieht. Das Source Book zeigt, wie die verschiedenen Akteure der Gesellschaft gemeinsam dieses System aufbauen können, in dem Integrität und Transparenz herrschen und die Korruption keine Chance hat. Wir sind natürlich nicht so naiv zu glauben, dass ein Integritätssystem eine korruptionsfreie Idealgesellschaft auf einen Schlag möglich machen würde oder dass es in ziemlich lückenloser Form bereits in greifbarer Nähe läge. Dennoch glauben wir, dass kleine praktische Versuche der Korruptionsbekämpfung – in einem Dorf, in einem Krankenhaus, in einer kleinen Behörde – am erfolgreichsten sind, wenn sie im Hinblick auf das ganze System angegangen werden. Daher skizzieren wir im Source Book ein solches ganzheitliches Idealsystem, das die Gesellschaft vor Korruption schützt wie das Immunsystem den menschlichen Körper vor Krankheit. Einerseits zeigen wir, wie man diesem Ideal näher kommen kann, und welche Anstrengungen andererseits bereits überall auf der Welt unternommen wurden, um dieses Schutzsystem aufzubauen.

Auch dieses wichtige Werkzeug entstand aus kleinen Anfängen. Damals, ganz zu Anfang von Transparency International, hatte ich mit Jeremy Pope, unserem brillanten ersten Geschäftsführer aus Neuseeland, auf wenigen Seiten skizziert, wie wir uns ein Integritätssystem zur Vermeidung der Korruption vorstellten. Eigentlich war es nur jene Zettelsammlung, die ich mit zu unserem ersten Feldeinsatz nach Ecuador nahm, wo Alberto Dahik, ein Freund aus meiner Weltbankzeit, Vizepräsident war. Er war von der ersten Stunde an einer der wichtigsten Unterstützer unserer Bewegung und beeindruckte uns alle mit seiner scharfen Beurteilung der Korruption in Lateinamerika und insbesondere auch in Ecuador. Mit diesem machtvollen Verbündeten dachten wir, könnte es uns gelingen, eine umfassende Reform des durch und durch korrupten ecuadorianischen Staatswesens zu erreichen, quasi einen Modellstaat in Lateinamerika schaffen.

Natürlich wurde aus diesem Musterprojekt nichts, auch wenn unsere Reise vordergründig ein großer Erfolg war. Fritz Heimann und Michael Hershman waren mit von der Partie, als wir in freundschaftlicher Atmosphäre in einer alten, barocken Hazienda in den malerischen Bergen außerhalb von Quito bei flackerndem Kaminfeuer den Zettelkasten unseres Integritätssystems für Ecuador ordneten. Eine energiegeladene Aktivistin aus der Zivilgesellschaft, Valeria Merino Dirani, hatte sich mit ihrer NGO Corporación para el Desarrollo Latinoamericano unserer Agenda angeschlossen. Dahik befahl einigen Behördenchefs und anderen Organisationen, unsere Vorschläge umzusetzen. Im Rückblick kommt es mir reichlich dreist vor, dass ich mit ihm zusammen in einem kleinen Privatflugzeug nach Guayaquil flog, der Wirtschaftsmetropole an der dampfend heißen Küste von Ecuador, um dort im Konferenzraum der Katholischen Universität vor versammelter Presse unsere erste nationale Sektion zu gründen. Valeria Merino Dirani hatte später, als Dahik fluchtartig sein Heimatland verlassen musste, die größten Schwierigkeiten, die wichtigen Gründungspersönlichkeiten wieder los zu werden, die Dahiks Ruf gefolgt waren. Trotz mutiger Gegenwehr von Valeria Merino wurden alle unsere Bemühungen in Ecuador um Jahre zurückgeworfen.

Doch etwas blieb uns: jene Skizze, in der wir festgelegt hatten, wie die Zivilgesellschaft, der Privatsektor und der ecuadorianische Staat vereint die Korruption bekämpfen oder zumindest ein Klima schaffen könnten, in dem korruptes Verhalten sanktioniert und gesellschaftlich geächtet wäre.

Wir nahmen diese Skizze und arbeiteten weiter an ihr. Die ursprüngliche Zettelsammlung schwoll an, immer mehr Elemente kamen hinzu und schließlich wurde aus ihr ein Handbuch gegen Korruption: das Source Book. Jeremy Pope, heute Executive Director unseres Londoner Büros, übernahm die Rolle des Herausgebers. Er stellt das Source Book zusammen und bringt es regelmäßig in aktualisierten Auflagen heraus. Die finanziellen Mittel hierfür kommen hauptsächlich von der Ford Foundation.

Zum einen will das Source Book die Idee hinter einem nationalen Integritätssystem beschreiben, zum anderen will es seinen Leser in die Lage versetzen, allmählich ein solches System in seinem

Staat umzusetzen – auch wenn es dazu nicht Einzelne, und seien sie noch so mächtig, sondern eine ganze Gesellschaft braucht. Sein Anspruch ist deshalb auch ganzheitlich: Die verschiedenen Akteure der Gesellschaft, der Einzelne ebenso wie zum Beispiel die Legislative und die Judikative oder die Medien müssen demokratisch und transparent zusammenarbeiten, um gleichsam wie Säulen das Integritätssystem zu stützen.

Entscheidend aber ist, dass die Zivilgesellschaft aktiv wird, dass sich engagierte Menschen außerhalb der Regierungs- und Geschäftseliten finden, die bereit sind, an dem System der nationalen Integrität mitzuwirken – sei es nun als einfacher Bürger oder als Leiter eines Unternehmens. Denn nur mithilfe einer breiten Unterstützung durch die Bevölkerung kann ein solches System geschaffen werden.

Damit das Source Book ein praktischer Wegbegleiter für alle Beteiligten wird, haben wir es in viele Sprachen übersetzt – neben Spanisch, Chinesisch, Arabisch, Russisch und Französisch auch in weniger weit verbreitete Sprachen wie Albanisch, Bahasa und Bengali. Dabei sind die Übersetzungen selbst nur ein Zwischenprodukt. Denn es geht uns darum, das Buch nicht nur in seiner vom angloamerikanischen Rechtsdenken eingefärbten Fassung zu verbreiten, sondern wir versuchen es an die jeweiligen relevanten Institutionen und Normen in den verschiedenen Rechts- und Kulturkreisen anzupassen. Schon 1995 haben wir in einer einwöchigen Anpassungssitzung mit etwa 30 TI-Mitgliedern aus Lateinamerika in einem kleinen Andenvorort von Lima begonnen, eine lateinamerikanische Fassung zu erstellen, die selbst wiederum an einzelne Länder und sogar Provinzen angepasst wird. Die Konrad-Adenauer-Stiftung hat diese wichtige Konferenz damals für uns finanziert.

Insgesamt nennt das Source Book sechs Eckpfeiler, die nötig sind, um die Korruption innerhalb eines Staates einzudämmen oder zumindest zu verringern. So ist es entscheidend, dass sich die politische Führung öffentlich gegen die Korruption stellt. Damit es nicht bei bloßen Lippenbekenntnissen bleibt, sieht der zweite Pfeiler staatliche Programme zur Umsetzung einer Antikorruptionsstrategie vor, die wiederum – das ist der dritte Punkt – mit einer Umgestaltung der Verwaltung und der Behörden verbunden sein muss. Gleichzeitig müssen entsprechende Gesetze geschaffen und auch durchgesetzt werden und fünftens muss die Bevölkerung aufgeklärt werden und Zugang zu den nötigen Informationen haben. Die sechste Säule sind Institutionen, deren Aufgabe allein die Bekämpfung der Korruption sein muss.

Da das alles leichter gesagt als getan ist, zeigt das Source Book auf seinen fast 400 Seiten detailliert Ansätze für die nötigen Reformen, es liefert Umsetzungsbeispiele und dient auch in einem gewissen Umfang als politischer und sozialer Leitfaden bezüglich der Korruption. So beschreiben wir beispielsweise, inwiefern politische Willensbildung für die Korruptionsbekämpfung relevant ist und wie ein Volk mit demokratischen Mitteln für Transparenz und Integrität kämpfen kann. Denn politischer Wille genügt nicht zur nachhaltigen Korruptionsbekämpfung, er muss auch vom Volk, der Zivilgesellschaft getragen werden. Wenn die Regierung auf nationalen und internationalen Druck hin beschließt, etwas gegen die Korruption zu unternehmen, ist auch jeder einzelne Bürger gefordert. Sonst wird die Regierung nur wieder im eigenen Interesse handeln. Unser Source Book:

> Die Bürger als Nutznießer einer Reform sollten nicht allein passive Empfänger ihrer Auswirkungen sein, sondern aktive Anwälte und Wächter über den Umsetzungsprozess. Allerdings werden Forderungen nach einer Reform ausschließlich von politisch aktiven Bürgern kommen, die ihre Rechte und die Verantwortung der Volksvertreter kennen, was wiederum das Wecken und die Aufrechterhaltung eines öffentlichen Bewusstseins verlangt.

Doch häufig fehlt es gerade in den Ländern, an die wir uns hauptsächlich wenden, an den einfachsten Voraussetzungen für ein nationales Integritätssystem – zum Beispiel an einer demokratisch gewählten Regierung und einer klassischen Gewaltenteilung in Legislative, Exekutive und unabhängige Judikative. Deshalb schildern wir, wie diese essenziellen Bestandteile der Demokratie zusammen mit einer freien Presse, freien Wahlen, einer unabhängigen Verwaltung und weiteren Elementen wie etwa Antikorruptionsbehörden wirken können. Wir zeigen auch, wie sehr der öffentliche und der private Sektor voneinander abhängen und auf Zusammenarbeit angewiesen sind. Diese Kooperationsbereitschaft dient aber nicht nur der Korruptionsbekämpfung, sie ist für den Erhalt der Demokratie unerlässlich. Das Source Book bringt aber auch konkrete Beispiele zur Sprache, etwa die Antikorruptionsgesetzgebung, die in vielen Ländern praktiziert wird. Schließlich dokumentieren wir im Anhang – und ständig im Internet unter <www.transparency.org/sourcebook> –, was die unterschiedlichsten Staaten weltweit gegen die Korruption unternommen haben. Seit 1993 ist dies übrigens eine ganze Menge, und fast täglich kommen neue Erfolgsmeldungen hinzu, die hoffentlich zur Nachahmung anregen. So mancher westliche Staat täte gut daran, das eine oder andere im Source Book geschilderte Element zu übernehmen – die Skandale der letzten Zeit in Deutschland, Frankreich und den USA beweisen es.

Bewährt hat sich auch unser »Werkzeugkasten des Korruptionsbekämpfers« (Corruption Fighters' Toolkit). Während das Source Book einen ganzheitlichen Anspruch zur Schaffung eines vollständigen nationalen Integritätssystems verfolgt, widmet sich das erstmals im Jahre 2001 als CD-ROM – und mittlerweile auch komplett im Internet – erschienene »Corruption Fighters' Toolkit« dem alltäglichen Kampf gegen die Korruption auf lokaler Ebene. Dieser »Werkzeugkasten« stellt ein Kompendium von praktischen Erfahrungen dar, die verschiedene Organe der Zivilgesellschaft (nationale Sektionen von TI, aber auch andere Organisationen) mit der Korruption gemacht haben.

Jedes dieser Werkzeuge ist ein Ausdruck enormer Kreativität und Hingabe im Kampf gegen die Korruption und zeigt, wie wichtig es ist, Koalitionen zu schmieden und gemeinsam Methoden zu entwickeln, die einem gemeinsamen Ziel dienen.

So wird auch das Potenzial der Zivilgesellschaft freigesetzt, sich aktiv und professionell zu engagieren und Mechanismen zu schaffen, um die Organe des Staates zu unterstützen, zu überwachen und durchsichtiger zu machen – und sie letzten Endes dazu zu bringen, verantwortlicher zu handeln. Unser Ziel ist es, Ideen und Inspirationen zu liefern – und zwar nicht nur intern, innerhalb des weit verstreuten Netzwerkes von Transparency International, sondern auch für andere Organisationen.

Im Corruption Fighter's Toolkit liegen die verschiedensten Werkzeuge, die alle auf unterschiedlichem Wege versuchen, die Frage zu beantworten: »Wie bekämpfe ich die Korruption? Gibt es für ähnlich gelagerte Fälle schon woanders erfolgreiche Lösungen?« Herausgekommen sind Vorschläge zur Überwachung von öffentlichen Institutionen, andere sollen Bürger dazu ermuntern, sich am politischen Willensbildungsprozess zu beteiligen und wieder andere zeigen neue Möglichkeiten zur Kommunikation zwischen Bürgern und Behörden.

Im riesigen Brasilien etwa setzt das ansässige Transparency-Chapter auf die Kommunikation und Aufklärung der Bevölkerung per Radio. In Radiospots versuchen unsere brasilianischen Freunde bei ihren Mitbürgern das Bewusstsein für das Thema Korruption zu schärfen und ihnen zu zeigen, wo sie im Alltag mit Korruption konfrontiert werden. Im Libanon, wo – wie übrigens auch weltweit – der Bausektor als der korrupteste Wirtschaftszweig gilt, hat unser Chapter ein Handbuch entwickelt, das den Bürgern Schritt für Schritt dabei hilft, einen Bauantrag zu stellen – und ohne korrupte Methoden durch alle Instanzen genehmigt zu bekommen. In Kasachstan versuchen unsere Kollegen mit einem ähnlichen Projekt das Justizsystem zu verbessern. In Bangladesch überprüft das TI-Chapter regelmäßig die Arbeit des Parlaments in Dhaka. In Kenia führte unser lokales Chapter nach dem Vorbild des Corruption Perceptions Index einen städtischen Korruptionsindex ein, der das Ausmaß der Korruption in den wichtigsten Ballungszentren des Staates misst. Auch eine Idee unserer deutschen Sektion nahmen wir in unser Toolkit mit auf. Vor der Bundestagswahl im Herbst 2002 befragte sie in ihren »Wahlprüfsteinen« alle politischen Parteien, was sie denn nach der Wahl gegen die Korruption unternehmen wollten und wie der Wahlkampf finanziert wird. Die Antworten veröffentlichte TI-Deutschland für alle zugänglich im Internet.

Ständig erfahren wir in unserem Berliner Sekretariat von neuen Aktionen unserer nationalen Sektionen. Auch wenn wir der Meinung sind, dass jedes Land seine eigenen Gegebenheiten und Rahmenbedingungen hat, glauben wir daran, dass jene im Corruption Fighters' Toolkit gesammelten Erfahrungen auch in ganz anderen Ecken der Welt von Nutzen sein könnten. Warum zum Beispiel sollte es nicht auch in Russland oder in Indonesien einen lokalen Bestechungsindex wie in Kenia geben? Oder die französischen und italienischen Kollegen nicht auch Fragen nach dem Vorbild der deutschen Wahlprüfsteine formulieren? Eine der Hauptfunktionen des Sekretariats ist es, die Beteiligten in unserem weitgespannten Netzwerk mit ihren Ideen zusammenzubringen, sie anzuregen und zu ermutigen – mit dem Corruption Fighters' Toolkit ist uns das gelungen.

11
Das Internet als entscheidendes Werkzeug

Demokratie beruht bekanntlich auf Partizipation, also auf Teilhabe an Information, am Meinungsaustausch und schließlich auch an der Entscheidung selbst. Sie kulminiert in der repräsentativen Demokratie in der Wahl. Für alles das bietet das Internet außerordentlich attraktive neue Chancen und Möglichkeiten, weil Demokratie eben auch auf umfassende Kommunikation angewiesen und angelegt ist.

Rede von Bundesinnenminister Otto Schily beim Kongress »Internet – eine Chance für die Demokratie?« am 3. Mai 2001 in Berlin

Meinen Kampf gegen die Korruption begann ich mit einem Telefon und einem Faxgerät, und über Jahre hinweg haben meine Kollegen und ich mit ihnen gearbeitet. Bereits bei der Weltbank hatte ich schon einige Zeit mit elektronischer Post experimentiert, doch die neue Technologie erschien mir sehr teuer und ich erwartete nicht, dass sich dies in absehbarer Zeit ändern würde. Fax und Telefon würden vielleicht durch ein Mobiltelefon ergänzt und die Schreibmaschine durch einen Computer ersetzt werden.

Doch Anfang der 90er Jahre fand eine technische Revolution statt, die unseren Kampf bis heute beeinflusst und in seinem explosionsartigen Wachstum vielleicht erst ermöglicht hat: Der britische Informatiker Tim Berners-Lee hatte am Schweizer CERN-Institut das World Wide Web erfunden, das mithilfe von Browser-Programmen wie »Netscape« aus dem bisherigen »Internet« – einem reinen

Datennetz – eine Welt voller Bilder machte. Damit war ein Massenmedium geboren. Plötzlich hatte jeder E-Mail und Zugang zu einer Informationswelt, die bis dato nur einigen Wissenschaftlern und Computerfreaks vorbehalten war. Unabhängig vom großen Internet-Hype und auch von heute geplatzten Träumen vom großen Geld entwickelte sich das Netz für uns zum essenziellen Bestandteil unseres Kampfes gegen die Korruption.

Zunächst einmal kam mir ein großer Glücksfall zustatten. Mein Sohn Tobias war schon als Kind sehr an computergestützter Kommunikation interessiert. Schon als 12-Jähriger hatte er in Washington mit seinem Spielgefährten Alex Wall ein elektronisches Bulletin Board eingerichtet, das mit seinen zahlreichen Benutzern Aufsehen erregte und sogar in der *Washington Post* besprochen wurde.

Tobias hatte 1993 gerade sein Studium an der Georgetown-Universität in Washington abgeschlossen und wohnte bei uns in Berlin, als ich mit Transparency International begann. Er stürzte sich mit großer Begeisterung in unsere Arbeit und richtete uns die ersten Computer und E-Mail-Accounts ein – IBM hatte uns ein paar gebrauchte Geräte geschenkt. Tobias war überrascht, wie schnell wir alten Hasen uns an die neue Technik gewöhnten. Schon kurz nachdem wir uns mit dem neuen Medium vertraut gemacht hatten, erleichterte es uns die Kommunikation zwischen unserer kleinen Truppe in Berlin und den anderen TI-Gründern in aller Welt erheblich. Schon bald wanderten große Mengen an elektronischer Post zwischen allen Kontinenten hin und her. Gerade angesichts der Zeitverschiebung und unvereinbarer Terminpläne aller Beteiligten war und ist es oft einfacher, eine weltumspannende Diskussion per E-Mail zu führen. Tobias erstellte auch unsere erste Webseite, aus der heute unter <www.transparency.org> ein zentraler Anlaufpunkt für jedermann geworden ist, der Informationen zum Kampf gegen die Korruption sucht.

Das Internet ist mittlerweile tatsächlich so etwas wie die Antwort auf die Globalisierung geworden. Das merken nicht zuletzt

die Wirtschaftsführer und Politiker, zu deren Treffen sich heute regelmäßig die Globalisierungsgegner und Aktivisten per Internet zu
schlagkräftigen Kampagnen verabreden. Natürlich bedarf es nach
wie vor einer engagierten Gesellschaft, die bereit ist, für höhere öffentliche Güter aktiv zu werden – aber durch das World Wide Web
ist der Informationsaustausch zwischen verschiedenen Organisationen und auch zu den einzelnen Menschen hin besser, schneller
und strukturierter geworden als je zuvor in der Geschichte. Und
auch wesentlich preiswerter da Büro- und Reisekosten genauso
wegfallen wie die Kosten für den Druck von Info-Material.

Auch für uns Antikorruptionsaktivisten ist das Web zu einem
zentralen und unersetzbaren Instrument geworden. Es gibt kaum
ein Chapter von TI, das heute nicht über seine eigene Webseite
verfügte und den Bürgern des jeweiligen Landes so eine Anlaufstelle rund um das Thema Korruption böte. Und kaum eine Kampagne oder Diskussion inner- und außerhalb von TI, die nicht
durch entsprechende »Informationszentren« im Internet begleitet
würde.

Kern unseres »Info-Feldzuges« ist die Homepage unseres Inter-
nationalen Sekretariats in Berlin, <www.transparency.org>. Hier
finden sich neben Basisinformationen über den Aufbau, die Idee
und die Struktur von Transparency International elektronische
Versionen von fast allen unseren Papieren, Berichten und sonstigen
Veröffentlichungen zum Download, so zum Beispiel von unserem
»Corruption Perceptions Index«, dem »Bribe Payers Index«, dem
»Corruption Fighters' Toolkit«, dem »Source Book« und dem
»Global Corruption Report«. Letzterem haben wir unter <www.
globalcorruptionreport.org> auch eine eigene Webseite eingerichtet. Außerdem gibt es die Möglichkeit, in unserer Korruptionsda-
tenbank »CORIS« nach Informationen zu relevanten Themen zu
recherchieren und sich für unseren elektronischen Newsletter regis-
trieren zu lassen. So kann sich etwa gleichzeitig ein Antikorrup-
tionsaktivist in Bangladesch Informationen über den »Integrität-

spakt« herunterladen, während sich ein albanischer Regierungs-
mitarbeiter unser »Source Book« in seiner Landessprache ansieht.
Per E-Mail erhalten registrierte Nutzer in aller Welt außerdem unsere »Daily Corruption News« – eine Art virtueller Dienst, der die
täglichen Presseberichte zum Thema Korruption von überall auf
dem Globus präsentiert. All das hilft uns auch, unser Gebot der
Transparenz aufrechtzuhalten. Jeder, der will, kann auf unserer
Webseite sowohl alles über unsere Mitglieder- und Führungsstruk-
tur erfahren als auch darüber, woher wir unsere Gelder bekommen
und wie wir sie ausgeben. Selbstverständlich sind wir durch effektive Links mit den Websites anderer wichtiger Akteure verbunden,
wie Global Gateway oder Weltbank, UNDP, Interpol, etc.

Das Internet ermöglicht es uns auch, fast komplett virtuelle Organisationen zu schaffen, so etwa die Ausgründungen »Partnership for Transparency Fund« (PTF) und das »Forest Integrity Network« (FIN), die im 20. Kapitel vorgestellt werden. Pierre
Landell-Mills, der beiden Organisationen vorsteht, kommuniziert
mit allen Beteiligten, die oft durch Kontinente voneinander entfernt sind, von seinem Haus an der Küste von Wales aus fast aus-
schließlich über das Internet. Die Mitarbeiter der Netzwerke,
meist hochrangige Ex-Manager wie Landell-Mills, können von zu
Hause von ihrem Computer aus arbeiten und dennoch weltweit –
virtuelle – Präsenz zeigen. Die Reise- und Verwaltungskosten sind,
gemessen an den erreichten Ergebnissen und der Effizienz der beiden Organisationen, verschwindend gering.

Diese Tatsachen allein machen das Internet schon zu einem
wichtigen Werkzeug. Seinen entscheidenden Vorteil zeigt es aber,
wenn es darum geht, Transparenz zu schaffen. Zum einen kann
jede Organisation der Zivilgesellschaft sehr einfach sehr viele
Menschen erreichen und Missstände öffentlich anprangern. Zum
anderen können NGOs, Journalisten und interessierte Privatper-
sonen jederzeit das Handeln von staatlichen Institutionen mithilfe
von öffentlich zugänglichen Informationen überprüfen.

So haben Regierungsstellen weltweit sehr kreative Beispiele eines effektiveren Informationszugangs geschaffen, die den Schutz gegen Korruption drastisch erhöhen. So gibt es inzwischen in Mexiko und Argentinien Anschaffungsverfahren für Staatsaufträge, die in jeder Phase voll vom Bürger im Internet verfolgt werden können. In Buenos Aires sind die Bürger sogar in der Lage, schon lange vor den Ausschreibungen die Vorbereitung von öffentlichen Investitionen im Internet zu verfolgen, sich an der Diskussion über Art und Umfang der Projekte zu beteiligen und sich nach Abschluss der Projekte ein Bild darüber zu machen, ob es bei der Auswahl der beteiligten Unternehmen, bei der Bauausführung und bei Abnahme und Abrechung mit rechten Dingen zugegangen ist. Das System »OPEN«, das vom früheren Oberbürgermeister von Seoul, dem Leiter von TI-Korea und amtierenden Premierminister von Korea, Goh Kun, eingerichtet worden ist, geht bei der Einrichtung eines transparenten Staates besonders weit; die Bürger können den Ablauf von für sie interessanten Verwaltungsvorgängen landesweit verfolgen.

Leider sind die deutschen Behörden noch nicht so weit. Auch wenn wir durchaus die eine oder andere positive Veränderung in den vergangenen Jahren bemerkt haben, fehlt es vielen noch an ausreichender Transparenz. Zu unserem Leidwesen haben wir in Deutschland – anders als etwa in den skandinavischen Ländern – eine Tradition, die jedes amtliche Dokument erst einmal als geheim oder zumindest vertraulich behandelt, es sei denn, es ist ausdrücklich zur Veröffentlichung bestimmt. Deshalb bekommen heute Bürger und Nichtregierungsorganisationen auch über das Internet in erster Linie Informationen, die von vornherein zur Veröffentlichung bestimmt und entsprechend bearbeitet worden sind. Wirklich entscheidende Dokumente, die Aufschluss über das Verhalten von Ministerien und Behörden geben und Hinweise auf ein eventuelles Fehlverhalten liefern könnten, verschwinden dagegen häufig in den Aktenschränken.

Eine Lösung könnte das seit langem von TI geforderte Informationsfreiheitsgesetz bringen. In Verbindung mit dem Internet würde es einen Quantensprung an Transparenz bedeuten – und nicht nur den Kampf gegen die Korruption entscheidend beflügeln. In einem solchen Gesetz würden deutsche Behörden dazu verpflichtet werden, auch interne Informationen für jedermann zugänglich ins Internet zu stellen – zum Beispiel zu einer öffentlichen Ausschreibung und dem Vergabeverfahren. Bisher ist ein solches Gesetz auf Bundesebene gescheitert; vier Bundesländer, Berlin, Brandenburg, Schleswig-Holstein und Nordrhein-Westfalen, machen mit ihren neuen Informationsfreiheitsgesetzen dagegen schon gute Erfahrungen. Jedenfalls gibt es einen eklatanten Zusammenhang zwischen dem Grad der Transparenz und dem Grad der Korruption. So sind seit Jahren die skandinavischen Länder mit ihrer Tradition der Informationsfreiheit in unserem »Corruption Perceptions Index« immer auf Spitzenplätzen, also relativ wenig von der Krankheit Korruption befallen.

In einer idealen Welt würden auch alle Abgeordneten dazu verpflichtet sein, ihre Vermögensverhältnisse und Einkünfte für die breite Öffentlichkeit offen zu legen. Die meisten Mitglieder des Deutschen Bundestages haben beispielsweise heute bereits eine eigene Homepage, auf der dies ohne Weiteres möglich wäre. Doch auf den meisten dieser Seiten befinden sich nur politische Aussagen und wenig über die privaten und finanziellen Verquickungen mit Lobbyisten und anderen Industrievertretern. Nur einige wenige Mitglieder des Bundestages haben sich aus freien Stücken entschieden, zum »gläsernen Abgeordneten« zu werden. So zum Beispiel der Bonner SPD-Abgeordnete Ulrich Kelber, der (im Herbst 2002 aus dem Bundestag ausgeschiedene) Grünen-Politiker Christian Simmert und die CDU-Abgeordnete Angelika Volquartz. Eine entsprechende Anweisung oder verpflichtende Regelung durch den Bundestagspräsidenten könnte einiges bewirken, ist aber ebenso wie das Informationsfreiheitsgesetz noch in einiger Ferne.

Gerade auch Parteien, die nach den Skandalen der letzten Zeit ein Bedürfnis nach Transparenz haben sollten, wären gut beraten, das Internet zu nutzen und ihre Finanzen und vermögenstechnischen Verhältnisse online zu präsentieren – und immer mehr tun dies auch. Nichts ist einfacher, als den Rechenschaftsbericht des Vorstandes und die Ergebnisse der Kassenprüfung im Web zu veröffentlichen. Der einfache Bürger, aber natürlich auch Journalisten und Organisationen der Zivilgesellschaft hätten so eine Möglichkeit, sich schnell, zeit- und ortsunabhängig ein Bild über die jeweilige Partei oder Organisation zu machen.

Was für politische Institutionen gilt, kann auch in den Sektor der Privatwirtschaft übernommen werden. Große Unternehmen, die sich beispielsweise der »Global Reporting Initiative« angeschlossen haben, verpflichten sich, auf ihren Websites ganz klar und transparent darzulegen, wie sie handeln. Häufig wird dort weit mehr geboten als die elektronische Version des Geschäftsberichtes. Der Konzern stellt vielmehr vor, was er unternimmt, um schädliches Verhalten im Bereich der Korruption oder im Bereich des Umweltschutzes und anderswo einzudämmen. Überdies kann für alle Mitarbeiter eine Kopie des jeweils geltenden »Codes of Conduct« sowie die Kontaktstelle eines internen oder externen Korruptionsbeauftragten abrufbar sein. Vorbildcharakter hierfür kann die Website des Global Compact der UNO haben, die ein zentrales Instrument für die etwa 300 beteiligten Unternehmen geworden ist, um ihrer Selbstverpflichtung zu sozialverantwortlichen Geschäftspraktiken nachzukommen. Dabei geht es nicht nur um die Präsentation des eigenen unternehmerischen Verhaltens, sondern gleichzeitig immer auch um die Möglichkeit einer öffentlichen Überprüfung durch die Zivilgesellschaft.

Das Internet ist wie geschaffen für die moderne Zivilgesellschaft im Informationszeitalter. Daher bedienen sich natürlich auch das organisierte Verbrechen, Diktaturen und Profiteure dieses Mediums, um ihre schmutzigen Geschäfte, Korruption und Geldwäsche zu betreiben. Auch deshalb verdient das Internet die besondere Aufmerksamkeit der Gesellschaft. Einerseits gilt es, neue Risiken abzuwehren, andererseits aber, die in ihm schlummernden positiven Möglichkeiten beim Aufbau einer besseren Welt zu nutzen.

12
Der Corruption Perceptions Index

Der Corruption Perceptions Index bestätigt, dass Korruption eine Krankheit ist, die nicht nur die Entwicklungsländer befällt, sondern auch die Industriestaaten. Korruption ist neutral. Für Korruption sind alle Nationen gleich, ob groß oder klein, reich oder arm.

Tunku Abdul Aziz, Vorsitzender TI-Malaysia

Einmal im Jahr wundern sich die Deutschen, dass ihr Land korrupter sein soll als Chile, Hongkong oder Singapur. Zur gleichen Zeit widmen sich Leitartikler rund um den Globus, von der *New York Times* über den *Zimbabwe Standard* und den *Daily Standard Bangladesh* bis hin zum spanischen *El País* der Frage, wie ihre Länder im weltweiten Korruptionsvergleich abschneiden und wieso das so ist. Anlass ist eines unser wirksamsten Mittel, um weltweit auf die Korruption aufmerksam zu machen, der Corruption Perceptions Index, kurz CPI. Dieser Index misst die Wahrnehmung der Korruption in über 100 Staaten.* Nicht nur das Medienecho ist enorm. Auch die Politik reagiert – wenn auch häufig nicht zum Besten für uns und unsere ehrenamtlichen Helfer. In Nigeria mussten lokale TI-Mitglieder um ihr Leben fürchten, als das Land während der Herrschaft des Diktators Sani Abacha auf den letzten

---

* Den vollständigen Corruption Perceptions Index aus dem Jahr 2002 finden Sie im Anhang.

Platz kam; Argentiniens Präsident Carlos Menem beschimpfte uns gar als kriminelle Organisation; die Regierungen von Malaysia, Neuseeland und Singapur hingegen setzten sich ausdrücklich als Ziel, in den nächsten Jahren einen besseren Platz auf dem CPI zu erreichen.

Hierzulande sind die politischen Konsequenzen leider immer noch zu gering, immer noch fehlt das Bewusstsein, dass auch Deutschland ein ernsthaftes Korruptionsproblem hat. Dabei sind die Alarmzeichen deutlich: Während die skandinavischen Länder wie Finnland und Dänemark mit ihrem transparenten Regierungssystem schon fast traditionell die vorderen Plätze einnehmen und Staaten der Dritten Welt wie Nigeria, Bangladesch und Angola das Schlusslicht bilden, liegt Deutschland regelmäßig auf einem schlechten Mittelplatz und hat sich in den vergangenen Jahren sogar kontinuierlich verschlechtert.

Nur zu gerne würde ich sagen, dass der CPI das Ergebnis einer klar kalkulierten Strategie ist. Dass wir ihn bewusst als Instrument geschaffen haben, um weltweit das Ausmaß der Korruption zu verdeutlichen und in die Köpfe und Herzen der Menschen zu bringen. Dem ist aber nicht so. Auch wenn der CPI heute von allen TI-Mitgliedern als eines unserer wichtigsten Werkzeuge angesehen wird, verdankt er seine Existenz und seine Popularität eigentlich nur einem kleinen Versehen – einem Zufall mit weitreichenden Folgen.

Anfang 1995 machte ein junger Wissenschaftler, Johann Graf Lambsdorff, ein Praktikum bei uns. Der Volkswirt hatte gerade seinen Doktor gemacht und war sehr eifrig und engagiert. Doch als er mit seiner Idee auftauchte, dass man doch weltweit die Korruption mit wissenschaftlichen Methoden messen können müsste, nahmen wir erfahrenen Praktiker ihn nicht wirklich ernst. Wir belächelten ein bisschen seine Idee, ließen ihn aber in seinem jugendlichen Forscherdrang gewähren. Wir erkannten damals noch nicht, welch wichtiges und kraftvolles Instrument er uns liefern würde. Er arbeitete hart daran, den Index zu entwickeln – und machte dann jenen Fehler, der zur Geburtsstunde des CPI in der Öffentlichkeit wurde. Wie es dazu kam, erzählt Johann Graf Lambsdorff so: »Ich weiß noch genau, wie ich das erste Mal den Gedanken hatte, einen Korruptionsindex zu schaffen. Es war der 27. März 1995, mein 30. Geburtstag. Ich lag allein auf dem Bett in meinem Hotelzimmer in Mailand. Eigentlich sehr deprimierend, aber die Jahrestagung von TI fand nun einmal an diesem Datum in der italienischen Metropole statt. Irgendwie muss ich durch die Gespräche, Diskussionen und Vorträge des Tages inspiriert worden sein. Denn wie ein Geschenk des Himmels kam ich an diesem Abend in meinem Hotelzimmer auf die Idee, dass man zusammen mit TI einen Korruptionsindex entwickeln könnte, in dem man internationale Expertenmeinungen zum Thema Korruption sammelt. Man müsste nur eine Form finden, dieses Wissen zu bündeln und auf einen gemeinsamen Nenner zu bringen.«

Diese Idee trug Lambsdorff am nächsten Tag im Plenum vor. Sein jugendlicher Ehrgeiz und die Begeisterung für seine Idee gefielen uns, auch wenn wir nicht wirklich daran glaubten, dass er sein Ziel tatsächlich würde erreichen können. Dennoch lehnten wir seinen Vorschlag nicht kategorisch ab, sondern bestärkten ihn zumindest, seine Idee weiter zu verfolgen und dann einem Gremium von TI zu präsentieren. Lambsdorff erinnert sich weiter: »Die Zustimmung, die ich erhielt, ermutigte mich, mir konkretere Gedanken zu machen. Mir stellte sich nun die Frage: Wie sammelt man die Expertenmeinungen? Als ich ihr nachging, stieß ich auf verschiedene Quellen, wie zum Beispiel Befragungen von Geschäftsleuten und die Ansätze von Risiko-Agenturen, die sich in Teilbereichen mit Korruption beschäftigten. Ich nutzte all diese Ressourcen und entwickelte einen ersten Entwurf für einen Index, den ich im Juni 1995 vertraulich an einige führende TI-Mitglieder verschickte.«

Und das war jener Moment, der für den urplötzlichen Ruhm des Corruption Perceptions Index verantwortlich ist. Denn wie es manchmal so ist, wenn ein Papier vertraulich kursiert, landet es doch plötzlich bei der Presse. Jedenfalls erfuhr ein Journalist des *Spiegel* von dem Entwurf und wurde neugierig.

»Nur wenige Tage, nachdem ich mein Papier an die TI-Mitglieder geschickt hatte, rief mich ein Redakteur des *Spiegel* an und fragte mich direkt nach dem Index. Ich wusste, dass er noch lange nicht fertig war und ihm noch kein TI-Verantwortlicher seinen Segen gegeben hatte, aber ich dachte, es könnte für die Arbeit des Journalisten eine gute Hintergrundinformation sein. Ich schickte ihm also in gutem Glauben die Vorab-Liste zu und dachte nicht einmal im Traum daran, dass er sie veröffentlichen würde.«

Natürlich tat er es. Schon in der nächsten Ausgabe des *Spiegel* fanden wir Lambsdorffs unfertiges Dokument wieder. Er hatte seine erste Lektion im Umgang mit der Presse erhalten – und wir zunächst ein Problem. Denn der Journalist hatte wohl vergessen zu erwähnen, dass es sich noch um einen ersten Entwurf handelte, um einen Schuss ins Blaue, ein unfertiges Dokument eben. Stattdessen hatte er es als offizielle Studie deklariert und Transparency International und die Universität Göttingen, an der Lambsdorff damals wirkte, als Quelle angegeben.

Ich traf mich mit Jeremy Pope und den anderen Mitliedern der TI-Führungsebene in Berlin und wir überlegten, was wir nun unternehmen sollten. Einfach dementieren? Eine Gegendarstellung vom *Spiegel* verlangen? Oder sollten wir die Gunst der Stunde nutzen und die plötzlich gewonnene Publizität zu unserem Vorteil einsetzen? Eine Flucht nach vorne?

Die Entscheidung wurde uns quasi aus der Hand genommen. Denn auch andere Journalisten lasen den *Spiegel* und witterten eine Geschichte. Lambsdorff erinnert sich weiter: »Bei mir klingelte plötzlich das Telefon Sturm. Aus der ganzen Welt riefen mich Journalisten an. Bei Transparency in Berlin kannte sich ja keiner aus, der CPI war intern noch gar nicht diskutiert und entwickelt. Ich war der einzige, der wusste, wie er aufgebaut war. Deshalb mussten sie alle Anfragen an mich weitergeben. Erst nach ein paar Tagen gelang es uns, eine erklärende Pressemitteilung herauszugeben. Als ich bereits dachte, alles überstanden zu haben, kam die zweite große Welle fast einen Monat später. Eine Reporterin der *New York Times,* die in ihrem Urlaub in Indien über den CPI gelesen hatte, rief mich an und machte den CPI zur Schlagzeile im Wirtschaftsteil der *Times* und eine Woche später gleich noch einmal. Wir wurden überschüttet mit Anerkennung für ein noch unfertiges Produkt, aber wir merkten, hier hatten wir einen Nerv getroffen.«

Der Ansturm der Presse ließ uns keine Wahl. Wir entschieden, dem CPI unseren Segen zu geben. Es war eine richtige Entscheidung. Denn wie sich später zeigte, hatte Lambsdorff schon in seinem ersten Entwurf so gut gearbeitet, dass wir trotz aller Kritik in der Öffentlichkeit bestehen konnten. Und schnell fiel auch die Entscheidung, dass wir von nun an den CPI regelmäßig jedes Jahr veröffentlichen und ausbauen wollten. Es galt jetzt, die neu geschaffene Waffe im Kampf gegen die Korruption zu schärfen und gegen Angriffe von Kritikern abzusichern.

Lambsdorff erinnert sich: »Nachdem die ganze Aufregung vorbei war, machte ich mich erst einmal auf die Suche nach weiteren Quellen. Denn bis dato haben mir nur sehr wenige zur Verfügung gestanden, die auch zeitlich zwischen 1984 und 1994 schwankten. Durch unseren fulminanten Frühstart war diese Suche aber viel einfacher geworden. Wir waren plötzlich ein Sammelbecken für Informationen aller Art geworden. Risiko-Agenturen, Organisationen und Wissenschaftler, die zuvor noch nie von Transparency International gehört hatten, kannten uns jetzt und waren bereit, ihre Daten mit uns zu teilen. Schon 1996 konnten wir mit einem wesentlich erweiterten und fundierteren Index aufwarten. Starteten wir 1995 noch mit 42 Ländern, schafften wir 2002 den bisherigen Höchststand von 102 aufgelisteten Ländern.«

Nach dem ungewollten Schnellstart mussten wir nun auch unser Prozedere professionalisieren, alles was wir taten, genau dokumentieren, sowie die Validität und Präzision der Daten erhöhen (im Internet unter <www.gwdg.de/~uwvw>). Dies gelang uns schon 1996 recht passabel. 1997 erstellten wir erstmals ein Framework-Dokument, anhand dessen wir die Daten erheben und überprüfen. Natürlich gab es auch Kritik an unserem Vorgehen: Immer wieder wurde die Wissenschaftlichkeit angezweifelt und die Tatsache, dass Korruption messbar ist. Deswegen setzte TI bereits 1997 ein »Steering Committee« ein, in dem zahlreiche anerkannte Wissenschaftler saßen, die mit zu den heftigsten Kritikern unserer Arbeit gehörten. Dieses Komitee hat unsere Arbeit immer wieder sehr kritisch beobachtet und uns in sehr mühsame und kontroverse Diskussionen verwickelt – den CPI aber dadurch immer weiter nach vorne getrieben.

Die Untersuchungen, die wir mittlerweile für unsere Auswertung heranziehen können, werden immer zahlreicher. Sie können von den bereits erwähnten Risiko-Agenturen kommen, aus subjektiven Umfragen unter Geschäftsleuten oder von Organisationen wie dem World Economic Forum. Niemals aber erheben unsere nationalen Chapter eigene Daten. Und dennoch müssen sie oft unter dem Zorn ihrer Regierungen leiden, wenn ihr Land besonders schlecht abschneidet.

Mit am wichtigsten sind die Einschätzungen der Risiko-Agenturen, da sie oft Länderexperten vor Ort haben, die das Ausmaß der Korruption sehr genau bewerten können. Für uns ist es aber problematisch, dass die einzelnen Agenturen und Institute unterschiedliche Maßstäbe und Methoden verwenden und oft auch nur ganz bestimmte Länder abdecken. Deshalb geben wir auch immer sowohl den Mittelwert als auch die Abweichungen und die Zahl der genutzten Quellen an. Den Wert der Korruption geben wir in einem Zehnersystem an. 10 Punkte bedeuten keine Korruption, 0 Punkte das höchste Ausmaß an Korruption. So hatte Finnland, das 2002 den 1. Platz belegte, einen Wert von 9,7, während

Deutschland und Israel mit einem Wert von je 7,3 gemeinsam auf den 18. Platz kamen. Auf den ersten Blick hatte sich Deutschland damit gegenüber dem Vorjahr um zwei Plätze verbessert, doch tatsächlich hatte es sich verschlechtert, denn im Jahr 2001 hatte Deutschland noch einen Wert von 7,4 erreicht.

Angesichts der steigenden Zahl der untersuchten Länder ist es also weniger wichtig, welchen Platz ein Land über die Jahre einnimmt, denn viel aussagekräftiger ist der absolut erreichte Wert.

Für Deutschland bedeutete vor allem die Affäre Kohl einen scharfen Einschnitt nach unten. Dabei ist es weniger so, dass die Befragten der Meinung waren, dass es jetzt mehr Korruption in Deutschland gäbe. Vielmehr waren sie der Meinung, Deutschland habe die guten Plätze der vergangenen Jahre gar nicht verdient. Durch die Ernüchterung hat die Wahrnehmung der Korruption zugenommen.

Natürlich wird uns immer wieder vorgeworfen, dass wir nur subjektive Daten verwenden würden. Doch die wissenschaftliche Seite bestätigt uns regelmäßig, dass unser Index die Wirklichkeit sehr genau abbilden kann. Inzwischen wird er auch von anderen Forschern als Basis verwendet. Denn wirklich objektive Daten über Korruption sind rar. Die subjektiven Daten aber geben uns eine wertvolle Information, da sie von zu Tausenden befragten Geschäftsleuten stammen, die sehr wohl wissen, wovon sie reden: Sie sind es oft selbst, die bestechen. Sie sind es auch, die aufgrund ihrer eigenen Auffassung vom relativen Grad der Bestechung in den von ihnen beurteilten Ländern Entscheidungen über Investitionen und andere Geschäfte treffen. Übrigens, indem wir die Masse an Quellen auswerten, werden diese Daten objektiver. Wichtig ist, dass wir niemals vom Hörensagen ausgehen, sondern dass wir uns an subjektive Eindrücke aus der Lebenswirklichkeit der befragten Personen halten – und uns auch niemals auf nur eine Quelle verlassen. Wenn wir nicht mindestens drei voneinander unabhängige Quellen über ein Land haben, nehmen wir es nicht in den CPI auf.

Im Jahr 2002 wertete Johann Graf Lambsdorff insgesamt 15 Studien von neun unabhängigen Institutionen aus, darunter die Columbia University, PricewaterhouseCoopers und das World Economic Forum. Das Ergebnis ist nach wie vor erschreckend. 70 Prozent der Länder liegen unter einem Wert von 5. Indonesien, Kenia, Angola, Madagaskar, Paraguay, Nigeria und Bangladesch erreichten sogar Werte von unter 2. In Südamerika, wo das Vertrauen der Menschen in die politischen Eliten und die demokratischen Prinzipien in den vergangenen Jahren deutlich schwand, wird auch eine Zunahme der Korruption wahrgenommen. Besonders im von schweren Wirtschaftskrisen gebeutelten Argentinien spürten die Menschen ein enormes Ansteigen der Korruption.

Während einige Länder Mitteleuropas, wie etwa Slowenien, zunehmend als weniger korrupt wahrgenommen werden, haben die Länder der ehemaligen Sowjetunion noch einen weiten Weg vor sich. Von einigen anderen Staaten, die mit Sicherheit als sehr korrupt einzuschätzen sind, lagen uns leider nicht genügend Informationen vor, um einen aussagefähigen Wert generieren zu können. Mit weltweit über 200 souveränen Staaten bleibt uns also noch viel zu tun.

Der CPI zeigt aber deutlich, dass fast überall auf der Welt politische Eliten, Beamte und Justizorgane Bestechungsgelder annehmen und Hand in Hand mit skrupellosen Geschäftsleuten arbeiten. Vielfach geben Politiker nach der Veröffentlichung des CPI hehre Versprechen ab, endlich etwas gegen die Korruption zu unternehmen, doch das sind oft nur Lippenbekenntnisse. Im Gegenteil: In vielen Ländern wurde es in den vergangenen Jahren schlimmer statt besser.

Es wäre aber falsch, mit dem Finger auf die betroffenen Staaten zu zeigen und Korruption als nationales Problem zu sehen. Denn meist sind es Angehörige anderer Staaten, die die jeweiligen Eliten bestechen. Das zeigt unser zweiter Index, der »Bribe Payers' Index«, den ich im nächsten Kapitel vorstellen werde. Er misst, in welchen Ländern besonders häufig bestochen wird. Während die große Korruption, die unangemessene öffentliche Baumaßnahmen und Waffengeschäfte begleitet, die Medien beschäftigt und die Antiglobalisierungsproteste anheizt, peinigt die kleine Korruption Geschäftsleute, Investoren und Durchschnittsbürger in ihren alltäglichen Transaktionen. Wenn eine Importlizenz nur durch die Bestechung eines Beamten erlangt werden kann und ausländische Investoren gezwungen sind, Einfuhrbedingungen zu »verhandeln«, werden die Entwicklungschancen untergraben. Zahlreiche Studien haben gezeigt, dass Korruption nicht weniger als andere außertarifliche Hindernisse eine erhebliche, abschreckende Wirkung auf den Handel hat, die auf Dauer sogar zu einem merklichen Rückgang der Handelsflüsse führen kann. Ausländische Direktinvestitionen (ADI) werden durch Korruption ebenfalls negativ beeinflusst. Professor Shang-Jin Wei von der Brookings Institution, der zwischen 1990 und 1991 bilaterale Handelsflüsse zwischen 14 Export- und 45 Importländern untersucht hat, stellte beispielsweise fest, dass Korruption einen immens negativen Einfluss auf die ADI hat. Seinen Ergebnissen zufolge entspricht ein Anstieg der Korruption von dem Korruptionsniveau Singapurs auf das von Mexiko einer Erhöhung des Steuersatzes um mehr als 20 Prozent. Eine jüngere Studie des Weltwirtschaftsforums wies den negativen Einfluss der Korruption auf die ADI in afrikanischen Ländern nach. Die Bedeutung dieser Ergebnisse liegt auf der Hand: Investoren werden sich von Ländern mit hohem Korruptionsniveau eher fernhalten. Genauso offensichtlich ist, dass gerade jene Länder, die auf ausländische Investitionen am stärksten angewiesen sind, am stärksten unter der Korruption leiden.

13
Der Bribe Payers Index

Deutsche Unternehmen zahlen auf unverändert hohem Niveau Schmiergelder, um international im Geschäft zu bleiben. In einer am Dienstag von der Antikorruptionsorganisation Transparency International (TI) präsentierten Rangliste belegt Deutschland nur einen mittleren Platz.

Financial Times Deutschland, 14.5.2002

Bis vor wenigen Jahren waren sich die Wirtschaftsexperten einig, dass die Unterschiede der Anfälligkeit für Bestechung bei Personen aus der Privatwirtschaft nicht messbar seien. Das Profitstreben würde alle Akteure zum gleichen Verhalten führen – zum Beispiel dazu, dass sie in einer Umgebung, in der Bestechungsgelder gefordert werden, Bestechungsgelder zahlen. Dadurch wäre die Wahrscheinlichkeit, dass bestochen wird, etwa gleich verteilt, auch bei hoher Korruptionsneigung.

Der Bribe Payers Index (BPI) von Transparency International, den wir erstmals 1999 als Ergänzung zu unserem CPI veröffentlichten, widerspricht dieser Annahme.* Denn er zeigt, dass Unternehmen aus manchen Ländern wesentlich häufiger bestechen als Unternehmen aus anderen Ländern. Für unseren zweiten BPI, der im Jahr 2002 erschien, führte die Gallup International Association in unserem Auftrag in 15 Schwellenländern eine Umfrage unter

---

* Den vollständigen Bribe Payers Index von 2002 finden Sie im Anhang.

insgesamt 835 Personen durch. Zwischen Dezember 2001 und
März 2002 befragten die Forscher insgesamt 261 Führungskräfte
ausländischer Unternehmen, 261 Führungskräfte einheimischer
Unternehmen, 84 ranghohe Angestellte von Rechnungsprüfungs-
firmen, 71 Repräsentanten binationaler Handelskammern, 80
Führungskräfte nationaler und ausländischer Geschäftsbanken sowie 78 Wirtschaftsanwälte in Argentinien, Brasilien, Indien, Indonesien, Kolumbien, Marokko, Mexiko, Nigeria, Philippinen, Polen, Russland, Südafrika, Südkorea, Thailand und Ungarn. Auf
diese 15 Länder konzentrieren sich mehr als 60 Prozent der gesamten ausländischen Direktinvestitionen in Schwellenländern.

In unserer Umfrage, bei deren Entwicklung und Erstellung uns
übrigens ein Fachgremium aus international führenden Korrup-
tions-, Ökonometrie- und Statistikexperten zur Seite stand, maßen
wir die wahrgenommene Bereitschaft von Firmen aus den 21 führenden Exportländern der Welt, in jenen 15 Märkten Bestechungsgelder an ranghohe Amtsträger zu zahlen. Bei den 21 Exportstaaten, die im BPI aufgelistet sind, handelt es sich um: Australien,
Belgien, China, Deutschland, Frankreich, Großbritannien, Hongkong, Italien, Japan, Kanada, Malaysia, die Niederlande, Öster-
reich, Russland, Schweden, Schweiz, Singapur, Spanien, Südkorea,
Taiwan und die USA sowie zusätzlich das jeweilige Schwellenland,
in dem der Befragte sich aufhält (»dieses Land«).

Die meisten der Exportstaaten, deren Verhalten in unserem BPI
untersucht wird, haben die Antikorruptionskonvention der
OECD unterschrieben und ratifiziert. Bis Mai 2002 hatten bereits
34 der 35 Unterzeichnerstaaten die im Februar 1999 in Kraft getretene Konvention ratifiziert. Der BPI zeigt aber, dass die OECD-
Konvention nur den wenigsten Unternehmen auch tatsächlich
bekannt ist. Nur 7 Prozent der Befragten gaben in unserer Untersuchung von 2002 an, mit ihrem Inhalt vertraut zu sein. Immerhin
12 Prozent hatten schon einmal von ihr gehört. Aus unserer Sicht
sind das dramatische Werte, vor allem, weil sie sich gegenüber

dem ersten BPI von 1999 nicht verbessert haben. Die Schlussfolgerung ist also klar: In den ersten drei Jahren nach Inkrafttreten der Konvention wurde viel zu wenig getan, um sie bekannt zu machen. Viele Unternehmer sind sich bis heute nicht bewusst, gegen nationales Recht in ihrem Heimatland zu verstoßen, wenn sie einen ausländischen Offiziellen bestechen. Für international tätige Unternehmen sind dringend Umsetzungsprogramme oder Schulungen nötig, die die Konvention nicht nur in der Unternehmenszentrale, sondern auch in allen Niederlassungen weltweit und bei den Geschäftspartnern vor Ort bekannt machen.

Und noch etwas ist klar: Es reicht nicht, Gesetze und Konventionen gegen die Korruption zu beschließen. Die Unterzeichnerstaaten der OECD-Konvention müssen sie nicht nur in nationales Recht umsetzen, sondern die Umsetzung auch überwachen und Verstöße ahnden.

Es war eine ziemliche Überraschung für unsere amerikanischen Freunde, als sie nach unserem ersten CPI 1999 feststellen mussten, wie schlecht die US-amerikanischen Unternehmen abschnitten. Denn immerhin hatte Präsident Carter schon im Jahre 1977 den Foreign Corrupt Practices Act eingebracht, der amerikanischen Staatsbürgern seit nunmehr über 25 Jahren die Korruption auch außerhalb der USA strengstens verbot. Es schien fast unglaublich, dass die Amerikaner jetzt in unserem CPI genauso schlecht dastehen sollten wie ihre europäischen Wettbewerber, deren Regierungen dem Beispiel Jimmy Carters nicht gefolgt waren. Es bleibt also auch in diesem Land viel zu tun, wie die jüngsten Vorwürfe gegen amerikanische Bau- und Erdölfirmen belegen.

Weniger überraschend war das Ergebnis des BPI, das zeigte, welche Sektoren weltweit als besonders anfällig für Bestechung angesehen werden. Darunter fallen beispielsweise die öffentliche Bauwirtschaft und die Waffenindustrie, während andere Bereiche, die auf langfristig festgelegten Vermögenswerten beruhen – wie die Landwirtschaft – für weniger anfällig gehalten werden.

Weitere Untersuchungen im Zusammenhang mit dem BPI bestätigten, dass die Länder und Geschäftsbereiche mit einer hohen Bereitschaft zu Bestechungszahlungen auf korrupten Importmärkten einen Wettbewerbsvorteil erlangen können. Das bedeutet aber, dass nicht mehr Qualität und Preis über das beste Angebot entscheiden. Importentscheidungen werden von der Höhe der Bestechungsgelder diktiert, nicht von der Eignung der Produkte für Käufer, Konsumenten oder Öffentlichkeit. Im Teufelskreis des Wettbewerbs der Bestechung sind die einzigen Gewinner, wenn es überhaupt welche gibt, die Korrupten. Die Kosten der durch Korruption verursachten Marktverzerrungen können gar nicht überschätzt werden. Die Höhe der Bestechungssummen mag für arme Länder noch so bedeutsam sein, verglichen mit den Schäden, die durch große Korruption verursacht werden, sind sie marginal.

Die Verzerrungen im Bereich der öffentlichen Ausgaben und Investitionen – von Infrastrukturprojekten und Ausgaben im Erziehungswesen über medizinische Grundversorgung und andere Maßnahmen, die den Grundbedürfnissen der Armen dienen, hin zu unnötigen staatlichen Bauprojekten und Waffenkäufen – sollten heute zu den schlimmsten Verbrechen gegen die Menschheit zählen. Kurzfristig gibt es nur zwei Gewinner der Korruption: das Unternehmen, das sich einen Auftrag erschleicht, und der bestochene Amtsträger, der sich persönlich bereichert. Da diese Aufträge selten dem Wohl eines Volkes dienen, werden gigantische Ressourcen fehlgeleitet und der Mehrheit der Menschen im betroffenen Land entzogen. Fortschritt wird so unmöglich.

Solche Korruptionsverbrechen können nicht in Grenzen gehalten und noch weniger ausgemerzt werden, indem nur einzelne Täter wie internationale Geschäftsleute bloßgestellt und die Eliten in den Entwicklungsländern beschuldigt werden. Nur eine konzertierte Koalition von Institutionen und Menschen, die sich um das öffentliche Wohl bemühen, darf darauf hoffen, die nötigen systemischen Strategien entwickeln zu können, um sich dieser Herausforderung zu stellen.

Der BPI ist somit eine klare Aufforderung an die reichen Staaten, die besonders häufig bestechen, zu handeln. Tunku Abdul Aziz, Vorsitzender von TI-Malaysia, drückte es bei der Vorstellung des BPI 2002 so aus: »Industriestaaten haben eine besondere humanitäre Verantwortung, denn sie verfügen über Ressourcen, um gegen Unternehmen zu ermitteln und Fälle von Bestechung strafrechtlich zu verfolgen. Ihre Bestechungsgelder und Anreize für korrupte Beamten und Politiker untergraben die nachhaltige Entwicklung der armen Nationen, die in ihrer jetzigen Lage in einem Teufelskreis aus lähmender Armut, Hunger und Krankheit gefangen sind.«

14

Der TI-Integritätspreis – Schutz für Whistleblower

Es ist höchste Zeit, dass wir den Mut von ganz gewöhnlichen Frauen und Männern anerkennen, die alles daransetzen, dass ihre Regierungen verantwortlich handeln. Einige haben dies mit ihrem Leben bezahlt, als sie das taten. Es war keine einfache Aufgabe, aus den Nominierten auszuwählen, denn wir waren von der Hingabe und dem Engagement aller Nominierten tief beeindruckt.

Virginia Tsouderos, Vorsitzende TI-Griechenland, bei der Vergabe des ersten Integrity Awards im Jahr 2000

Korruption ist ein Übel, das im Verborgenen blüht. Die Dunkelziffer ist sehr hoch. Auch aktive Staatsanwälte und Polizisten haben größte Mühe, dieses Dunkel zu durchdringen und Korruptionsfälle aufzudecken. Funktioniert ein korruptes System, haben die Behörden und die Öffentlichkeit nur geringe Chancen, etwas darüber zu erfahren. Wir brauchen deshalb Menschen mit Mut und hohen ethischen Werten, die bereit sind, die allgegenwärtige Korruption in ihrem Umfeld nicht mehr hinzunehmen. Wir brauchen Menschen, die innerhalb des Systems sitzen und Missstände erkennen und die, durch welche Umstände sie auch immer auf Korruptionsfälle stoßen, nicht schweigen, sondern etwas unternehmen. Wir nennen sie Whistleblower, weil sie die Alarmpfeife blasen – und das oft ohne Rücksicht auf ihr eigenes Wohlbefinden. Denn gerade in Ländern, die autoritär regiert werden, bringen sich diese Menschen in Gefahr.

Das zeigt das Beispiel von Mustapha Adib. Als Hauptmann in der marokkanischen Armee deckte er einen groß angelegten Betrugs- und Korruptionsfall auf – und landete dafür im Gefängnis. Er erzählt:»Korruption war in der marokkanischen Armee weit verbreitet. Aber dies zu melden war und bleibt unmöglich. Das liegt an den veralteten Strukturen der Armee und an einem fehlenden fairen Justizsystem in Marokko. Als Offizier betrachtete ich es aber als meine Pflicht, alles in meiner Macht Stehende zu unternehmen, um jeden Diebstahl oder Schaden von öffentlichem Eigentum abzuwenden.

Im Oktober 1998 entdeckte ich in einer Luftraumüberwachungseinheit der marokkanischen Armee einen Ring von Soldaten, der Öl- und Versorgungsgüter beiseite schaffte und andere Kameraden dabei bestach. Ich schrieb einen Brief an seine Majestät, den marokkanischen König, der Stabschef und Oberkommandierender der marokkanischen Streitkräfte ist. Das nützte nichts. Vielmehr wurde ich das Ziel der Rache meiner Vorgesetzten, die sich nach wie vor an militärischem Eigentum bereichern. Innerhalb eines Jahres verbrachte ich mehr als 100 Tage in verschiedenen Militärgefängnissen, wurde ich immer wieder grundlos von einer Militärbasis zur anderen versetzt, wurde bis zum November 1999 regelmäßig von höchsten Vertretern der Armee schikaniert und gemobbt. Außerdem musste ich vor ein Militärgericht, das es aber aus Mangel an Beweisen glücklicherweise ablehnte, mich zu verurteilen.

Ich versuchte vergebens mit der Hilfe meiner Freunde und Verbündeten innerhalb der Streitkräfte Alarm zu schlagen und das Verhalten meiner Vorgesetzten aufzudecken. Ich appellierte an den Verwaltungsgerichtshof und das Kabinett des Königs. Aber alles vergebens. Also beschloss ich, mit meiner Geschichte an die Presse zu gehen, damit die Umstände den entscheidenden Behörden bekannt werden und die unwürdige Behandlung meiner Person aufhören würde.

Aber anstatt dass nun Gerechtigkeit geschah, wurde ich erneut vor ein Militärgericht zitiert und angeklagt, die Disziplin gebrochen und der Armee Schande gebracht zu haben. Aber die Anklagepunkte hatten nichts mit meinem Fall zu tun. Dass ich die Korruption aufgedeckt hatte, war doch keine Schande. Es gab sogar Beweise, dass ich Recht hatte. Außerdem hatte ich die Disziplin nicht gebrochen, da es keine Vorschrift gab, nicht mit der Presse zu sprechen. Doch das kümmerte niemanden. Denn der Anklagepunkt des Disziplinbruchs war taktisch so gewählt, dass er unter die Autorität eines Militär- und nicht eines Zivilgerichtes fiel.

Ich wurde zu zweieinhalb Jahren Gefängnis verurteilt und meines Ranges enthoben. Wieder einmal hatte es unsere Führung geschafft, das Image unseres Rechtssystems in der Welt zu schädigen. Sogar die Arbeitsgruppe der Vereinten Nationen für unrechtmäßige Gefängnisstrafen bestätigte, dass meine Verurteilung widerrechtlich war. Die Arbeitsgruppe forderte die marokkanischen Autoritäten auf, mich sofort wieder auf freien Fuß zu setzen. Doch nichts geschah.«

Mustapha Adibs Verurteilung machte weltweit Schlagzeilen. Auch wir nahmen uns seines Falls an und kämpften für seine Freilassung und Rehabilitierung. Er ist für uns der Prototyp des Whistleblowers, der es gewagt hatte, trotz aller Repressalien Alarm zu schlagen – und dafür mit seiner Freiheit bezahlen musste. Im Jahr 2000 verliehen wir ihm unseren »Integrity Award«. Dieser jährlich verliehene Integritätspreis ist mit keinerlei Dotierung verbunden, er zeigt aber, dass wir die mutige Einzelleistung eines Menschen im Kampf gegen die Korruption anerkennen. Und er schafft die sehr wichtige Öffentlichkeit, da wir weltweit die Preisträger der Allgemeinheit vorstellen und ihren Mut würdigen.

Gerade in autoritär regierten Ländern ist eine gewisse Prominenz und die Aufmerksamkeit der Weltöffentlichkeit oft das einzige Mittel, Whistleblower davor zu bewahren, einfach zu verschwinden. Mustapha Adib konnte seinen Preis erst im Jahr 2002 entgegennehmen, als er aus der Haft entlassen wurde und wir unser Jahrestreffen in Marokko abhielten. Heute wieder auf freiem Fuß, ist er immer noch sicher, das Richtige getan zu haben – und auch, etwas erreicht zu haben:»Ja, da bin ich mir sicher. Viele andere Menschen haben sich inzwischen gegen die Korruption im Militär und in Regierungsinstitutionen gewandt. Diese Welle der Erkenntnis wird meinem Land sicherlich helfen, Fortschritte zu machen. Das Schweigen, in dem die Armee und die Behörden verfangen waren, begünstigte doch nur jenes unrechtmäßige Verhalten, das zu Budget-Löchern und enormen Auslandsschulden geführt hat und das unser Land in seiner Entwicklung hemmt. Der Integrity-Award bestätigte mir, dass ich nicht falsch lag. Und es zeigt anderen ehrbaren und rational denkenden Bürgern, die ja in der Mehrheit sind, dass die Wahrheit immer ans Licht kommt und Integrität über Gier siegt. Wenn ich es noch einmal tun müsste, würde ich auf die genau gleiche Art und Weise handeln. Ich würde zuerst meine Vorgesetzten alarmieren, dann das königliche Kabinett, dann die Versorgungseinheit der Armee, dann die königliche Polizei, die Verwaltung der Armee, den Verwaltungsgerichtshof – und schließlich, wenn keiner etwas unternimmt, die marokkanische und ausländische Presse.«

Der Fall von Mustapha Adib zeigt, wie wichtig es ist, dass Whistleblower und andere Hinweisgeber geschützt werden – und eine Möglichkeit erhalten, Korruptions- und andere Fälle von Fehlverhalten melden zu können, ohne fürchten zu müssen, dass ihre gesamte Lebensgrundlage zerstört wird. Denn genau das erlebte Mustapha Adib:»Im Gefängnis zu sein, ist eine schwierige Erfahrung. Wenn man unrechtmäßig dorthin geschickt wird, ist es noch schwieriger. Die Gefahr, seine Arbeit zu verlieren, jedwede finanzielle Unterstützung zu verlieren, von Familie und Freunden getrennt zu werden, sein Leben komplett aus dem Nichts wieder aufbauen zu müssen, sind Faktoren, die jeden dazu bringen werden, zweimal nachzudenken, bevor man einen Korruptionsfall in einem Entwicklungsland meldet. Aber da mein Gefängnisaufenthalt einem guten und gerechten Sinn diente, denke ich, dass all diese Probleme durchaus ihren Wert hatten.«

Es müssen also dringend Strukturen geschaffen werden, die ehrliche Menschen nicht nur dazu ermutigen, Korruption zu melden, sondern ihnen auch einen gewissen Schutz gewähren. Das gilt nicht nur für Entwicklungsländer, sondern auch für reiche Staaten wie Deutschland, wo das Anprangern von Missständen oft als Denunziantentum verpönt wird.

Zum Schutz von Whistleblowern gibt es eine Reihe von erprobten Mechanismen. Unabhängige Ombudsmänner als Ansprechpartner oder anonyme Telefonnummern sind eine durchaus bewährte Methode. Mehr und mehr Unternehmen und Behörden haben hierzulande erkannt, dass sie in diesem Sinne etwas unternehmen müssen. Die Deutsche Bahn etwa, mit ihren millionen- und milliardenschweren Auftragsvolumen traditionell anfällig für korrupte Methoden, ist eines der wenigen Unternehmen, die in Deutschland ein zentrales »rotes Telefon« eingerichtet haben, bei dem Mitarbeiter anonym Korruptionsfälle melden können.

Insgesamt ist jedoch mehr erforderlich als eine Hotline oder ein Ombudsmann. Es geht um nicht weniger als eine Änderung der Kultur, um eine Änderung des Wertesystems in der Gesellschaft, wenn man nicht nur auf den Mut von Einzelnen vertrauen will. Das Image der Korruption in der Gesellschaft muss verändert werden. Denn nur, wenn Unrecht auch als Unrecht erkannt wird und nicht als Kavaliersdelikt oder als allzu menschlich heruntergespielt wird, werden Menschen auch bereit sein, aktiv Risiken zu übernehmen.

Wie problematisch dies in der westlichen Gesellschaft immer noch ist, zeigt das Beispiel von Eva Joly, unserer Preisträgerin im Jahr 2001. Als französische Staatsanwältin war die gebürtige Norwegerin ein anderer Typ eines Whistleblowers. Schließlich wird von ihr von Berufs wegen erwartet, dass sie Unrecht verfolgt und aufdeckt. Doch sie musste gegen Widerstände von staatlicher und gesellschaftlicher Seite ermitteln – und deckte dabei den milliardenschweren Skandal um Elf Aquitaine auf. Er reichte in Frankreich und Deutschland bis in die höchsten wirtschaftlichen und politischen Kreise hinein. Allein beim Verkauf der ostdeutschen Leuna-Raffinerie an den französischen Staatskonzern sollen »Provisionen« und andere Zahlungen in Höhe von insgesamt 256 Millionen Franc geflossen sein, um das Riesengeschäft zu schmieren. Bis heute sind nicht alle Einzelheiten geklärt, doch dass diese volle Aufklärung auch gar nicht gewünscht ist, dass Politik und Wirtschaft den Skandal lieber unter der Decke halten, musste Joly schnell feststellen. Ihr Leben wurde bedroht, sie verbrachte Tag und Nacht unter Polizeischutz und sah sich einer Rufmordkampagne ausgesetzt. Eva Joly: »Eine Menge Leute dachten, dass wir das eigentliche Problem waren. Es gab mehrere Versuche, uns zu stoppen – und nicht die Korruption. Ich bin absolut überzeugt, dass es sich hier nicht um Einzelfälle handelt. Diese Fälle sind Teil eines systematischen Problems, das überall auf der Welt zu finden ist. Viele Menschen denken, dass Korruption nur in den Entwicklungsländern ein Problem ist. Das ist nicht wahr. Schlimmer noch: Nach dem 11. September und den Skandalen um Enron und Worldcom kann niemand mehr sagen, dass es kein Problem darstellt. Korruption ist ein großes Thema, es liegen noch einige Skandale vor uns.«

Jolys hartnäckige Ermittlungen sorgten dafür, dass sich der frühere französische Außenminister Roland Dumas vor Gericht wiederfand und mit ihm seine Ex-Geliebte, die Elf-Lobbyistin Christine Deviers-Joncour. Wie die Anklage geltend machte, hatte der Staatskonzern Elf-Aquitaine im Jahr 1989 die Geliebte des Außenministers eingestellt und ihr in den nächsten vier Jahren rund zehn Millionen Euro zukommen lassen sowie eine Wohnung in Paris finanziert. Das Gericht verurteilte die Ex-Geliebte zu zweieinhalb Jahren Haft, eines davon auf Bewährung, und zu 150 000

Euro Strafe. Roland Dumas sollte zunächst für ein halbes Jahr hinter Gitter und danach noch 24 Monate auf Bewährung erhalten, wurde jedoch von einem Berufungsgericht freigesprochen. Die Elf-Manager Le Floch-Prigent und Alfred Sirven traf es härter. Sie wurden zu zweieinhalb bzw. drei Jahren Gefängnis verurteilt. Weitere Vorwürfe werden gegenwärtig vor Gericht verhandelt.

So aufsehenerregend dieser Prozess war, beleuchtete er doch nur ansatzweise das korrupte System um Elf Aquitaine. Über Jahrzehnte soll Frankreich den Staatskonzern dazu benutzt haben, sich überall auf der Welt Politiker und Wirtschaftsgrößen gefügig zu machen. So wie eben auch im Fall des Leuna-Verkaufes vermutet wird, dessen Details bis heute im Dunkeln liegen.

Nachdem ihre Arbeit in Frankreich beendet war, ging Eva Joly zurück nach Norwegen, wo sie heute eine Regierungsorganisation gegen Korruption aufbaut.

Im Jahr 2002 ging unser Integritätspreis in die Slowakische Republik, nach Brasilien – und nach Deutschland. In der Slowakischen Republik hatte die Richterin Jana Dubovcová in ihrer eigenen Behörde eine Untersuchung durchgeführt. Sie wollte wissen, inwieweit die Korruption innerhalb des Gerichtes verbreitet war – und wer hier die Hand aufhielt. Man kann sich ihr Entsetzen vorstellen, als sie feststellen musste, dass rund ein Drittel der von ihr befragten Bürger, die aus den verschiedensten Gründen mit dem Gericht zu tun hatten, nicht nur angaben, schon einmal mit Korruption konfrontiert worden zu sein, sondern auch erklärten, wer vor allem die Hand aufhielt: die Richter selbst. Dubovcová: «Die Leute sagten mir: Ja, es sind tatsächlich die Richter, die uns persönlich und direkt nach Bestechungsgeldern fragen. Das hatte ich wirklich nicht erwartet.»

Es gibt sicher viele Behördenleiter, die eine ähnliche Untersuchung in der Schublade hätten verschwinden lassen. Schließlich warf diese Umfrage ein schreckliches Licht auf die Behörde, in der die 50-jährige Richterin selbst die Chefin war. Aber was machte

Jana Dubovcová? »Ich tat einfach das, was ich für absolut notwendig hielt«, erklärte sie nüchtern. Sie veröffentlichte die Umfrage. Schonungslos.

Das Ergebnis war so, wie man es schon fast hätte erwarten können. Heillose Empörung, gepaart mit dem Versuch, die mutige Richterin mundtot zu machen und aus dem Amt zu werfen. Die slowakische Justiz war in Aufruhr und die Richtervereinigung bedrängte den Justizminister, die Netzbeschmutzerin zu entlassen. Doch der ließ sich nicht in die Enge treiben und hielt an Dubovcová fest.

Der Fall der mutigen Richterin hatte so viel Staub aufgewirbelt und ein so großes Echo in der Bevölkerung hervorgerufen, dass der Staat handelte. Inzwischen wurde in dem Land ein elektronisches System eingeführt, das die Korruption an Gerichten verhindern soll. Dieses Justizmanagementsystem verfolgt den Verlauf von Gerichtsverfahren, beschleunigt die Prozesse und weist die einzelnen Fälle nach einem Zufallsprinzip den Richtern zu. So können diese nicht mehr schon vorab auf Bestechungsgeldern bestehen. Eine Neuerung, die die Demokratie stärkte. Bei der Verleihung unseres Integritätspreises sagte Jana Dubovcová: »Bürger, die nicht auf das Justizsystem vertrauen, vertrauen auch nicht auf den Staat. Und das ist extrem gefährlich. Denn das Vertrauen seiner Bürger ist der Grundstein eines jeden Staates.«

In Deutschland verliehen wir unsere Ehrung auf einem anderen Feld, das aber traditionell eine der anfälligsten Bühnen für Korruption hierzulande ist. Der Pharmakologieprofessor Dr. Peter Schönhöfer, Herausgeber des unabhängigen deutschen Arzneimittel-Informationsdienstes *arznei-telegramm* kämpft seit Jahren gegen Korruption in der Pharmaindustrie. In kaum einem anderen Bereich der Wirtschaft wird so viel gemauschelt und bestochen wie im Gesundheitssektor. Ärzte und Professoren werden mit lukrativen Beraterverträgen an Unternehmen gebunden und mit Geschenken und Reisen zu halbstündigen Vorträgen auf Hawaii gnädig gestimmt. Eine Praxis, die Schönhöfer seit mehr als zwei Jahrzehnten kritisiert: »In den letzten 30 Jahren haben sich beispielsweise die Kosten für eine Chemotherapie für Krebspatienten um 150 Prozent gesteigert – ohne dass die Patienten dadurch auch nur eine Woche mehr an Lebenserwartung gewonnen hätten. Es ist dringend notwendig, dass wir die korrupten Praktiken und Strategien aufdecken, um unser Gesundheitssystem am Leben zu halten.«

Für Kritik dieser Art musste Schönhöfer mit einem gewissen Risiko leben. Bei der Verleihung unseres Preises sagte er: »Natürlich war es risikoreich. Die kritisierten Firmen klagen immer auf eine so hohe Schadensersatzsumme, dass es meinen sofortigen Ruin bedeutet hätte, wenn ich nur einen Fall verloren hätte.« Glücklicherweise hat Dr. Schönhöfer jeden einzelnen gegen ihn angestrengten Prozess gewonnen.

Der dritte Preisträger des Jahres 2002 stammt aus Brasilien. Der Geschäftsmann Luis Roberto Mesquita hatte eine kleine Bürgerinitiative ins Leben gerufen, um in der Stadt Guarulhos gegen die Korruption zu kämpfen. Als er entdeckte, dass die Familie des neuen Bürgermeisters städtisches Land zu Dumpingpreisen gekauft hatte, begannen seine Probleme. Mesquita erzählt: »Zuerst versuchten sie, mich zu erpressen, dann boten sie mir die verschiedensten Posten an. Aber solche Angebote würde ich niemals akzeptieren. Dann begannen die persönlichen Angriffe. Ich bekam Mord- und Bombendrohungen – und ich und meine Bewegung gerieten unter enormen persönlichen Druck.«

Doch Mesquita ließ sich nicht einschüchtern. Seine Kampagne führte dazu, dass der Bürgermeister suspendiert und aus dem Amt gejagt wurde und 50 Tage im Gefängnis verbringen musste. Mesquita ist weiterhin aktiv gegen korrupte Praktiken und ein würdiger Preisträger des Integrity Awards. Denn sein Beispiel zeigt, wie sich die Zivilgesellschaft gegen korrupte Strukturen der Verwaltung behaupten und durchsetzen kann.

Leider mussten wir den Integrity Award auch schon posthum verleihen – an integre Menschen, die mit ihrem Leben für ihr Engagement zahlen mussten. Im Nachhinein würdigen wir damit ihr Werk und möchten dazu beitragen, dass sie nicht vergessen werden. Carlos Alberto Cardoso etwa, ein investigativer Journalist aus Mosambik, wurde im November 2000 ermordet, als er den größten Bankenbetrug in der Geschichte des Landes recherchierte.

Der Prozess gegen seine Mörder, die aussagten, sein Tod sei vom Sohn des Staatspräsidenten angeordnet worden, begann im November 2002. Der so genannte ›Prozess des Jahrhunderts‹, in dem es um Bestechungs- und Geldwäscheanklagen ging, wurde durch Morddrohungen gegen die Staatsanwälte behindert.

Georgy Gongadze, ein ukrainischer Journalist, der auf seiner Internetseite über die Korruption der Regierung berichtete, wurde im Herbst 2000 brutal enthauptet und mit Säure verätzt.

Norbert Zongo, der als investigativer Journalist in Burkina Faso arbeitete und die Wochenzeitung *L' Indépendant* herausgab, wurde 1998 ermordet; der Fall ist bis heute nicht aufgeklärt.

In Kolumbien wurde der Präsidentschaftskandidat Dr. Luis Carlos Galán Sarmientoa auf Geheiß der Drogenkartelle am 18. August 1989 ermordet. Der Politiker hatte an allen Fronten gegen die organisierte Kriminalität, das Drogenproblem und die Verstrickungen der Mafia mit der Regierung gekämpft. Auch er war ein mehr als würdiger Preisträger des Integrity Awards.

Am 4. Juni 1997 wurde in Argentinien Dr. Alfredo María Pochat ermordet – nur wenige Minuten bevor der Anwalt und Leiter einer Ermittlungseinheit Unregelmäßigkeiten in Millionenhöhe innerhalb des argentinischen Sozialversicherungssystems enthüllen wollte.

All diese Menschen – und viele weitere – wussten um die Gefahr, die sie eingingen, indem sie sich öffentlich gegen ein System wandten, das seit Jahren im Verborgenen blühte. Sie handelten trotzdem, sie lebten mit der ständigen Bedrohung und am Ende starben sie für ein höheres Ziel.

Wir sind ständig auf der Suche nach solchen Beispielen, die zeigen, wie sich Menschen persönlich für eine bessere Gesellschaft einsetzen, und unternehmen alles, um die Taten dieser außerordentlichen Menschen weltweit bekannt zu machen. Auf diese Weise zeigen wir, was es bedeutet, sich für die Zivilgesellschaft zu engagieren – und dass jeder Einzelne etwas verändern kann.

Die Vorschläge für eine Nominierung können von überall kommen, und bei den potenziellen Preisträgern muss es sich nicht um Einzelpersonen handeln, es können auch Behörden oder Institutionen sein. Nur Angehörige von Transparency International sind von vornherein ausgeschlossen. Eine Jury, die aus Vertretern verschiedener Weltregionen, TI-Mitgliedern, ehemaligen Preisträgern und anderen integren Experten zusammengesetzt ist, entscheidet über die Vergabe. Voraussetzungen für eine Nominierung sind:

1. Die Nominierten müssen etwas unternommen haben, was einen deutlichen Einfluss auf den Korruptionslevel ihres Landes oder ihrer Weltregion haben könnte bzw. gehabt hat.
2. Die Aktion sollte so geartet sein, dass auch andere Teile der Welt daran Interesse finden – und zur Nachahmung angeregt werden.
3. Die Aktion sollte ganz besonders eindrucksvoll, innovativ und mutig sein – und weltweite Aufmerksamkeit verdienen.

Der Schutz für Whistleblower gehört zu den wichtigsten Waffen in unserem Arsenal gegen Korruption. Sowohl in unserem Source Book als auch im Toolkit hat das Whistleblowing in vielfältiger Ausgestaltung einen festen Platz. Welche Bedeutung es hat, zeigte Ende 2002 auch das amerikanische Nachrichtenmagazin *Time* unter der Überschrift »The Whistleblowers«. Es ernannte drei mutige Frauen zu Personen des Jahres: Cynthia Cooper, Mitarbeiterin des Unternehmens Worldcom, Coleen Rowley von der amerikanischen Bundespolizei FBI und Sherron Watkins, Mitarbeiterin des

Unternehmens Enron. Cynthia Cooper hatte als Buchprüferin bei Worldcom aufgedeckt, dass das riesige Unternehmen seine Bilanzen in Milliardenhöhe gefälscht hat. Aus Verlusten wurden Gewinne, das Unternehmen ein Börsenstar und Global Player. Die Buchprüferin unternahm alles, um die Probleme innerhalb der Firma zu klären. Doch sie wurde behindert, verlacht und beleidigt. Schließlich entschied sie sich, Alarm zu schlagen, ganz gleich, was ihr auch passiere. Der Skandal um den Telekommunikationskonzern erschütterte die Wirtschaft rund um den Globus.

Coleen Rowley wiederum gab keine Ruhe, Fehler des FBI im Vorfeld des 11. Septembers öffentlich zu machen. Denn dieses hatte, wie Rowley der Öffentlichkeit mitteilte, vor dem Attentat tatsächlich Erkenntnisse über die zukünftigen Attentäter – reagierte aber nicht.

Sherron Watkins war Vizepräsidentin für Unternehmensentwicklung beim Enron-Konzern. Was sie aufdeckte, ist heute unter »Enronitis« bekannt und steht für Bilanzfälschungen und Kursmanipulationen im großen Stil.

Alle drei Frauen hatten eine sichere Arbeitsstelle, verdienten gut, waren in ihren sozialen Systemen integriert. Hätten sie geschwiegen, wären sie das heute noch. Sie aber entschieden sich für den unbequemen Weg und ihr Gewissen.

15
Korruption in Deutschland

Beamte und Politiker kassieren allerorten, lassen sich kaufen mit Geld, Gefälligkeiten, Posten oder Aufträgen, sie werden, so der Jargon der Kriminellen in Vorstandsetagen, »beatmet«, »angefüttert« oder mit »nützlichen Aufwendungen« beeinflusst. Und die Bürger müssen zahlen für das schmierige Alltagsgeschäft – mit ihren Steuern oder etwa steigenden Müllgebühren. Vor allem aber untergräbt die Korruption die Fundamente des Rechtsstaates. Das Vertrauen in staatliche Entscheidungen geht dahin, und das fördert die Politikverdrossenheit.

Der Spiegel, 18.03.2002

Brandenburgs Wirtschaftsminister Wolfgang Fürniß (CDU) hat von einem Scheich mehr als eine Million Dollar als Kredit erhalten. Am Montagabend hat er seinen Rücktritt angekündigt, Vorwürfe der Bestechung aber zurückgewiesen.

Stuttgarter Zeitung, 12.11.2002

Wegen Veruntreuungen und Betrügereien bei der Deutschen Bahn AG (DB), die bei dem Unternehmen zwischen 1995 und 1999 zu einem Millionenschaden geführt hatten, hat die Antikorruptionskammer des Landgerichts Frankfurt am Mittwoch einen ehemals leitenden, 62 Jahre alten Bahnmanager zu einer Freiheitsstrafe von drei Jahren und elf Monaten verurteilt. Der 64 Jahre alte mitangeklagte Gleisbau-Unternehmer erhielt eine Freiheitsstrafe von drei Jahren und sechs Monaten.

Frankfurter Rundschau, 7.11.2002

Deutschland – ein Land der Saubermänner? Ein Land, in dem die Korruption keine Chance hat? Von wegen. Nicht erst die jüngsten Skandale vom Münchner »Küchenkartell« über den Kölner »Müllklüngel« bis hin zur Affäre Kohl zeigen, dass es auch hierzulande Korruption in einer Häufung gibt, die bis vor kurzem die Wenigsten in einer der größten Industrienationen der Erde und in einer gefestigten Demokratie erwartet hätten. Wir von TI sind weniger überrascht, da wir seit Jahren vor dem Bumerang-Effekt warnen. D.h. vor der Illusion, dass Firmen, die Korruption im Ausland ganz regulär praktizieren, zu Hause nach einer ganz anderen Moral wirtschaften. Immun gegen das Übel Korruption ist wohl kaum ein Bereich der Wirtschaft oder eine Partei. Der Schaden ist immens, da nicht nur Schmiergelder, sondern auch schlechte Leistungen zu Buche schlagen, manchmal sogar ganz unnötige Investitionen. Obwohl es sehr schwierig ist, den Schaden zu beziffern, ist es bei der Vergabe von öffentlichen Bauaufträgen versucht worden; schließlich ist die Bauindustrie nach einer Umfrage von TI weltweit Marktführer in Korruption. Hier wird allein für Deutschland ein jährlicher Schaden von fünf Milliarden Euro geschätzt.

Bei der Vorstellung unseres Global Corruption Report 2003, unserer jährlichen Bestandsaufnahme der globalen Korruption, sagte Hansjörg Elshorst in seiner Eigenschaft als Vorsitzender unserer deutschen Sektion zur Situation in der Bundesrepublik:

»Auch in Deutschland lenkten die Skandale wie in Köln und anderen Städten oder illegale Wahlspenden die Aufmerksamkeit der Menschen immer wieder auf die Korruption. Das Wort von der ›Bananenrepublik Deutschland‹ macht die Runde. Das ist sicherlich überzogen, doch zum dramatisch wachsenden Unbehagen an Politik und steuerfinanziertem Staatsanteil tragen auch Korruptionsskandale bei. Sie gefährden langfristig den Standort Deutschland und kurzfristig den Aufschwung. Wortmächtig wird ›Vertrauen in die Wirtschaft‹ beschworen, es lässt sich aber nicht herbeireden. Politik und Wirtschaft müssen den Bürgerinnen und Bürgern beweisen, dass sie es ernst meinen mit neuen Verhaltensregeln, einem neuen Wirtschaftsethos und dem Kampf gegen die Korruption.«

Wie schlecht es um die Bundesrepublik bestellt ist, zeigt unser Korruptionswahrnehmungsindex (CPI). In den letzten Jahren ist Deutschland kontinuierlich abgesunken. Belegte Deutschland 1999 noch den 14. von 99 Plätzen, fiel es im Jahr 2000 auf den 17. von 90 und im Jahr 2001 gar auf Rang 20 von 91. 2002 belegte es zwar Platz 18, doch der Punktwert sank.

Eine Umfrage des Forsa-Instituts unter Managern von kleineren und mittelständischen Unternehmen, die das Wirtschaftsmagazin *Impulse* 2002 in Auftrag gegeben hat, kam zu einem erschreckenden Ergebnis. 14 Prozent der Befragten gaben an, schon einmal bestochen zu haben, um ein Geschäft abzuschließen. 54 Prozent sagten, sie hätten schon einmal einen Auftrag verloren, weil sie sich weigerten, Schmiergeld zu zahlen. Positiv dagegen: 55 Prozent waren dafür, korrumpierende Unternehmen für eine gewisse Zeit von öffentlichen Aufträgen auszuschließen. 84 Prozent befürworteten eine Verschärfung der bestehenden Antikorruptionsgesetze.

Michael Wiehen, bis Ende 2002 Vorsitzender von Transparency Deutschland, sieht es so: »Die Korruptionsbereitschaft ist in Deutschland vor allem auf mittelständischer und kommunaler Ebene immer noch sehr groß. Ohne Geschenke läuft gar nichts. Das ist in vielen Kommunen durchaus üblich. Das sieht man dort gar nicht als Korruption an, weil es eben immer schon so war. Der Bürgermeister gibt den wichtigen Auftrag an seinen Schwager und der baut ihm mal eben schnell eine Garage. Solche Dinge passieren wahrscheinlich in jeder Kommune in Deutschland. Da fehlt das Unrechtsbewusstsein.«

Als das Meinungsforschungsinstitut Forsa speziell die Unternehmen befragte, die schon einmal Bestechungsgelder gezahlt hatten, gaben 29 Prozent an, öffentliche Auftraggeber geschmiert zu haben. 59 Prozent sagten, sie hätten an private Auftraggeber zahlen müssen und 12 Prozent hatten schon sowohl an die öffentliche Hand als auch an die Privatwirtschaft gezahlt.

Seit 1994 erstellt das Bundeskriminalamt das »Bundeslagebild Korruption«. Waren es im ersten Jahr noch 258 Fälle, stieg die Zahl bis zum Jahr 2001 auf 1278 gemeldete Verfahren mit 7962 Straftaten und 2262 Tatverdächtigen. Das muss nicht bedeuten, dass die Korruption in diesen sieben Jahren tatsächlich um das Fünffache zugenommen hat. Es bedeutet hoffentlich nur, dass genauer hingesehen wird. Denn Korruption ist auf Polizeideutsch ein so genanntes »Kontrolldelikt«, auf das die Strafverfolgungsbehörden nur stoßen, wenn sie tatsächlich nachschauen, eben kontrollieren.

Und das tun sie glücklicherweise immer häufiger. Weil Korruption in Deutschland immer mehr zum Thema wird, wurden in den 90er Jahren vor allem in den großen Ballungszentren so genannte Schwerpunktstaatsanwaltschaften gegründet, wie beispielsweise die von Wolfgang Schaupensteiner in Frankfurt. In der Mainmetropole blühte die Korruption über Jahrzehnte hinweg, etwa beim Straßenbauamt. Hier bekamen oft nur solche Firmen die lukrativen städtischen Aufträge, die sich auch erkenntlich zeigten. Und es gab allerlei Gelegenheiten, zu denen sich die Unternehmen spendabel zeigen durften. Sie leisteten »Sonderzahlungen« an die Mitarbeiter des Amtes, etwa wenn einer Geburtstag hatte oder ein Urlaub anstand – aber natürlich auch zu Festtagen wie Weihnachten und Ostern. Außerdem errichteten die Bauunternehmen Häuser für die entscheidungsbefugten Beamten, lieferten dann das Heizöl, ließen den Garten pflegen und richteten die Betriebsausflüge des Amtes aus. Ähnlich ging es im Bereich der Kommunikationstechnik am Frankfurter Flughafen zu. Hier hatten mehr als 30 Unternehmen Vereinbarungen mit den Flughafenangestellten getroffen, die sicherstellten, dass diese Unternehmen bei der Auftragsvergabe bevorzugt behandelt wurden. Um die Zahlungen in Millionenhöhe zu verschleiern, gründeten die Angestellten eigene Firmen, die dann Rechnungen über völlig fiktive Leistungen an die korrumpierenden Unternehmen stellten. Als das Kartell aufflog, zeigte sich das ganze Ausmaß der Korruption: Insgesamt ermittelte die Frankfurter Staatsanwaltschaft gegen 170 Beschuldigte.

Sogar die mit ca. 10 000 Mitarbeitern weltweit tätige Entwicklungsorganisation GTZ blieb nicht verschont. In ihrer Zentrale in der Nähe von Frankfurt ließen sich drei Mitarbeiter der Speditionsabteilung mit Millionenbeträgen von Transportunternehmen bestechen. Ein solcher Fall kann natürlich in jeder Branche vorkommen, und anders als bei korruptionsbedingten Fehlinvestitionen konnte die GTZ den Schaden wiedergutmachen. Dennoch war der Imageschaden groß, vor allem, weil Entwicklungsorganisationen in einem besonders sensiblen Bereich operieren. Schließlich hatten die Täter sich zu Lasten der Nahrungsmittelhilfe bereichert, die für Menschen in Katastrophengebieten vorgesehen war.

Auch in anderen Großstädten sah und sieht es ähnlich aus. Eine Spezialtruppe in München leitete von 1991 bis 2001 insgesamt 1620 Ermittlungsverfahren ein, die in 627 Fällen mit einer Verurteilung und in 119 Fällen mit einer Geldbuße endeten. Für einen großen Skandal sorgte in der bayerischen Landeshauptstadt das so genannte »Küchenkartell«. Hier hatten sich mehrere Beamte aus dem Baureferat zusammengetan, die für die Ausstattung der Küchen in städtischen Einrichtungen wie Schulen, Kindergärten und Krankenhäusern zuständig waren. Von insgesamt 18 Unternehmen kassierte allein der 43-jährige Hauptangeklagte rund 2,5 Millionen Mark. Er wurde schließlich zu acht Jahren und drei Monaten Haft verurteilt. Ein mitangeklagter Mitarbeiter des Baureferats nahm sich in der Untersuchungshaft das Leben.

Diese Fälle sind nur die Spitze des Eisbergs. Wie eine Studie der Frankfurter Unternehmensberatung KDM ergab, wird der weitaus größte Teil der Korruptionsfälle nie publik. Gerade große Firmen bemühen sich, solche rufschädigenden Skandale zu vermeiden. Viel lieber regelt man solche Fälle intern, versetzt auffällig gewordene Mitarbeiter oder entlässt sie, ohne die Behörden zu informieren. KDM geht von deutschlandweit 100 000 Fällen im Jahr aus.

Korruption in der Größenordnung des Kölner Müllskandals ist, so darf man hoffen, in Deutschland die große Ausnahme. An ihm lässt sich aber besonders gut studieren, wie viel kriminelle Energie investiert wird, denn große Korruption wird von langer Hand geplant und akribisch durchgeführt. Sie ist nur möglich in einem Filz aus Beamten, Unternehmern und Politikern. In einem Beitrag für die Zeitschrift *Die neue Polizei* schreibt Wolfgang Schaupensteiner: »Nichts wird dem Zufall überlassen. Von langer Hand werden enge Beziehungen zur Verwaltung, zu Mandatsträgern und zu politischen Parteien aufgebaut, um sich diese Verbindungen in kollusiver Weise zu gegebener Zeit nutzbar zu machen.«

Schaupensteiner geht auch auf die Methoden der Geldübergabe ein. Denn die Zeiten, in denen kleine Umschläge oder Koffer voller Bargeld den Besitzer wechseln, sind vorbei. Es gelte, Millionenbeträge zu finanzieren und buchhalterisch geschickt zu vertuschen. Schaupensteiner: »So sinnt man denn auf neue (Ab-)Wege zur Schmiergeldwäsche. Der Schmiergeldfluss wird getarnt als gut dotierte Nebentätigkeit, großzügig honorierter Beratervertrag, Gutachten, Arbeitsverhältnis, Beteiligung an Patentrechten, an Firmen und Immobilien oder als ›Provision‹ für die Auftragsvermittlung.«

Die Erfahrungen der Schwerpunktstaatsanwaltschaften und viele unabhängige Studien zeigen, dass dieses System flächendeckend in ganz Deutschland funktioniert – und nur durch eingehende Nachforschungen aufgedeckt werden kann. Dennoch fehlt in der Bundesrepublik nach wie vor eine zentrale Stelle zur Bekämpfung der Korruption. Es gibt aber nicht nur zu wenige Schwerpunktstaatsanwaltschaften, sondern die vorhandenen kooperieren zu wenig und haben zu wenig Gelegenheit, ihre Erfahrungen zu veröffentlichen.

Ein anderes Versäumnis ist der Politik anzulasten. Bis heute gibt es in Deutschland kein zentrales Register von Unternehmen, die versucht haben, deutsche öffentliche Stellen zu schmieren. Es gibt kein Gesetz, in dem festgelegt wird, dass die darin aufgeführten Unternehmen für eine bestimmte Zeit keine öffentlichen Aufträge erhalten dürfen. TI-Deutschland hat in der letzten Legislaturperiode intensiv für ein solches Gesetz geworben. Nach dem Kölner Skandal schien es eine Chance zu geben; sogar der Bundeswirtschaftsminister setzte sich dafür ein. Im April 2002 legte die rotgrüne Bundesregierung einen entsprechenden Gesetzentwurf vor, doch er wurde zweimal hintereinander im Bundesrat gestoppt. Begründung der unionsgeführten Länder: die Zielsetzung des Gesetzes sei zu breit, weil sie z. B. auch die Beschäftigung von Schwarzarbeitern mit einbeziehe. Zudem sei der Gesetzentwurf aus rechtsstaatlichen Gründen bedenklich.

Die Begründung lässt aber hoffen, dass es in dieser Legislaturperiode die Chance zu einem überparteilichen Konsens gibt. Vor allem deshalb, weil in einer Reihe von Bundesländern und Kommunen solche Register bereits geführt werden, darunter auch unionsgeführte Länder wie Hessen, Sachsen-Anhalt und Nordrhein-Westfalen. Der große Nachteil dieser Register ist allerdings, dass sie nur für die Behörden gelten, in denen sie geführt werden. Selbst wenn also ein Unternehmen in einem Register der Landesregierung erfasst ist, kann es immer noch Aufträge von den Städten und Kreisen bekommen. Überdies sind die Kommunen nicht einmal verpflichtet, die Teilnehmer an einer Ausschreibung anhand der vorhandenen Listen zu überprüfen.

Solcher Mangel an Koordination findet sich auch auf Bundesebene. Die Zuständigkeit für Korruption, sei es auf nationaler oder auf internationaler Ebene, ist breit gestreut. Innenministerium, Justizministerium, Ministerium für wirtschaftliche Zusammenarbeit und Wirtschaftsministerium fühlen sich für verschiedene Aspekte verantwortlich – aber eben nicht für das

Gesamtthema. Das zeigt, dass Korruption im Koalitionsvertrag eine untergeordnete Rolle spielt, obwohl die Öffentlichkeit mehr denn je daran interessiert ist.

Mehr politische Aufmerksamkeit, auch aus dem Parlament, wäre durchaus angebracht. Neben dem Register für korrupte Unternehmen stehen noch andere wichtige gesetzgeberische Aufgaben an, an erster Stelle das Informationsfreiheitsgesetz auf Bundesebene. Dieses von der rot-grünen Koalition bereits 1998 versprochene Gesetz blieb im Gestrüpp bürokratischer Interessen hängen. Dabei kam es der Ministerialbürokratie sehr zupass, dass auch der BDI sich gegen das Gesetz stellte, da es angeblich Geschäftsgeheimnisse bedroht. Weder in den vier Bundesländern, in denen es ein solches Gesetz gibt, noch in analogen Gesetzen – etwa des Umweltschutzes – ist dies ein Problem. Ebenso wenig in all den anderen Industrieländern, in denen ein gesetzlich oder sogar verfassungsrechtlich gesicherter Zugang der Bürger zu öffentlichen Informationen längst eine Selbstverständlichkeit ist.

Informationsfreiheit reicht weit über Korruptionsprävention hinaus, denn sie vollzieht Demokratie dort nach, wo der Großteil der öffentlichen Interessen angesiedelt ist: in der öffentlichen Verwaltung. Gerade die Erfahrung der skandinavischen Länder zeigt, dass eine offene und transparente Gesellschaft das beste Mittel gegen weit verbreitete Korruption ist. In unserem Korruptionswahrnehmungsindex rangieren diese Länder immer auf den ersten Plätzen. Trotz aller Reformen in der Verwaltung überlebt in Deutschland in diesem Bereich der Obrigkeitsstaat. Eine Akte gilt so lange als vertraulich, bis sie ausdrücklich für die Öffentlichkeit freigegeben ist. Das fördert eine Atmosphäre von Geheimniskrämerei und schafft undurchsichtige Grauzonen, die zu Korruption geradezu einladen.

Im Gegensatz zu vielen anderen Staaten und zu Trends in der EU sind in Deutschland Unternehmen nicht straffähig. Auch das erfordert viel politische Aufmerksamkeit, da eine Änderung tief in die Systematik des deutschen Rechts greifen würde. Bisher sind in Deutschland nur natürliche Personen schuldfähig, nicht juristische Personen wie beispielsweise eine GmbH oder eine Aktiengesellschaft. Folgerichtig können Unternehmen nicht für ein Korruptionsvergehen bestraft werden, nur einzelne Angestellte. Michael Wiehen dazu: »Unternehmen haben nicht nur gegenüber ihren Eigentümern, Mitarbeitern und Kunden eine Verantwortung, sondern auch gegenüber der Gesellschaft, in der sie arbeiten. Wenn sie diese Verantwortlichkeit wissentlich verletzen, zum Beispiel durch Korruption, dann müssen sie auch strafrechtlich zur Verantwortung gezogen werden können, und zwar auch mit Geldstrafen. Eine solche strafrechtliche Verantwortlichkeit gibt es in vielen Ländern, auch und gerade in europäischen Ländern; sie wird von der EU gefördert und gefordert. In Deutschland hat man bisher argumentiert, dass nur natürliche Personen ›schuldfähig‹ seien. Die Verantwortlichkeit von Unternehmen ist zwar schon vom Kartellrecht und vom Ordnungswidrigkeitengesetz akzeptiert, aber nur das Strafrecht kann die notwendige Stigmatisierung von Unternehmen leisten. 1997 hat das Bundesland Hessen unter der damaligen rot-grünen Regierung einen entsprechenden Gesetzesvorschlag im Bundesrat eingebracht, den jedoch die nachfolgende Unionsregierung wieder zurückgezogen hat. Vor der jüngsten Bundestagswahl verschickte TI-Deutschland an alle Parteien so genannte Wahlprüfsteine und fragte auch nach ihrer Position zum Unternehmensstrafrecht; zu unserer Freude antwortete die Union, dass sie die Einführung für ›rechtssystematisch möglich und politisch nötig‹ halte.«

Schließlich wird das in Kapitel 14 beschriebene Themenfeld immer wichtiger, das in Deutschland aus historischen Gründen besonders schwierig ist: der Schutz von Hinweisgebern, von Whistleblowers. Auch hierzulande sind auf jeder Ebene Whistleblower für die Bekämpfung von Korruption wichtig. Denn bei Korruption gibt es kein direktes Opfer, weshalb mutige Dritte die Interessen des geschädigten Gemeinwohls vertreten müssen. Bisher tun sie das völlig ungeschützt und oft mit desaströsen Konsequenzen für ihre eigene berufliche und private Situation.

Vieles bleibt noch zu tun, doch TI hatte einen weithin anerkannten Anteil daran, dass die wichtigsten Änderungen der gesetzlichen Rahmenbedingungen für Wirtschaft und Politik in Ländern wie Deutschland erreicht worden sind. Und der Großteil der Unternehmen ist sich dessen durchaus bewusst. Dennoch gibt es noch viele Länder und Märkte, in denen man bestechen muss, um im Geschäft zu bleiben. Angesichts der neuen Gesetze, die die Auslandskorruption unter Strafe stellen und angesichts der gewaltigen Risiken für das Firmenimage findet immer mehr auch unter deutschen Firmen ein Umdenken statt. Sie finden Wege, um aus dem Teufelskreis der Korruption auszubrechen oder verzichten auf riskante Märkte. Zunehmend tun sie dies nicht nur aus Angst vor strafrechtlicher Verfolgung, sondern aus der Erkenntnis heraus, dass Korruption teuer, risikoreich und unethisch ist und den nachhaltigen Erfolg von Unternehmen genauso behindert wie die freie Marktwirtschaft beeinträchtigt.

Nach den Skandalen der vergangenen Jahre ist die deutsche Öffentlichkeit auch gegen politische Korruption hoch sensibilisiert. Engagierte Bürger sehen genauer hin und es ist nicht schwer, bei ihnen für die Anliegen von TI Sympathie zu finden. Und wichtiger noch, investigative Journalisten lassen sich von den immer schwierigeren Rahmenbedingungen, unter denen sie recherchieren und berichten, nicht entmutigen. Diese Veränderung der öffentlichen Meinung ist vielleicht der wichtigste Erfolg im Kampf gegen Korruption.

16.
Kohl, Klüngel und die Konsequenzen

Der Vorwurf der Käuflichkeit und Bestechlichkeit unserer Politik im Zusammenhang mit den über mich an die CDU gelangten Spenden ist absurd und das wissen auch alle. Ich bin in meinem ganzen politischen Leben nie käuflich gewesen.

Ex-Bundeskanzler Helmut Kohl am 29. Juni 2000 vor dem Spendenuntersuchungsausschuss des Bundestages

Der Ausschuss hat festgestellt, dass die CDU unter der Führung von Dr. Kohl in den achtziger und neunziger Jahren ihr in der Vergangenheit angelegtes illegales Finanzsystem ungebrochen fortführte und durch zusätzliche Verschleierungsmaßnahmen vor Entdeckung absicherte. Die Einrichtung eines weitverzweigten Anderkontensystems in Deutschland, der Schweiz und Luxemburg unter Tarnung durch Treuhänder und Stiftungen in Liechtenstein, über die im In- und Ausland Millionenbeträge in bar abgewickelt wurden, weisen Parallelen zu Praktiken auf, die aus dem Bereich der organisierten Kriminalität und Geldwäsche bekannt sind.

Bewertung durch den Untersuchungsausschuss »Parteispenden« der 14. Wahlperiode

Am 16. Dezember 1999 erfahren die deutschen Fernsehzuschauer zur besten Sendezeit, dass Altkanzler Helmut Kohl während seiner Amtszeit rund zwei Millionen Mark an Spenden angenommen hat. Heimlich und an allen Parteigremien vorbei, illegal. Ein Verstoß gegen das Parteiengesetz, den Kohl während eines Interviews im ZDF freimütig und fast beiläufig zugibt. Die Namen der Spender gibt er nicht preis. Er habe ihnen sein Ehrenwort gegeben, sie nicht zu nennen, es seien aber alles ihm persönlich bekannte Bundesbürger. Bestochen worden will Helmut Kohl freilich nicht sein, doch der Skandal, der die Republik nun erschüttert, ist gewaltig.

Am 3. Januar 2000 eröffnet die Staatsanwaltschaft Bonn ein Ermittlungsverfahren gegen den Altkanzler wegen des Verdachts der Untreue, in dessen Folge Kohl von seinem Posten als Ehrenvorsitzender der CDU zurücktritt.

Gleichzeitig erschüttert ein Skandal die hessische CDU. Über Jahre hinweg hatte der Landesverband Schwarzgeld und undeklarierte Spenden auf Konten in Liechtenstein und der Schweiz geparkt, die Zuwendungen dreist als jüdische Vermächtnisse getarnt und das Geld unter anderem zur Finanzierung von Wahlkämpfen benutzt.

Ins Rollen war der Skandal im November 1999 gekommen, als Ermittlungen der Augsburger Staatsanwaltschaft gegen Walter Leisler Kiep, den früheren Schatzmeister der CDU, publik wurden. Die bayerischen Staatsanwälte verdächtigten den ehemaligen Parteifunktionär, im Jahr 1991 vom Thyssen-Konzern eine Million Mark als Gegenleistung für ein Panzergeschäft mit Saudi-Arabien bekommen zu haben.

Während des Golfkrieges 1991 hatte Saudi-Arabien Angst vor einem Angriff mit chemischen Waffen und wollte Spürpanzer vom Typ Fuchs kaufen. Ein Ansinnen, das zunächst mit der Begründung, die Bundesrepublik liefere keine Waffen in Spannungsgebiete, abgelehnt wurde. Doch dank einer Ausnahmegenehmigung durch die Bundesregierung kam das Geschäft zustande. Saudi-Arabien bekam 36 Spürpanzer, einige davon aus Bundeswehrbeständen, andere direkt von Thyssen-Henschel. Für diese Lieferung zahlten die Saudis die unerhört hohe Summe von 446,4 Millionen

Mark. Spätere Recherchen von Staatsanwälten und Journalisten ergaben, dass darin bis zu 220 Millionen Mark an Schmiergeldern und sonstigen Zahlungen enthalten waren, die das Zustandekommen des Geschäfts begünstigt haben sollen. Ein Großteil des Geldes floss sowohl an den Waffenlobbyisten Karlheinz Schreiber als auch an aktive oder ehemalige Politiker und Beamte. Bis zu 17 Millionen Mark soll der beamtete Staatssekretär im Bundesverteidigungsministerium Holger Pfahls kassiert haben. Befragt werden kann er nicht. Er ist seit Jahren auf der Flucht und versteckt sich wohl in Asien.

Jener Karlheinz Schreiber, der sich heute in Kanada der deutschen Justiz entzieht, soll die besagte Million an Kiep und den Finanzexperten der CDU, Weyrauch, auf einem Schweizer Parkplatz übergeben haben. Der Parteispendenuntersuchungsausschuss dokumentierte den Ablauf der Geldübergabe in seiner Abschlussbewertung: »Am 26. August 1991 übergab Karlheinz Schreiber in St. Margrethen/Schweiz dem Bundesschatzmeister der CDU Dr. Kiep und dem eigens zu diesem Zweck angereisten Horst Weyrauch eine Million in bar. Das Geld wurde von Horst Weyrauch über die Grenze nach Deutschland verbracht und dort am 27. August 1991 auf ein über die Firma Weyrauch & Kapp GmbH beim Bankhaus Hauck & Aufhäuser in Frankfurt a. M. eingerichtetes Treuhänderkonto mit der Bezeichnung CBN 891 (= CDU Bonn 8/1991) gestückelt in drei Teilbeträgen in bar eingezahlt. Die Spende wurde nicht in den Rechenschaftsberichten der CDU ausgewiesen.«

Ein Vorgang, der nach Bestechung riecht. Laut Kiep sei das Geld aber als Spende in spezielle Kassen der CDU geflossen – doch von solchen Sonderkonten wollte die damalige Generalsekretärin Angela Merkel zunächst nichts wissen. Es war einer ihrer Vorgänger, Heiner Geissler, der erstmals öffentlich zugab, dass die CDU Geheimkonten geführt hatte. Der Skandal kam ins Rollen und zog immer weitere CDU-Größen und Weggefährten Kohls in den Abgrund.

Am 2. Dezember 1999 beschloss der rot-grün dominierte Bundestag, einen Untersuchungsausschuss einzurichten, um die dubiosen Praktiken der ehemaligen Regierungspartei zu untersuchen. Er sollte sich nicht nur um den Verkauf der 36 Fuchs-Spürpanzer nach Saudi-Arabien kümmern, sondern auch um einige andere Unregelmäßigkeiten, die inzwischen publik geworden waren. So ging es um die Vorgänge beim Verkauf der ostdeutschen Leuna-Raffinerie und ihres Tankstellennetzes an den französischen Staatskonzern Elf Aquitaine, aber auch um den Verkauf von Airbus-Flugzeugen an Fluglinien in Kanada und Thailand durch die Airbus GmbH Ende der 80er Jahre und die Lieferung von MBB-Hubschraubern an die kanadische Küstenwache in der zweiten Hälfte der 80er Jahre.

Gerade die beiden letzten Punkte sind bis heute in der deutschen Öffentlichkeit wenig bekannt. Die Affären um den Panzerverkauf und die Leuna-Raffinerie beherrschten zunächst die Schlagzeilen. Vor allem, weil sie auch auf personeller Ebene eng miteinander verwoben waren. Denn sowohl beim Verkauf der Spürpanzer als auch beim Verkauf der Leuna-Raffinerie und der 930 Minol-Tankstellen spielte der Thyssen-Konzern eine Rolle.

Die ehemalige parlamentarische Staatssekretärin Agnes Hürland-Büning, die nach ihrem Ausscheiden aus dem Amt angeblich Millionen als Beraterin des Thyssen-Konzerns erhielt, und der Industrielobbyist Dieter Holzer tauchen an dieser Stelle nun auf. Ihre Aufgabe war es, die Verhandlungen zwischen Elf Aquitaine und Thyssen zu beschleunigen und für das passende politische Klima sorgen. Wer genau was in diesem Affärensumpf unternahm, wer bezahlte, wer kassierte, ist bis heute nicht klar zu sagen. Klar scheint nur, dass bis zu 100 Millionen Mark in die verschiedensten Taschen in Deutschland wanderten. Beweise gibt es allerdings kaum. Die Staatsanwälte ermitteln mehr oder weniger eifrig wegen Untreue, Steuerhinterziehung und Geldwäsche in die verschiedensten Richtungen. Aber noch keiner hat daran gedacht oder es gewagt, wegen Korruption zu ermitteln. Dabei drängt sich das in diesem Fall geradezu auf.

Der Skandal weitete sich im November 1999 schnell aus. Täglich kamen neue Nachrichten hinzu und überfluteten Ausschussmitglieder und die Öffentlichkeit mit neuen Informationen. Dann kam Helmut Kohl mit seinem öffentlichen Geständnis, illegal Spenden akzeptiert zu haben. Der Parteispendenuntersuchungsausschuss hatte alle Hände voll zu tun, da sich ständig neue Fronten auftaten. Als Nächsten traf es den damaligen CDU-Vorsitzenden Wolfgang Schäuble. Er hatte von Schreiber eine Barspende in Höhe von 100 000 Mark erhalten. Nachdem dies bekannt wurde, lieferte er sich einen öffentlichen Schlagabtausch mit der ehemaligen CDU-Schatzmeisterin Brigitte Baumeister über die Einzelheiten der Geldübergabe und trat schließlich von seinem Amt zurück.

Erschwert wurde die Aufklärungsarbeit, weil Unterlagen aus Helmut Kohls Bundeskanzleramt einfach verschwunden waren. Darüber schrieb der Parteispendenuntersuchungsausschuss in seinem Abschlussbericht:

Der Ausschuss ist bei konkret von ihm geprüften politischen Entscheidungen und deren Zustandekommen unter der Regierungsverantwortung von Bundeskanzler a. D. Dr. Kohl auf eine Vielzahl von Ungereimtheiten und Verdachtsmomenten für nicht korrektes Verhalten gestoßen, die den Verdacht der Einflussnahme auf politische Entscheidungen im Zusammenhang mit verdeckten Geldzuwendungen an die CDU begründen. Umso wichtiger wäre es aus Sicht des Ausschusses gewesen, neben den nur sehr eingeschränkt glaubwürdigen Aussagen maßgeblicher Zeugen auf vollständige schriftliche Unterlagen zu einzelnen Untersuchungskomplexen zurückgreifen zu können. Der Ausschuss hat infolge der disziplinarrechtlichen Vorermittlungen durch Bundestagsvizepräsident a. D. Dr. Hirsch festgestellt, dass im Bundeskanzleramt in der Zeit der Regierungsverantwortung von Bundeskanzler Dr. Kohl Akten in erheblichem Umfang manipuliert wurden oder völlig verschwunden sind. Die Möglichkeit, Entscheidungsprozesse der Regierung Kohl anhand von Akten und Unterlagen zu prüfen, insbesondere zu politischen Entscheidungen, in deren Zusammenhang Gelder verdeckt an die CDU geflossen sind, deren Herkunft aber konkreten Spendern zugeordnet werden kann, wurde hierdurch zum Teil wesentlich erschwert, zum Teil völlig unmöglich. Auch zu Aktenüberlassungen seitens der damaligen Bundesregierung an frühere parlamentarische Untersuchungsausschüsse, z. B. zur Untersuchung der Privatisierung von Leuna/Minol, sind Manipulationen und verschwundene Originalakten festzustellen. Der Ausschuss ist überzeugt, dass es sich bei den festgestellten Lücken und Veränderungen in den Aktenbeständen nicht um Zufälligkeiten, sondern offensichtlich um gezielte Handlungen mit erkennbarer Absicht handelt, bestimmte sachliche, personelle oder politische Vorgänge einer Nachprüfung nach dem Regierungswechsel im Oktober 1998, so etwa auch durch einen parlamentarischen Untersuchungsausschuss, zu entziehen.

Bis zu diesem Zeitpunkt sah es fast so aus, als sei die CDU angeschlagen in die Ecke gedrängt. Doch dann traf es auch die Regierungspartei SPD, die eben noch als relativ unbescholten dagestanden hatte. In Köln, wo seit Jahrzehnten die Sozialdemokraten den Ton angaben, waren Millionensummen geflossen, damit eine überflüssige, überdimensionierte und überteuerte Müllverbrennungsanlage für 820 Millionen Mark gebaut werden konnte. Mindestens acht Millionen davon flossen auf verschiedensten Umwegen in private Taschen. Etwa 800 000 Mark wanderten getarnt als Spenden in die Parteikasse der SPD. Die Parteimitglieder nahmen auch noch Quittungen für diese fiktiven Spenden an, um sie bei der Steuererklärung als Ausgabe zu deklarieren.
In einer Presseerklärung sagte die stellvertretende Vorsitzende

von TI Deutschland und frühere SPD-Bundestagsabgeordnete Anke Martiny: »Was bei dem Kölner Fall wieder besonders erschreckt, ist die kriminelle Energie auf beiden Seiten, die klar erkennen lässt, dass die Beteiligten sich der Ungesetzlichkeit ihres Verhaltens voll bewusst waren.«

Das Nachrichtenmagazin *Der Spiegel* schilderte die kriminellen Machenschaften mit der ihm eigenen Prägnanz:

Die Affäre begann mit einer Szene, die aus einem Kriminalstück stammen könnte. Schauplatz: das noble Hotel Hilton, natürlich in der Geldwäsche-Metropole Zürich. Nach allem, was deutsche Staatsanwälte heute wissen, trafen sich dort an einem Sommertag im Jahr 1994 mehrere Männer. Es ging um acht Millionen Mark Schwarzgeld, die es aufzuteilen galt.

Einer in der Runde: Karl Wienand, Urgestein der deutschen Sozialdemokratie, ein Trickser mit besten Beziehungen zu einflussreichen SPD-Männern und einem gerichtsnotorischen Hang zu dubiosen Geschäften. Zu ihm stießen Helmut Trienekens, millionenschwerer Chef des rheinischen Müllkonzerns Trienekens AG, sowie Ulrich Eisermann, Geschäftsführer der kommunalen Kölner Abfall-Entsorgungs- und Verwertungsgesellschaft (AVG). Anwesend auch: Sigfrid Michelfelder, Chef des Gummersbacher Anlagebauers Steinmüller. Und dann war da noch der Mann mit dem Geldkoffer: Arthur Hofmann, Geschäftsführer einer Schweizer Firma namens Stenna Umwelttechnik AG.

Das Zocken konnte beginnen. 2 Millionen steckte Eisermann ein. 1,6 Millionen bekam der einstige Spitzen-Sozi Wienand. Und für ihn gab es offenbar noch einen kräftigen Nachschlag: Weitere 2 Millionen, so gestand mittlerweile Müllmagnat Trienekens den Staatsanwälten, seien zwar sein eigener Anteil gewesen – er habe das Geld aber Wienand rübergeschoben, dem er noch was schuldig gewesen sei. Die restlichen 2,4 Millionen hatte Hoffmann schon für sich einbehalten – als Lohn für den diskreten Geldtransfer über seine Stenna.

Der Skandal war perfekt. Versuche der SPD-Führung, den Kölner Skandal als lokal begrenzten Vorfall mit regionaler Bedeutung abzubügeln, scheiterten. Die Opposition witterte Morgenluft, obwohl auch sie offenkundig Verbindungen zum Müllmanager Trienekens hatte. Der Parteispendenuntersuchungsausschuss bekam mehr und mehr Arbeit. Erinnerungen an die Flick-Affäre von 1981 kamen auf, an die Amigo-Affäre des ehemaligen bayerischen Ministerpräsidenten Max Streibl und andere längst vergessen geglaubte Fälle.

Obwohl der Untersuchungsausschuss inzwischen seine Arbeit beendet hat, ist es nach wie vor extrem schwierig, das Dickicht der Verflechtungen zu durchschauen. Von einer umfassenden Aufklärung sind wir weit entfernt.

Der Ex-Bundeskanzler, der sich bis heute weigert, die Namen der Spender zu nennen, die ihm zwischen 1993 und 1998 insgesamt rund 2 Millionen Mark zugesteckt haben, ist immer noch überzeugt, nicht bestochen worden zu sein. Seiner zentralen Aussage vor dem Parteispendenuntersuchungsausschuss, in seinem »ganzen politischen Leben nie käuflich gewesen« zu sein, ist bis heute kaum widersprochen worden. Für alle Beobachter scheint klar zu sein, dass Ehrenmann Kohl sich in seinem politischen Handeln kaum durch die millionenschweren Spenden habe beeinflussen lassen. Selbst die Strafverfolgungsbehörden sehen das anscheinend so, denn das Ermittlungsverfahren gegen Kohl wurde eingestellt. Wie sehr und ob überhaupt der Altbundeskanzler in seinen Entscheidungen durch die Geldgeber beeinflusst wurde, können wir nicht sagen. Vor allem auch deshalb, weil eben bis heute nicht bekannt ist, wer diese Geldgeber waren.

An der Version anonymer Spender mit deutscher Staatsbürgerschaft gab und gibt es jedenfalls berechtigte Zweifel. Der Untersuchungsausschuss schrieb in seinem Abschlussbericht:

Der Ausschuss hat grundlegende Zweifel, dass die deutschen Geldspender Dr. Kohls tatsächlich existieren und Dr. Kohl jemals Ehrenworte gegenüber Geldgebern abgab. Nach Überzeugung des Ausschusses ist es sogar wahrscheinlicher, dass Dr. Kohl diese Spender frei erfunden hat, um im Wege dieser Legende weiteren Fragen des Ausschusses und der Öffentlichkeit nach der wahren Herkunft der Gelder zu begegnen.

Woher diese Gelder auch kamen, für uns von Transparency International ist die Sachlage klar. Michael Wiehen: »Der Fall Kohl ist eindeutig Korruption. Da haben wir keinerlei Zweifel. Per Definition ist Korruption die Ausnützung einer Machtstellung zum privaten Nutzen. Wenn ein Mann die Parteikasse auffüllt, um wiedergewählt zu werden, ist das auch ein privater Nutzen.«

Die Worte des Parteispendenuntersuchungsausschusses unterstützen diese Einschätzung:

Der Ausschuss geht davon aus, dass der Vorsitzende Dr. Kohl mittels der Gelder gezielt Einfluss auf die innerparteiliche Willensbildung in der CDU genommen hat und dabei ihm genehme Parteifreunde finanziell unterstützte. Der Ausschuss hält es für höchst bedenklich, dass demokratische Gremien und Kontrollsysteme der CDU auf diese Art und Weise ausgeschaltet wurden und sich über Parteiregularien wie Statut und Finanzordnung hinweggesetzt wurde.

Naturgemäß sieht das die CDU/CSU anders. Da der Untersuchungsausschuss von der rot-grünen Regierung dominiert war und deshalb auch der Abschlussbericht aus Sicht der Union entsprechend eingefärbt und parteiisch war, gab die CDU/CSU-Fraktion einen 144 Seiten umfassenden abweichenden Bericht in Form eines Minderheiten-Votums ab. Hier steht unter anderem zu lesen:

Hinsichtlich des ursprünglichen Untersuchungsauftrags, nämlich Aufklärung von Vorwürfen gegen die bis 1998 CDU/CSUgeführte Bundesregierung – mit den Schwerpunkten Raffinerie Leuna und Fuchs-Panzer-Export – ist das Ergebnis eindeutig: Es hat keine irgendwie geartete Bestechlichkeit oder Ähnliches der Mitglieder der Bundesregierung gegeben. Rot-grüne Versuche aus dem Parlament, aber auch aus der von Bundeskanzler Gerhard Schröder (SPD) geführten Bundesregierung heraus, mit direkten und indirekten Verdächtigungen, unterstützt durch zweifelhafte Maßnahmen im Regierungsapparat, das Ansehen der Vorgängerregierung und der CDU dauerhaft zu beschädigen, sind gescheitert.

Wie kaum anders zu erwarten, werden die Ergebnisse des Untersuchungsausschusses je nach parteipolitischer Präferenz anders ausgelegt. Die rot-grüne Mehrheit sieht die Schuld der Union als erwiesen an, während diese zwar einige Verstöße zugibt, aber wiederum jedwede politische Einflussnahme durch Spender ausschließt.

Entscheidend für uns als Nichtregierungsorganisation ohne parteipolitische Orientierung ist, dass sowohl Helmut Kohl als auch andere Funktionäre von CDU und SPD Geld widerrechtlich angenommen haben und damit nicht nur gegen Gesetze, sondern auch gegen ethische Grundsätze verstoßen haben. Und zwar ausdrücklich gegen besseres Wissen. Denn viele Beteiligte hatten schon in den 80er Jahren eine tragende Rolle während der Flick-Affäre gespielt – und hätten daraus lernen können. Der Untersuchungsausschuss formulierte es so:

> Der Ausschuss hat festgestellt, dass die Hauptverantwortlichen für die bereits im Zuge der sog. Flick-Affäre vorgefundenen illegalen Finanzpraktiken der CDU, allen voran Dr. Kohl sowie Dr. Kiep, Dr. Lüthje, Weyrauch und Terlinden, den Weg einer Rückkehr zum Recht nicht angetreten sind. Sie haben die eindringlichen Ermahnungen zur künftigen Beachtung von Verfassung und Parteiengesetz, die der Bericht des Flick-Untersu-

chungsausschusses sowie der abweichende Bericht des Abgeordneten Otto Schily (Anlage 1 zu BT-Drs. 10/5079) enthielten, völlig außer Acht gelassen. Vielmehr setzten sie ihre verfassungs- und rechtswidrige Praxis ungebrochen fort, verfeinerten sogar ihre Methoden der Herkunftsverschleierung von Geldern und bauten ihr verdecktes Finanzierungssystem aus.

Diese beiden Fälle haben die deutsche Öffentlichkeit derart erschüttert, dass der Bundespräsident nach dem CDU-Spendenskandal eine Kommission eingesetzt hat, die Vorschläge zur Reform des Parteispendengesetzes vorlegte. Auf dieser Basis hat der Deutsche Bundestag ein Gesetz verabschiedet, das zum 1. Januar 2003 in Kraft trat. Im Paragraph 25 des Gesetzes sind Regelungen aufgenommen worden, die weitere Fälle nach dem Muster Kohl verhindern sollen.

Dies ist zwar ein Fortschritt, doch er ist bei weitem nicht ausreichend. Es war ja nicht die erste Überarbeitung des Gesetzes; nach dem Flick-Skandal ist das Gesetz wiederholt verschärft worden, zuletzt 1992. So mag der Eindruck entstehen, als ob das alles nichts nützt. Dieser Eindruck ist aber ebenso schädlich wie die Illusion, dass mit einer Gesetzesänderung alles getan ist.

Nach dem Skandal um eine Persönlichkeit wie Kohl wäre es dringend geboten gewesen, dass sich die Parteien aufgerafft hätten, um nunmehr den großen Wurf zu wagen. Das haben sie nach unserer Einschätzung verpasst. Dieter Biallas, damals Vorsitzender von TI Deutschland, sagte zum neuen Gesetz: »Es wird nicht lange dauern, bis wir auch mit dem neuen Gesetz einen Skandal erleben. Entscheidend ist der Wille der Parteien, ihre Organisation und ihre Führungskräfte vor wirtschaftlicher Einflussnahme zu schützen. Diesen Willen lässt das Gesetz nicht erkennen.«

Es gab Vorschläge, die weitergingen, unter anderem von Transparency International. Nach unserer Vorstellung hätte das Gesetz folgende Punkte enthalten sollen:

- Begrenzung der Spenden von juristischen und natürlichen Personen an eine Partei auf maximal 50 000 Euro pro Jahr (bisher keine Höchstgrenze)
- Begrenzung der Spenden natürlicher Personen an einzelne Mandatsträger oder Kandidaten auf 25 000 Euro pro Jahr (bisher keine Höchstgrenze)
- Verbot von Spenden juristischer Personen an einzelne Mandatsträger oder Kandidaten (bisher kein Verbot)
- Zulässigkeit von Barspenden nur bis zu einer Obergrenze von 100 Euro (bisher keine Obergrenze)
- Differenzierung bei der Pflicht zur Veröffentlichung von Spenden an eine Partei zwischen Bundes-, Landes- und kommunaler Ebene. Was für die Bundespartei 10 000 Euro, sind für den Stadtrat mitunter schon 500 Euro.
- Jedes Gremium, das eine Wahlkampfkasse führt, hat nach Beendigung des Wahlkampfs den Kassenbericht zu veröffentlichen (bisher keine Veröffentlichungspflicht).
- Großspenden wie Rechenschaftsberichte sind zeitnah auch im Internet zu veröffentlichen.
- Ein Informationsfreiheitsrecht muss allen Bürgerinnen und Bürgern Zugriff zu den Daten des Verwaltungshandelns geben, um eine öffentliche Kontrolle von Ausschreibungs- und Beschaffungsverfahren zu ermöglichen und korrupte Verbindungen vor allem auf der kommunalen Ebene zu enttarnen.

Diese Vorschläge hatte TI Deutschland schon vor dem Kölner Skandal der Öffentlichkeit und auch der Rau-Kommission, die ein neues Parteiengesetz finden sollte, unterbreitet. Der Kölner Skandal ist nach meiner Sicht nicht primär als Parteispendenskandal relevant. Es ist ein Korruptionsskandal, gekennzeichnet von für Deutschland ungewöhnlicher Dimension und krimineller Energie.

Entscheidend aber ist, dass den Deutschen am Korruptionsskandal um die Müllverbrennungsanlage vieles klar wurde. Etwa, dass Korruption nicht nur die Schmiergelder kostet, sondern zu massiven Fehlinvestitionen und schlechten Leistungen führt. Dass vielleicht die geheimnisvolle Routine, mit der öffentliche Investitionen den gesetzten Kostenrahmen überschreiten, etwas mit Korruption zu tun hat.

Für unsere Arbeit in Deutschland aber ist am wichtigsten, dass Korruption nun auch hierzulande ein zentrales Thema ist. Und mit dieser wachsenden Aufmerksamkeit und dem Interesse an Korruption wurde, wie zuvor bereits in anderen Ländern, auch TI in Deutschland bekannter. Das hilft uns dabei, das Thema so lange im öffentlichen Bewusstsein zu halten, bis wirksame Methoden der Prävention und Bekämpfung von Korruption an allen wesentlichen Stellen verankert sind.

17
Das (deutsche) Gesundheitswesen

Laut *Ärztezeitung* vom 30. Juli 2001 hat die »Untersuchungs-
gruppe Falschabrechnungen« mehrerer niedersächsischer Krankenkassen für das erste Halbjahr 2001 in Niedersachsen ein Ge-
samtschadensvolumen von fünfzig Millionen D-Mark festgestellt.
Hochgerechnet auf ganz Deutschland sei damit die Milliarden-
grenze überschritten, erklärte Niedersachsens BKK-Chef Klaus
Tamberg. Die tatsächlichen Schäden liegen dabei noch deutlich
höher, weil »die meisten Fälle unentdeckt bleiben. Vieles wird nur
durch Zufall aufgedeckt«.

*Thesenpapier »Korruption und Betrug im deutschen Gesundheits-
wesen« von Transparency International Deutschland, September
2001*

Die Pharmabranche begleitet die Mediziner ihr gesamtes Berufs-
leben. Ob im Studium, im Krankenhaus oder in der freien Praxis –
die Arzneiverkäufer sind allgegenwärtig und werfen mit Honora-
ren und Geschenken um sich. Niedergelassene Ärzte in Deutschland erhalten durchschnittlich 170-mal im Jahr Besuch von einem
der rund 15 000 so genannten Pharmareferenten.

Der Spiegel, Nr. 14/31.03.2003

Als ich vor fast 25 Jahren mit meiner Frau Jutta einige Wochen
durch Kamerun reiste, um mich als frisch gebackener Abteilungsleiter für Zentralafrika mit den vielen von der Weltbank finanzierten Entwicklungsprojekten vertraut zu machen, bot sie an, eine

kleine Studie über die medizinische Versorgung insbesondere der ländlichen Bevölkerung zu erstellen. Sie konnte als Ärztin aus ihrer langjährigen Erfahrung in Botsuana mitreden. Und ich war daran interessiert, die Rolle der Weltbank bei der Versorgung der Grundbedürfnisse in Kamerun zu stärken.

So besuchten wir auf unserer Rundreise viele Kliniken in Dörfern, in Ansiedlungen von Forstunternehmen, bei Entwicklungsprojekten verschiedener Geberorganisationen, bei Missionsstationen, aber auch in den größeren Städten. Wo immer der Staat die Verantwortung trug, war das Ergebnis verheerend. In den Krankenhäusern gab es fast durchwegs keine Medikamente und kein Verbandszeug, die Regale waren wie leer gefegt; die Patienten mussten Medikamente und andere Heilmittel selbst beschaffen und in die Klinik mitbringen. Nur in den Missionsstationen und bei einigen Arbeitersiedlungen der Forstgesellschaften konnten die Kranken auf angemessene Versorgung hoffen. Das erklärte auch die große Zahl der Menschen, die in den Gängen und Wartezimmern der Gesundheitsbehörden warteten: Sie mussten sich bei den Beamten mit dem Notwendigsten versorgen.

Bei Nachfragen stellte sich heraus, dass das unterbezahlte Personal in den Behörden und Kliniken darauf angewiesen war, von den Patienten Geld zu erpressen – manchmal noch auf dem Weg in den Operationssaal. Außerdem erfuhren wir, dass aufgrund üppiger Zuwendungen von Lieferanten abgelaufene oder ungeeignete Medikamente von Behörden und Kliniken eingekauft wurden.

Der jetzige Präsident von Nigeria und Mitgründer von TI, Olusegun Obasanjo, erzählte, wie in einem nigerianischen Dorf einmal fast die ganze Dorfbevölkerung durch eine Epidemie ausgelöscht wurde, weil korrupte Beamte veraltete Medikamente gekauft und verteilt hatten. Uns wurde sehr schnell klar, wie stark die Korruption auf jeder Ebene die Versorgung der kamerunischen Bevölkerung, insbesondere der Ärmsten auf dem Lande, beeinträchtigte.

Schon damals reifte bei uns der Gedanke, dass gerade in diesem Sektor die Bekämpfung der Korruption einen dramatischen Einfluss auf die Lebensqualität vieler Menschen haben könnte. Aber erst vor dem Hintergrund meiner Arbeit bei TI konnte ich jede Gelegenheit nutzen, um unermüdlich bei internationalen Organisationen wie der Weltgesundheitsorganisation und der Weltbank, bei Pharmafirmen, Wissenschaftlern und Entwicklungsbehörden dafür zu werben, Antikorruptionskampagnen besonders auch auf den Gesundheitssektor auszurichten.

Einen großen Schritt kamen wir voran, als ich bei einer Tagung der Heuss-Stiftung am Starnberger See Anke Martiny traf, eine Politikerin mit langjähriger Erfahrung auf diesem Gebiet. Ich war hocherfreut über ihr Interesse an einer Mitarbeit bei TI – und tatsächlich stürzte sie sich schon bald mit großer Energie in die Arbeit. Innerhalb kurzer Zeit übernahm sie eine führende Rolle in der deutschen Sektion und begann, die Korruption im Gesundheitssektor ins Visier zu nehmen.

Dabei war es naheliegend, dass sie sich mit einer Arbeitsgruppe, die sie zügig aufgebaut hatte, zunächst auf die Missstände in Deutschland konzentrierte. Meldungen über Abrechnungsbetrug und Korruption im Gesundheitswesen, wie die bereits zitierten, sind heute schon fast an der Tagesordnung. Krankenkassen, Kliniken, Apotheken, Ärzte, Zahnärzte und natürlich auch die Versicherten, alle sind sie darin verwickelt. Es ist ein Geben und Nehmen mit oft korrupten und betrügerischen Strukturen zum Nachteil von ehrlichen Mitgliedern der Solidargemeinschaft und des ganzen Gesundheitssystems. Aus diesem Grund setzt sich unsere deutsche Sektion seit 1998 ausführlich in zahlreichen Workshops und in Thesenpapieren mit dieser Thematik auseinander.

In jüngster Zeit beschäftigte sie sich mit dem großangelegten Betrugsskandal von Zahnärzten und zahntechnischen Laboren, der Ende 2002 die Presse beherrschte. Aufgeflogen war eine Firma in Mülheim an der Ruhr, die ein vermutlich bundesweit verzweigtes Netz von Zahnärzten mit ihren Produkten beliefert hatte. Die Zahnärzte hatten teuren Zahnersatz bestellt und mit den Krankenkassen zu den hierzulande üblichen (Höchst-)Tarifen abgerechnet. Doch die Plomben, Inlays und Brücken waren im Ausland wesentlich günstiger gefertigt worden. Dies ist an sich ja wünschenswert, und die Krankenkassen hätten gern mehr kostengünstige Anbieter. Aber die Differenz – und darin liegt der Verstoß gegen die gesetzlichen Regeln – haben sich die Zahnärzte und die Firma, die den Zahnersatz geliefert hatte, offenbar geteilt, anstatt sie an die Krankenkassen weiterzugeben. Kassen und Versicherte gingen leer aus und waren die massiv Geschädigten.

Da die Ermittlungen noch andauern, lässt sich über den Schadensumfang noch nichts sagen. Offen ist auch noch, ob und welche Delikte den Beteiligten zur Last gelegt werden können, ob es zu Verurteilungen kommt oder ob es wieder einmal ausgeht wie das berühmte Hornberger Schießen. Denn strafrechtlich relevant ist Bestechung im Prinzip nur gegen Amtsträger. Aber weder ein Zahnarzt noch eine Firma, die mit zahnärztlichen Laborprodukten handelt, können mit diesem Begriff erfasst werden. Oft bleibt nur der Vorwurf der Steuerhinterziehung, und der ist schwer nachzuweisen und verjährt rasch.

Die deutsche TI-Sektion war von einem Insider informiert worden, der vor geraumer Zeit Mitglied von TI geworden war. Er wollte nicht mehr mitmachen beim Betrug an den Versicherten und ihren Kassen und wollte seinen Beitrag dazu leisten, die undurchsichtigen Strukturen aufzuhellen. Denn für Außenstehende ist es äußerst schwierig, die konkreten Methoden, derer sich die betrügerischen Zahnärzte bedienen, wenn sie sich bereichern, nachzuvollziehen. Die Hoffnung von TI ist, dass sowohl die ermittelnden gerichtlichen Instanzen als auch die Medien von den Insider-Kenntnissen profitieren und das Ihrige tun, um dem Gesundheitssystem zu Transparenz zu verhelfen und Betrug und Korruption weitestgehend zu unterbinden.

Wir gehen davon aus, dass die Abwicklung solcher Geschäfte über Nummernkonten im Ausland und spezielle geschützte Bereiche des Internet abläuft. Ein traditionell ausgebildeter deutscher Jurist hat kaum eine Handhabe, solchen Machenschaften auf die Schliche zu kommen. Deshalb fordert die deutsche Sektion von TI Schwerpunktstaatsanwaltschaften, in denen Spezialisten für jene Branchen arbeiten, in denen besonders viel Korruption vorkommt.

Zahnärzte sind dabei natürlich nicht die einzigen schwarzen Schafe im deutschen Gesundheitssystem. In den letzten Jahren gab es regelmäßig größere Skandale, bei denen Klinikärzte sich bereichert hatten, bei denen Pharmakonzerne die Markteinführung ihrer Produkte durch Bestechung niedergelassener Ärzte unterstützt hatten, oder Skandale um den Grauen Markt bei Apotheken.

Es ist die fehlende Transparenz im Gesundheitswesen, verbunden mit einer immer schlechter werdenden oder zumindest als schlechter werdend empfundenen wirtschaftlichen Situation der Ärzteschaft, die dazu geführt hat, dass unser deutsches Chapter ein »syndikatähnliches Gesundheitskartell« festgestellt hat.

Damit sich Laien eine Vorstellung davon machen können, was so alles möglich ist, hier einige Beispiele, wie die verschiedenen Beteiligten sich selbst nützen und dem Gesundheitssystem schaden.

Missstände bei den Ärzten:

- Abrechnung nicht erbrachter Leistungen
- Abrechnung nicht persönlich erbrachter Leistungen (Chefärzte rechnen in unzulässiger Weise Leistungen ihrer nachgeordneten Fachärzte als eigenerbrachte, eigenverantwortlich bzw. persönlich erbrachte Leistungen ab. Handel mit ärztlichen Leistungen Dritter durch leitende und niedergelassene Ärzte, z. B. mit Laborleistungen, Röntgenleistungen, Zytologie)
- Falschabrechnung erbrachter Leistungen
- Abrechnung nicht indizierter Leistungen

- Abrechnung von Leistungen aus finanzieller, nicht medizinischer Indikation: z. B. Selbstzuweisung (engl.: self referral)
- Überweisung gegen Provision

Missstände bei den Apotheken:

- Gewinnmaximierung durch Waren aus dem »Grauen Arzneimittelmarkt«
- Aufweichen der gesetzlichen Überwachung durch Etablierung von neuen Vertriebswegen
- Berechnung von Originalpräparaten, aber Abgabe von Reimporten
- Verrechnung des Profits aus teuren Rezepten mit der Abgabe weiterer anderer Waren
- Fälschung der Mengenangaben auf dem Rezept
- Abrechnung teurer Rezepte, die aufgekauft, aber nicht beliefert werden
- Provisionszahlungen durch Apotheker an verordnende Ärzte

Missstände bei der Pharmaindustrie:

- Kundenfang durch überzogene bzw. unrichtige Heilungsversprechen (Werbung, Internet etc.)
- Abwälzung von Forschungskosten auf die Versicherten bzw. Krankenkassen bei Arzneimittelstudien
- Verhinderung des Preiswettbewerbs durch finanzielle Abfindung von Generika-Firmen, um preiswerte Generika nicht oder verspätet auf den Markt zu bringen

Missstände bei den Versicherten:

- Verleihen und/oder Verkauf der Chipkarte gegen Bargeld
- Rabatt-Erpressung von Apothekern (etwa 10 % der Kosten) bei Privatrezepten zum Schaden der Versicherung
- Nötigung von Ärzten mit Wünschen nach Verordnungen unwirtschaftlicher oder nutzloser (Lifestyle-) Arzneimittel oder

nach nicht begründeten ärztlichen oder nichtärztlichen Leistungen (Massagen, Kuren u. a.)

- Verkauf von Rezepten in der Apotheke gegen Bargeld oder im Austausch gegen andere als die verordneten Produkte, z. B. auch Kosmetika
- Mehrfach-Verkauf von teuren Rezepten gegen Bargeld mittels Ersatz-Rezepten bei angeblichem Rezeptverlust, meist in Absprache mit den beteiligten Ärzten oder Apothekern
- Nötigung von Apothekern mit Verlangen nach Quittierung von Rezepten ohne Belieferung, um Kostenerstattung von Beihilfe oder Versicherung zu erschleichen
- Bei teuren Erkrankungen (Bluter, MS-Kranke u.a.) Absprache mit Firmenvertretern zur Verwendung (Verordnungsanforderung) von speziellen Firmenprodukten mit »Gewinnbeteiligung« durch den Lieferanten.

Die größten Probleme jedoch erkennen wir trotz einiger Verbesserungen immer noch im Bereich der Kliniken. In fast jeder deutschen Klinik hat die Pharmaindustrie ihren Fuß in der Tür. Die milliardenschweren Unternehmen sichern sich das Wohlwollen der Ärzteschaft und des Leitungspersonals durch eine Vielzahl von Zuwendungen. Die berühmte zweiwöchige Hawaii-Reise für einen fünfminütigen Vortrag ist da nur die Spitze des Eisberges. Die Hersteller von medizinischen Produkten und Pharmaka bezahlen aufwändige Studien, durch die sich Chefärzte und Professoren ein angenehmes Zubrot verdienen, sie finanzieren Kongressreisen oder übernehmen die Kosten für medizinische Geräte – manchmal landet auch einfach Bargeld auf diversen Konten. Dieses Verhalten ist schon bei einigen Prozessen aktenkundig geworden. Inzwischen haben Kliniken wie auch einige Pharmahersteller Verhaltenskodizes erarbeitet, die solche Missstände unterbinden sollen. Sehr erfolgreich waren sie aber noch nicht. Unser deutsches Chapter: »Wie Strafprozesse gezeigt haben, wurden Zuwendungen der Pharmahersteller an Chefärzte umsatzbezogen gewährt. Sie erschienen jedoch nicht auf den Rechnungen und gelangten damit auch nicht in die Verfügungsgewalt der kaufmännischen Leitung einer Klinik. Teilweise gab es Bonuskonten bei den Firmen, die der – ärztliche – Empfänger nach seinem Gutdünken abrufen konnte. Abteilungsbezogene Förderkonten wurden zur Umwegfinanzierung benutzt. Es war sowohl von den Ärzten als auch von den Firmen als Geber gewollt, die empfangenen Vorteile dem Einfluss der Klinikverwaltung zu entziehen. Korruption, d. h. die Verknüpfung von Zuwendungen als »Vorteil« mit der Produktauswahl und Kaufentscheidung als »Diensthandlung« der Chefärzte, war ein herausgehobenes Verkaufsinstrument, durchaus marktüblich und eine zielgerichtete wie flächendeckende Strategie der Lieferfirmen. «

Unsere Arbeit zeitigt inzwischen erste Erfolge. So hat im Jahr 2002 der zuständige Ministerialdirigent im Bayerischen Staatsministerium für Arbeit und Sozialordnung, Familie und Frauen, Dr. Maximilian Gassner, zusammen mit dem Co-Autor Dr. Andreas Klars in einer dreiteiligen Artikelfolge zur »Korruptionsfalle Gesundheitswesen« in der Zeitschrift *Pharmarecht* (Jahrgang 24, Nr. 9, Nr. 10, Nr. 11) detailliert berücksichtigt, was das Deutsche TI-Chapter bisher erarbeitet hat, und sehr einleuchtende, kluge Folgerungen daraus gezogen. Auch die Bundesgesundheitsministerin fordert im Rahmen ihrer Reformvorschläge einen Korruptionsbeauftragen und die Institution eines Ombudsmanns, um die belegten Missstände zu bekämpfen. Die Pharma-Unternehmen selbst zeigen bisher leider, von wenigen Ausnahmen abgesehen, noch wenig Engagement, gegen das aus ihrer Sicht durchaus erfolgreiche System einzuschreiten. Unsere deutsche Sektion kommentiert dies so: »Es ist bisher nicht bekannt, dass die Pharma-Unternehmen aus den Ergebnissen der Strafprozesse den Schluss gezogen hätten, ihren Außendienst und ihre Vertriebsmethoden insgesamt durch transparente Verhaltensrichtlinien zu zügeln. Die intern bekannten Vereinbarungen, beispielsweise der Krankenhausgesellschaft, sind unzureichend. Schuldhaftes Verhalten wird bei Prozessen vor allem den Ärzten angelastet.«

Vielleicht wirken sich auch die Schadenersatzprozesse gegen verschiedene Herstellerfirmen in den Vereinigten Staaten in der Zukunft verbessernd aus. Es kann nicht angehen, dass auf der ganzen Welt der Gesundheitsbereich ein Sektor bleibt, in dem wegen seiner Undurchschaubarkeit die Korruption weiter üppig floriert.

Natürlich ist es nicht die Aufgabe von Transparency International, das beste aller denkbaren Gesundheitssysteme zu entwickeln. Dazu gibt es berufenere Experten. Doch das Ziel ist klar: Eine gute medizinische Versorgung der Bevölkerung muss gewährleistet und der dafür nötige finanzielle Einsatz muss so gering wie möglich sein.

Im Sinne der von uns geforderten Transparenz geht es um ein uneingeschränktes, universales Recht auf informationelle Selbstbestimmung des Patienten. Dazu brauchen die Patienten ein Einsichtsrecht in die Abrechnungsunterlagen ihres Arztes – und wenn sie sie vielleicht nicht verstehen, eine unabhängige Clearingstelle, die diese Abrechnungen beurteilen kann: Sämtliche durch seine Behandlung entstandenen Kosten müssen dem Patienten ersichtlich und in verständlichem Deutsch verfasst sein.

Hierbei könnte das Internet helfen. Denn wenn die ärztlichen Gebührenordnungen und die entsprechenden Kommentare, aber auch Arzneimittelinformationen wie die Rote Liste, Beipackzettel, Lehrbücher und Patienteninformationen einfach über das World Wide Web abrufbar sind, dann können sie zumindest jene Patienten ohne größeren Aufwand lesen, die über einen Computer verfügen. Sie können dann auch weitere Informationen einholen und werden damit zu Wortführern in einem wirksamen Arzt-Patienten-Dialog. Wichtig sind dabei sachliche Informationen von neutraler Stelle, auch von Seiten der Krankenkassen oder der Arzneimittelkommission. Studien aus Amerika belegen, dass die elektronische Kommunikation zwischen Arzt und Patient zu höheren Heilerfolgen führt.

Die Transparenz muss allerdings schon bei der Zulassung von Arzneimitteln und Medizinprodukten beginnen. Solche Entscheidungen, die heute weitgehend auf europäischer Ebene in der Arzneibehörde EMEA (die übrigens mehrheitlich von der pharmazeutischen Industrie finanziert wird) getroffen werden, lassen sich derzeit meist erst im Nachhinein überprüfen. Aber auch dann bleiben die Beziehungen zwischen dem Antragsteller (also den Pharmaproduzenten) und der Behörde weitestgehend undurchsichtig. Selbst wenn das Verfahren abgeschlossen ist, haben externe Beobachter nur eine äußerst begrenzte Möglichkeit, den Entscheidungsprozess nachzuvollziehen. Es ist deshalb wichtig, alle Daten zeitgleich mit der Zulassung ins Internet zu stellen, damit auch unabhängige Wissenschaftler das zugelassene Arzneimittel bewerten können. Eine Forderung, die übrigens nicht nur wir stellen, sondern auch »Health Action International« (HAI), die europäische Sektion der »International Society of Drug Bulletins« (ISDB).

Ein weiterer, dringend verbesserungswürdiger Punkt auf lokaler Ebene ist die Information der Patienten über die Ärzte in ihrer Umgebung. So sollten unserer Meinung nach die Krankenkassen ein Informationssystem aufbauen, mit dem sich die Patienten über sämtliche Ärzte und Kliniken in ihrer Umgebung ins Bild setzen können. Sie sollten etwa auf Anfrage alles über Spezialkenntnisse der Behandler erfahren, die Häufigkeit, in der sie bestimmte Operationen durchführen und wer etwa besondere Fachgebiete beherrscht oder spezifische Qualifikationen vorweisen kann.

Gleichzeitig sollten die Krankenkassen die Entwicklung so genannter »intelligenter Chipkarten« vorantreiben, die es ermöglichen, zu verfolgen, wie häufig ein Patient wegen ein und derselben Erkrankung Ärzte aufsucht. In Deutschland ist die Zahl der Arztkontakte pro Patient doppelt so hoch wie in vergleichbaren europäischen Ländern. Das hat zwar nichts mit Korruption zu tun, sehr wohl aber mit mangelnder Transparenz, die das System verteuert.

Was wir brauchen, ist die Erkenntnis aller im Gesundheitswesen tätigen Personen und Einrichtungen, dass das Korruptionsgeflecht so nicht weiter bestehen darf – und der Wille, es zu ändern. TI-Deutschland hat im Januar 2003 ein »ABC der Korruptionsprävention« vorgelegt, das sich vor allem an mittelständische Unternehmen wendet. Von »Abhängigkeit« bis »Zweifelsfälle« ist hier zu lesen, was auch im deutschen Gesundheitssystem seine Gültigkeit haben sollte: Wenn sich nämlich Universitäten, Kliniken, Gesundheitskommissionen, Fachausschüsse, Fachgesellschaften und alle anderen Einrichtungen des Gesundheitssystems entsprechende Verhaltensregeln geben würden, wenn sich zudem die Versicherten ihrer Verantwortung für die Solidargemeinschaft des Gesundheitswesens wieder bewusst werden würden, könnte sich etwas zum Guten hin ändern.

Die Maßnahmen, die ergriffen werden müssen, unterscheiden sich allerdings von Staat zu Staat. Die Korruptionsanfälligkeit im Gesundheitswesen hat in reichen Ländern wie in Deutschland oder anderen (west)europäischen Ländern und in den USA nämlich ganz andere Ursachen und Erscheinungsformen als in den Entwicklungsländern. Bei uns gibt es ein ausgebautes flächendeckendes Versorgungssystem, in das Arbeitgeber und Arbeitnehmer einzahlen und zu dem der Staat Zuschüsse leistet. Monatlich kommen bei den Kassen Milliardensummen zusammen, die Begehrlichkeiten bei allen Beteiligten wecken und den Nährboden für Gier, Verantwortungslosigkeit und jene »me too«-Mentalität bilden, die korrupte Netzwerke in Gang setzt.

In den Entwicklungsländern gibt es staatliche Gesundheitssysteme bestenfalls in Ansätzen. Aus dem Steuertopf – und der ist nicht nur in Relation zur Zahl der zu Versorgenden lächerlich gering – müssen die Gesundheitsleistungen bezahlt werden. Die Gehälter für Ärzte, Schwestern, Pfleger sind daher niedrig, und auch die Bediensteten in der staatlichen Verwaltung werden sehr schlecht bezahlt. So sind diese Menschen empfänglich für verführerische Angebote der Pharmaindustrie, der Medizingerätehersteller etc.

Es ist unanständig, wie Anbieter aus der reichen Nordhemisphäre die Armut der Drittweltländer ausnutzen und Millionen von Menschen wissentlich gesundheitlich schädigen, um selbst noch reicher zu werden. Dabei muss man noch gar nicht an die offensichtlich kriminellen Handlungen denken, wie zum Beispiel den Tabakschmuggel, den illegalen Handel mit Organen, den riesigen Schwarzmarkt mit Arzneimitteln, darunter auch Fälschungen, und die Geschäfte mit Anabolika und ähnlichen Substanzen. Hier sehen die staatlichen Ermittlungsbehörden einen undurchdringlichen Dschungel vor sich, dessen Strukturen sie nur ahnen können.

Die groß angelegten Hilfsprogramme gegen Aids und andere globale Seuchen wie Malaria und Tuberkulose, die in der letzten Zeit mit erheblichen Mitteln ausgestattet werden, schaffen zusätzliche Einbruchstellen für die Korruption.

Aus all diesen Gründen beschäftigt sich TI weltweit intensiv mit dem Gesundheitssektor und versucht, die Strukturen der Systeme offenzulegen, um allmählich zu einer besseren und gerechteren medizinischen Versorgung der Menschen zu gelangen. Die XI. Internationale Antikorruptionskonferenz im Mai 2003 in Seoul hat daher vier Workshops mit der Frage »Health and Pharmaceuticals« auf ihre Agenda gesetzt. Mithilfe internationaler Experten gelingt es uns vielleicht, auch im Gesundheitssektor erste »Inseln der Integrität« zu schaffen. Das ist aber noch ein weiter Weg.

18
Der Global Corruption Report

Der erste Versuch einer Organisation, den globalen Kampf gegen die Korruption darzustellen. Eine Art Reiseführer im Dschungel der diversen Standards und Praktiken in den verschiedenen Regionen der Welt.

The Guardian (Großbritannien), 16. Oktober 2001, über den ersten Global Corruption Report

Korruption untergräbt die Entwicklung von Ländern und die internationalen Wirtschaftsbeziehungen. Korruption ist ein Krebsgeschwür, das die Gerechtigkeit und die Chancengleichheit empfindlich verletzt. Sie erschwert nachhaltige Entwicklung und trifft die Armen besonders stark. Wer für eine positive Entwicklung gerade auch in den armen Ländern eintritt, muss für eine gerechte und auf rechtsstaatlichen Grundsätzen beruhende Wirtschaftsordnung eintreten, muss demnach Korruption entschieden bekämpfen.

Bundesentwicklungsministerin Heidemarie Wieczorek-Zeul am 22. Januar 2003 zur Vorstellung des zweiten Global Corruption Report

Kann man den Ist-Zustand der weltweiten Korruption in einen einzigen Bericht, in ein einziges Buch packen? Wir versuchen es zumindest: In unserem jährlich erscheinenden Global Corruption Report (GCR) kommen Mitarbeiter von TI, Journalisten, Aktivisten und Wissenschaftler aus aller Welt zu Wort und berichten über die Korruption zu ausgewählten Themen und in den wichtigsten Regionen. Sie erzählen von Fortschritten, Rückschlägen, Widerständen, neuen Entwicklungen, bedenkenswerten Strömungen und Aktionen, die vor Ort gegen die Korruption durchgeführt wurden. Ein Buch, das sich aus so vielen Quellen speist, kann nicht unbedingt die offizielle Stimme von Transparency International sein, aber es präsentiert eine Bestandsaufnahme dessen, was sich wo auf der Welt tut. Die Hauptaufgabe des Global Corruption Reports ist aber, zu zeigen, dass die Medien und die Zivilgesellschaft weiterhin wachsam sein müssen und dass wir auch weiterhin auf den Mut von investigativen Journalisten und Whistleblowern angewiesen sind, um der Korruption Herr zu werden.

Auch wenn die Korruption immer noch allgegenwärtig zu sein scheint, konnten wir in den vergangenen Jahren ein immer positiveres Bild zeichnen. Es zeigte sich nämlich, dass es weltweit immer weniger Schlupfwinkel für Korruption gibt und dass das Stichwort Korruption immer häufiger in die Agenda der Politiker, der Wirtschaftslenker und der Zivilgesellschaft aufgenommen wird. Einen Teil dazu haben auch das Internet und die Massenmedien beigetragen. Durch die Beschleunigung des Informationsflusses verlangen die Medien und die Öffentlichkeit weltweit immer entschiedener Rechenschaft von Unternehmen und Politikern. Wir von Transparency International versuchen unseren Beitrag zu leisten, um diesen Informationsfluss zu nähren und zu sichern.

Denn in immer mehr Staaten folgen die Regierungen dem Beispiel der skandinavischen Staaten und ergreifen Maßnahmen für mehr Transparenz. TI und auch andere Organisationen der Zivilgesellschaft überwachen sie dabei und regen sie dazu an, sich ständig selbst zu überprüfen. Von Chile und Brasilien bis nach Südkorea und Indien wird mit der Ausweitung des E-Governments das Internet auch immer häufiger genutzt, um Informationen über wichtige Entscheidungsprozesse, wie beispielsweise die Auswertung von Geboten bei öffentlichen Ausschreibungen und Privatisierungen, allgemein zugänglich zu machen. Jeremy Pope schreibt im GCR 2003: »Der Durchschnittsbürger braucht in jeder Lebensphase Zugang zu Regierungsinformationen, um seine Rechte ausüben zu können. Ohne diesen Zugang ist er eine leichte Beute für Korruption und Missbrauch.«

Die positiven Beispiele von Ländern, die sich diese Erkenntnisse immer mehr zu Eigen machen, sind für die Industriestaaten genauso wichtig wie für die Entwicklungsländer. Sie zeigen jenen Staaten, die sich heute noch weigern, entsprechende Maßnahmen zu ergreifen, dass es eben doch anders geht.

Die Berichte aus den Regionen in unserem neuesten GCR beginnen mit Westeuropa und Nordamerika. Gerade in den USA ist das Thema Transparenz so wichtig wie selten zuvor, denn dort hat beispielsweise der Enron-Skandal die Wirtschaft zutiefst schockiert und das Vertrauen der Öffentlichkeit in die Integrität von Wirtschaftsunternehmen schwer beschädigt. Enron und die nachfolgenden Skandale haben den Eindruck verstärkt, dass Rechnungsprüfer, Steuerberater, Anwälte und Banker mit ihren Firmenkunden gemeinsame Sache machen, um der Geschäftsleitung durch Fälschung der Bilanzen kurzfristige Gewinne zu ermöglichen. Sie nehmen dabei billigend in Kauf, dass das Vertrauen der Aktionäre, der Angestellten und der breiten Öffentlichkeit missbraucht wird.

Die Berichte unserer Freunde aus aller Welt zeigen auch detailliert, dass die Wirkung der Antikorruptionskonvention der OECD noch immer zu wünschen übrig lässt. Wir mussten feststellen, dass die neue Rechtslage – nämlich das Verbot der Auslandskorruption in den Unterzeichnerstaaten der Konvention – bei Wirtschaftsunternehmen nur unzureichend bekannt ist und dass nur wenige Verstöße auch gerichtlich verfolgt werden. In den meisten OECD-Ländern fehlt anscheinend der politische Wille, große Bestechungsfälle zu ahnden, wenn sie von ihren Staatsangehörigen im Ausland begangen werden. Zudem wird der Monitoring-Prozess, durch den die effektive Anwendung der Konvention durch die

Mitgliedsregierungen überprüft und gewährleistet werden soll, nicht ausreichend finanziert und liegt hinter seinem Zeitplan zurück. Wenn es der OECD nicht gelingt, die Regierungen zur Strafverfolgung zu bewegen, wird die Konvention scheitern – auch das ist ein Fazit unseres aktuellen Berichts.

Gesetzesreformen reichen natürlich nicht aus, um die Transparenz zu fördern. Auch innerhalb der Welt der Unternehmen müssen sich die Vorstände der Herausforderung stellen, Korruption zu bekämpfen. Immerhin haben viele Unternehmer mittlerweile verstanden, dass die Bekämpfung der Korruption wirtschaftlich sinnvoll ist. Einer Ende 2001 erschienenen Studie von Social Weather Stations zufolge waren Unternehmer auf den Philippinen bereit, zwei Prozent ihres Nettofirmeneinkommens für die Finanzierung von Antikorruptionsprogrammen aufzuwenden. Denn nach ihren Schätzungen würde die Korruptionsprävention zu einem fünfprozentigen Anstieg ihres Nettoeinkommens und zu zehnprozentigen Einsparungen bei den Vertragskosten führen.

Ermutigend ist auch, dass in den EU-Beitrittsländern in Mittel- und Osteuropa der politische Wille und die Anstrengungen der Zivilgesellschaft – auch auf den Druck internationaler Institutionen hin – dazu geführt haben, dass Transparenz und Good Governance, also das Regieren unter Beteiligung gesellschaftlicher Kräfte, gefördert werden. Trotz allem wird sich der Fortschritt nur langsam gegen den schlechten Ruf einiger Verantwortlicher in Politik, Gesellschaft und Wirtschaft durchsetzen können. Weltweit nämlich hat die Öffentlichkeit das Vertrauen in Politiker verloren. Die politischen Parteien genießen weniger Vertrauen als irgendeine andere Institution. Neuesten Umfragen des New Europe Barometer zufolge traut in Mittel- und Osteuropa nur jeder achte Bürger politischen Parteien und nur jeder Siebte einem Abgeordneten. Es gibt also noch viel Spielraum für Verbesserungen.

Der Global Corruption Report 2003 zeigt auch einige positive Trends bei den Entwicklungshilfeorganisationen, die sich inzwischen selbst immer mehr verbindliche Regeln gegen die Korruption geben und Maßnahmen ergreifen, um diese zu unterbinden. Konsequenterweise führten viele Entwicklungshilfeorganisationen auch eine öffentliche Berichterstattung ein, um eine unabhängige Kontrolle zu gewährleisten. Inzwischen drängen diese Organisationen weltweit darauf, dass die Haushaltsführung der Staaten, in denen sie tätig sind, offen gelegt werden und diese Länder ihren Kampf gegen die Korruption verstärken.

Der GCR bestätigt und bestärkt wiederum die Forderung, dass die Geberorganisationen darauf dringen sollten, die Ausgaben für Entwicklungsprojekte vollständig von der Zivilgesellschaft kontrollieren zu lassen, damit diese sich vergewissern kann, dass das Geld bei den richtigen Empfängern, beispielsweise Schulen und Krankenhäusern, landet. Es sind nämlich zivilgesellschaftliche Institutionen, die verstärkt zur Korruptionsbekämpfung und zu mehr Transparenz beitragen können, besonders in einer Reihe von afrikanischen Ländern.

Unsere nationalen Sektionen in Afrika stehen an der Spitze einer Kampagne, mit deren Hilfe Vermögenswerte repatriiert werden sollen, die ehemalige Diktatoren ihren eigenen Völkern gestohlen und auf Bankkonten in London, Zürich, New York, Frankfurt und Liechtenstein geparkt haben. Ein mehr als schwieriges Unterfangen. Jermyn Brooks schildert die Problematik: »Das Problem ist, dass etwa die Nigerianer auf der Suche nach dem gestohlenen Geld die rechtlichen Grundlagen und Prozeduren in allen beteiligten Ländern kennen müssen – von New York bis Zürich. Nur allzu oft sind die Prozeduren alles andere als transparent und man muss in jedem Land eigene Anwälte bezahlen, die sich durch den Dschungel kämpfen.«

So erlitten die Nigerianer im Jahr 2002 einen herben Rückschlag, als es ihnen misslang, 1,2 Milliarden US-Dollar zurückzuholen, die der frühere Diktator Sani Abacha gestohlen hatte. Abachas Sohn weigerte sich, ein bereits geschlossenes Abkommen zu unterschreiben. Aufgrund dieses Abkommens wären Anklagen wegen Diebstahls und Geldwäsche gegen ihn und einen seiner Geschäftspartner fallen gelassen worden, nicht aber die Anklagen wegen Mordes.

In Südamerika wurden dagegen Erfolge bei der Suche nach unrechtmäßig verschobenen Staatsgeldern erzielt. In Peru hat die Regierung unter Alejandro Toledo große Anstrengungen unternommen, um das Unrecht der Fujimori-Ära wieder gutzumachen. Beispielsweise sind Konten mit Korruptionsgeldern in Höhe von 225 Millionen US-Dollar eingefroren worden, die unter anderem Fujimoris Geheimdienstchef Vladimiro Montesinos gehört hatten, der jetzt im Gefängnis sitzt.

Der Kampf gegen die Korruption wird auf vielen Schlachtfeldern ausgefochten. Zu den wichtigsten Helfern der Zivilgesellschaft gehören investigative Journalisten, die sich nicht scheuen, Missstände aufzudecken. Und das, so zeigte sich, ist nicht ungefährlich: Im Jahr 2001 starb jeder vierte getötete Journalist, während er wegen Korruption ermittelte. Im Jahr 2002 wurden zwar weniger Journalisten umgebracht, aber die Gefahr ist nicht geringer geworden. Überall bedrohen die Machthaber weiterhin jene, die Korruptionsthemen recherchieren, und nur allzu oft bleibt es nicht bei der Drohung. In Bangladesch, Kolumbien, Russland und auf den Philippinen wurden Journalisten ermordet, die über Korruption schrieben.

Auf der anderen Seite gibt es aber auch sehr viele Fälle, in denen die Medien ihre Überwachungsaufgabe nicht erfüllen und stattdessen unangemessen enge Beziehungen zu führenden Politikern unterhalten. In diesen Fällen werden die Medien wohl kaum zur Aufklärung von Korruptionsfällen beitragen. So belegt eine Studie der Weltbank, dass Medien, die der öffentlichen Hand gehören, seltener zur Aufklärung von Korruption beitragen als Medien, die Privatunternehmern gehören. Im Mittleren Osten gehören Fernsehsender häufig Ministern in der jeweiligen Regierung, deren

Interessenkonflikte tabu sind. Die Journalisten müssen mit Haftstrafen rechnen, wenn sie die politische Führung kritisieren, denn in der arabischen Region gibt es das Recht auf Informationsfreiheit kaum.

Hohe journalistische Standards werden aber nicht nur durch politischen Druck und unstatthafte Beziehungen zwischen Journalisten und Personen des öffentlichen Interesses verhindert. In vielen Ländern bedroht auch die Konzentration des Privatbesitzes in einer Hand die Medien im Kampf gegen die Korruption. Ganz deutlich wird dies in Italien, wo Ministerpräsident Silvio Berlusconi die Mehrheit der privaten Fernsehsender und als Regierungschef auch das öffentliche Fernsehen unter seiner Kontrolle hat. Berlusconi hatte vor seiner Wahl versprochen, den Konflikt zwischen seiner politischen Funktion und seinen Medieninteressen innerhalb der ersten 100 Tage seiner Amtszeit zu lösen, aber bis heute ist es bei diesem Versprechen geblieben. Als EU-Mitglied setzt Italien damit ein verhängnisvolles Zeichen für die EU-Beitrittskandidaten, die erst kürzlich den Klauen der stalinistischen Zensur entronnen sind.

In den 16 Berichten aus allen Teilen der Welt, die im GCR 2003 zusammengestellt sind, finden sich Korruptionsfälle und Berichte über positive Reformen ebenso wie über negative Entwicklungen. Außerdem enthält der GCR Beiträge von Ronald Noble, dem Generalsekretär von Interpol, und der Französin Eva Joly, die für ihren Mut als Untersuchungsrichterin im Fall Elf Aquitaine 2001 einen TI-Integritätspreis erhielt. Ein umfangreicher »Data and Research«-Anhang mit Zahlen und Grafiken rundet als nützliche Referenzquelle den Global Corruption Report ab. Das Schwerpunktthema des aktuellen GCR, dem zahlreiche Artikel gewidmet sind, ist der Informationszugang, da er für den Schutz gegen Korruption so zentral ist. Toby Mendel, Vorsitzender des Rechtsprogramms der angesehenen Schutzorganisation für die freie Presse »Article 19«, schreibt im GCR 2003:

Die Erfahrung lehrt, dass Vorschriften in der Verfassung nicht ausreichen, um das Recht auf Informationszugang in der Praxis durchzusetzen; es muss auch eine Gesetzgebung dazu verwirklicht werden. Länder in der ganzen Welt sorgen für solche Gesetze, nach 2000 auch Bosnien-Herzegowina, Großbritannien, Kirgistan, Polen und Südafrika. Gesetzesentwürfe gibt es in Guatemala, Indien, Indonesien und Nigeria.

Im Jahr 2002 haben nationale Sektionen von TI in Deutschland, im Libanon, in Mexiko, Panama und anderen Ländern Kampagnen für Informationsfreiheit durchgeführt. In einem dramatischen Sonderfall beteiligten wir uns dabei an der »Publish What You Pay«-Kampagne der NGO Global Witness, die Druck auf internationale Öl- und Bergbauunternehmen ausübt. Diese Firmen sollen die Steuern und Förderabgaben offen legen, die sie an die Machthaber in den Ländern bezahlen, in denen sie tätig sind, vor allem in Konfliktzonen wie Angola, Kongo und Sierra Leone. Einige große Unternehmen wie Shell und BP nahmen die Idee positiv auf. Als sie jedoch versuchten, die Ideen umzusetzen, mussten sie feststellen, dass die Machthaber in ihren Gastländern davon keinesfalls angetan waren – im Gegenteil: sie drohten den Unternehmen mit Sanktionen wegen Vertragsbruchs hinsichtlich der zugesicherten Vertraulichkeit. Daher setzen sich TI und Global Witness bei den Aufsichtsbehörden in den Heimatländern dieser Unternehmen dafür ein, dass Erklärungen nach dem Muster »Publish What You Pay« zwingend für diese Unternehmen vorgeschrieben werden, etwa als Bedingung für die Börsennotierung.

Was im Einzelnen über die Korruption der letzten Jahre in den wichtigsten Regionen der Welt im ECR 2002 berichtet wird – positive und negative Beispiele –, habe ich mit Hilfe meiner Mitarbeiter von TI im Anhang zusammengefasst.

19.
Internationale Organisationen und ihr Kampf gegen die Korruption

Internationale Institutionen üben eine enorme Macht aus und sind in der Lage, etwas zu verändern, wenn es darum geht, die Korruption zu bekämpfen. Als TI an den Start ging, sprachen sie das Wort »Korruption« noch nicht einmal aus. Heute ist es in aller Munde. Institutionen können sich ändern – und tun es auch. TI heißt sie in der Koalition gegen die Korruption willkommen...

www.transparency.org

Korruption ist als zentrales Thema auf der internationalen Agenda angekommen. Auf der UN-Konferenz zur Entwicklungsfinanzierung in Monterrey im März 2002 beispielsweise hat eine Reihe von Staatsoberhäuptern, Finanz- und Entwicklungsministern mit der Weltbank und dem Internationalen Währungsfonds (IWF) auf die zentrale Bedeutung einer verbesserten Regierungsführung hingewiesen. Ausdrücklich wurde für den Erfolg jeglicher Entwicklungsbemühung auch die Korruptionsbegrenzung verantwortlich gemacht. Das Urteil war einhellig: Wo Korruption herrscht, bleiben Entwicklungshoffnungen ein schöner Traum. Verbesserte Regierungsführung und als essenzieller Teil davon eine rigorose Korruptionsbegrenzung wurden als conditio sine qua non für die Erhöhung der Entwicklungshilfe und für Privatinvestitionen einmütig festgestellt.

Der Antikorruptionskonsens von Monterrey überrascht nicht. Das Bewusstsein für Korruption und ihre Auswirkungen hat seit

Mitte der 90er Jahre stetig zugenommen. Dies wirkt sich auch auf die Politik der meisten internationalen Organisationen aus. Noch vor ein paar Jahren beteten sie weitgehend einhellig die Meinung ihrer Mitgliedstaaten nach, dass Korruption ein hässliches, aber leider unumgängliches Übel der internationalen Wirtschaft sei. Folgerichtig mieden die Organisationen das Thema oder versuchten bestenfalls, die eigenen Operationen gegen die Korruption zu schützen. Heute haben die meisten internationalen Organisationen ihre Absicht erklärt, den Kampf gegen die Korruption zu unterstützen.

Die Metamorphose der Weltbank war – wie bereits geschildert – eng mit der Geschichte der Gründung von TI verbunden. Mit der Ankunft von James D. Wolfensohn als Präsident der Organisation nahm die Weltbank 1996 den Kampf gegen Korruption auf. Die Stimmung schlug zu unseren Gunsten um.

Im März 2003 lud Wolfensohn eine große Delegation von Transparency International zu einem ganztägigen Seminar mit ihm und seiner Mannschaft nach Washington ein. Wir trafen uns, insgesamt vielleicht 50 Personen, in einem eindrucksvollen Konferenzraum, und mussten in fast festlicher Stimmung konstatieren, wie schnell ein so ungeheurer Wandel in der Politik der Weltbank eingetreten ist. Der Kreis hatte sich geschlossen: Vor etwa zehn Jahren hatte ich die Weltbank verärgert verlassen, weil sie bei meinem Anliegen der systematischen Korruptionsbekämpfung allenfalls meinen Idealismus mitleidig anerkannte. Nun kehrte ich in eine Organisation zurück, die uns ernst nahm, die die achtstündige Sitzung in allen relevanten Abteilungen bestens vorbereitet hatte und mit uns eine gemeinsame Vision für die künftige Arbeit gegen Korruption besprechen wollte.

Der Internationale Währungsfond (IWF), der dieselben Mitglieder wie die Weltbank hat, sprach sich auch für einen aktiven Ansatz aus und nahm den Kampf gegen die Korruption als zentralen Bestandteil in seine Kreditpolitik auf. In Indonesien und kürzlich auch in Kenia übernahm der IWF sogar – in der ihm gelegentlich eigenen Härte – die Führungsrolle, um durch Druck auf korrupte Regierungen Reformen in Gang zu setzen.

Zum Einstieg der internationalen Organisationen in die globale Antikorruptionsstrategie muss betont werden, dass es zwar legitim ist, bei der Vergabe von Geldern, insbesondere von Steuergeldern aus den reichen Staaten, auf Bedingungen zu pochen, die ein Minimum von guter Regierungsführung und Korruptionskontrolle einschließen. Doch legten wir von Anfang an großen Wert darauf, dass die Bekämpfung der Korruption keinesfalls auf Betreiben oder im Interesse des Nordens zu verstehen ist. Konditionalität kann allenfalls eine begleitende Rahmenbedingung für die Bemühungen der Menschen in den betroffenen Ländern selbst sein. Wird sie überbetont, kann dies kontraproduktiv und beleidigend sein. TI selbst hat sich daher immer bemüht, sich nicht für die Konditionalität einzelner Geberorganisationen einspannen zu lassen. Das gilt auch für die erwähnten Erklärungen von Monterrey von 2002.

Ein weiterer Ansatz, den wir seit der Gründung von TI verfolgt haben, ist, alle beteiligten Akteure für die Korruption verantwortlich zu machen, die Aktiven, die bestechen, ebenso wie die Bestochenen, die die Hand aufhalten. Mit der Globalisierung der Wirtschaftsbeziehungen wird besonders bei der grenzüberschreitenden Korruption die einseitige Schuldzuweisung Makulatur. Und mit ihr entlarvt sich auch die Forderung, Korruption sollte vor allem von den Entwicklungsländern angegangen werden, als kurzsichtig. Die Konvention gegen die Bestechung ausländischer Amtsträger, die in enger Zusammenarbeit mit der Organisation für wirtschaftliche Zusammenarbeit und Entwicklung (OECD) entworfen und im Dezember 1997 von allen Mitgliedern und fünf weiteren Exportländern unterschrieben wurde, war ein Meilenstein in der Behandlung der Geber von internationalen Bestechungsgeldern. Die Konvention verlangt die Kriminalisierung der Bestechung ausländischer Amtsträger und die Bereitstellung gegenseitiger Rechtshilfe, um die Untersuchung möglicher Verstöße zu erleichtern. Darüber hinaus sieht sie regelmäßige Länderuntersuchungen und Überwachungsmissionen vor, die die Einführung der neuen Regeln sicherstellen sollen. TI ist dabei aktiv beteiligt.

Auch auf regionaler Ebene wurden in den letzten Jahren diverse internationale Konventionen abgeschlossen. Schon 1996 einigte sich die Organisation of American States (OAS) auf eine interamerikanische Antikorruptionskonvention. Ein Jahr später beschäftigte sich die Europäische Union mit dem Thema und erließ eine Richtlinie zur Kriminalisierung aktiver und passiver Bestechung, die dann durch diverse Konventionen unter den Mitgliedstaaten untermauert wurde. Die neuen EU-Mitgliedsländer müssen vor ihrem Beitritt den so genannten Acquis Communautaire, also den Gesamtbestand an Rechten und Pflichten auch bezüglich der Korruptionsregeln, voll erfüllen.

Der Europarat, ein wichtiger Trendsetter des internationalen Rechts, ging sowohl mit seiner Strafrechts- als auch mit seiner Zivilrechtskonvention zur Korruption von 1999 weiter als andere internationale Institutionen. Die Strafrechtskonvention, die im Juli 2002 in Kraft trat, sieht vor, dass auf nationaler Ebene Maßnahmen gegen Korruption im öffentlichen Leben, in der öffentlichen Verwaltung und in der Privatwirtschaft erlassen werden müssen. Darüber hinaus soll ein Unternehmensstrafrecht geschaffen und die Beschaffung von Beweismaterial sowie die Konfiszierung von Korruptionserlösen erleichtert werden.

Ähnliche regionale Instrumente werden zurzeit mit aktiver Beteiligung von TI in Afrika bei der Afrikanischen Union, im südlichen Afrika bei SADC, im pazifischen Raum und in Asien entworfen. Dabei sind alle regionalen Entwicklungsbanken, die häufig im Gefolge der Weltbank operieren, aktive Förderer. Ihre eigene Darlehenspolitik und ihre Instrumente werden dabei bewusst auf die aktive Korruptionskontrolle umgestellt. Wenn ich an die vielen vergeblichen Besuche bei diesen Organisationen in Manila, Abidjan, London, Luxemburg oder Washington in der Vergangenheit denke, erfüllt mich dieser allgemeine Sinneswandel mit großer Genugtuung.

Die Vereinten Nationen mit ihren vielen Sonderorganisationen sind inzwischen auch ein großer Verbündeter geworden. Kaum eine Konferenz zum Thema Regierungsführung, zu der wir nicht eingeladen werden. Dabei begegnet uns Kofi Annan selbst mit größtem Entgegenkommen. Ob beim Global Compact oder bei anderen ähnlichen Initiativen, immer betont er die Wichtigkeit der Korruptionsbekämpfung als Grundvoraussetzung für die Erreichung vieler anderer Ziele, wie Schutz von Menschenrechten, von Natur und Umwelt, von gerechten Arbeitsbedingungen, von Kindern und Frauen. Entsprechend verlangt er die Einführung von Korruptionskontrolle als »zehntes Gebot« in den Prinzipienkatalog des Global Compact, den er bei den größten Wirtschaftsunternehmen der Welt umsetzen will.

Die Beteiligung der Vereinten Nationen am Kampf gegen die Korruption soll gekrönt werden durch eine globale Konvention, die die Weltgemeinschaft schon seit einem Vierteljahrhundert erfolglos zu formulieren versucht hat. Augenblicklich aber wird der Entwurf dieser Konvention in einer Reihe von Konferenzen zügig vorangetrieben, damit er bald zu einem erfolgreichen Abschluss gebracht werden kann. Als Zieldatum ist Dezember 2003 bei einer Weltkonferenz in Mexiko vorgesehen; das beteiligte TI-Team unter Führung von Jeremy Pope wird zunehmend skeptisch bezüglich dieses Datums, da der Entwurf inzwischen auf über 120 Seiten angeschwollen ist.

Während also die Anstrengungen der Weltgemeinschaft im Kampf gegen die Korruption immer flächendeckender und effektiver werden, scheint sich eine wichtige globale Organisation dieser allgemeinen Strategie zu entziehen, obwohl ihr bei zunehmender Globalisierung der Märkte eine besondere Bedeutung zukommt: die Welthandelsorganisation (WTO).

Ungeachtet der lobenswerten Anstrengungen der internationalen Institutionen, die sich um die Kriminalisierung der Korruption bemühen, haben sich mit dem Wachstum des internationalen Handels auch die Möglichkeiten für Betrug und Unlauterkeit vergrößert. Bekanntermaßen kann Korruption dort gedeihen, wo die Institutionen schwach sind; wenn überdies das Entdeckungsrisiko gering ist und die Gewinnmöglichkeiten unverhältnismäßig groß sind, dann gedeiht Korruption unweigerlich. Daher hat sich der Bedarf an handelsorientierten Strategien und Mechanismen zur Korruptionsprävention nicht eben vermindert.

Welche Rolle kann die WTO beim Kampf gegen die Korruption spielen? Ich habe dabei nicht die Einführung einer »neuen Aufgabe« für die WTO im Sinn, denn obwohl das Abkommen der Uruguay-Runde von 1994 sich nicht explizit zur Korruption äußert, ist die Korruptionseindämmung im internationalen Handel doch seit eh und je, also seit der Havanna-Charta 1947, Bestandteil des GATT. Artikel X enthält Formulierungen zugunsten einer größeren Transparenz von Gesetzen, Verordnungen, Gerichtsentscheidungen und Verwaltungsvorschriften zum Handel; unglücklicherweise ist hiervon nicht viel Gebrauch gemacht worden. In den letzten Jahren aber haben Mitglieder der WTO angefangen, über die Möglichkeiten der Korruptionseindämmung durch die bestehenden Handelsregelungen zu diskutieren und Transparenz als das vorrangige Ziel von Artikel X hervorgehoben.

Wenn jetzt die Entwicklungsziele der Ministererklärung von Doha aus dem Jahre 2001 erreicht werden sollen, muss die WTO ihre Regelungen rasch nachbessern, um effizienter zu werden. Angesichts der Bemühungen anderer Organisationen sollten diese Regeln sich so weit als möglich auf die Prävention, nicht auf die Kriminalisierung konzentrieren. Ein transparenter rechtlicher Rahmen ist für die Korruptionsprävention in transnationalen wie in inländischen Geschäftstransaktionen von grundlegender Bedeutung. Die bestehenden Regelungen wie Artikel X des GATT sind dafür ein wichtiger Ausgangspunkt. Doch die Reichweite dieser Regelung muss vergrößert und eine stärkere Beachtung sollte ihr garantiert werden. Finanziell betrachtet ist der Präventionsansatz eindeutig lohnender. Transparenz, öffentliche Aufmerksamkeit und ein System freiwilliger und akzeptierter Regeln kosten wenig. Rechtliche Verfolgung und Bestrafung sind vergleichsweise kostenintensiv und komplex, denn sie erfordern ein professionelles Gerichts- und Polizeiwesen. Auf Strafen kann nie ganz verzichtet werden, aber je besser die Prävention, desto weniger Strafverfolgung ist nötig.

Eine wichtige Lehre, die man aus den internationalen Antikorruptionsmaßnahmen ziehen kann, ist, dass die meisten von ihnen durch ungewöhnliche Koalitionen zustande kommen: durch Koalitionen aus Privatwirtschaft und Zivilgesellschaft, aus Regierungen und Zivilgesellschaft und manchmal aus allen dreien. Wenn eine breite Koalition aus Wirtschaft, Regierung und Zivilgesellschaft sich auf notwendige Maßnahmen einigen kann, dann können Strategien erdacht, Antikorruptionsinstrumente entwickelt und Verträge geschmiedet werden. Die WTO muss daher keinesfalls im Alleingang ihre Antikorruptionsregeln erstellen und Umsetzungsmechanismen erarbeiten. Eine Vielzahl von engagierten internationalen Organisationen hat bewiesen, dass sie Resultate erzielen und, noch wichtiger, breite Anerkennung schaffen können. Die WTO wäre geeignet, um als internationale Organisation die diversen Ansätze weltweit zu koordinieren. Denn die Globalisierung muss zum Nutzen aller kohärenter betrieben werden. Eine effektive Korruptionskontrolle setzt eine ganzheitliche Lösung voraus, die eine globale Reichweite und Sinn für das Handelssystem mit sozialer und politischer Sensibilität verbindet. Eine solche Lösung kann nicht erreicht werden ohne die Führung und die Ressourcen der WTO und ohne die Überzeugung, dass die Reformen nicht länger aufgeschoben werden dürfen.

Im Gegensatz zu ihren Schwesterorganisationen hat die WTO

Korruption bisher noch nicht als ihr Thema, geschweige denn als eine ihrer wichtigsten Verantwortungen erkannt. Dabei könnte sich die WTO im Kampf gegen Korruption ganz unmittelbar und konkret durch eine Konvention für Transparenz in öffentlichen Beschaffungsverfahren einsetzen, die seit einiger Zeit in Vorbereitung ist. Denn hierbei handelt es sich um einen Schlüsselbereich des Welthandels, und es gibt wahrscheinlich keinen direkteren Weg zur Reduzierung der Korruption im internationalen Handel als die Beschäftigung mit Anschaffungsverfahren. Nach OECD-Schätzungen liegt das Jahresbudget für Regierungsbeschaffungen weltweit bei bis zu fünf Billionen US-Dollar. Ein großer Teil dieser Ausgaben geht in die öffentlichen Dienste, also Transport, Erziehung und Gesundheit. Und dennoch werden diese Investitionen oft in erschreckend verschwenderischer und undurchsichtiger Weise getätigt.

Ich bin der Meinung, dass bei weitem zu viele Regierungsinvestitionen und Anschaffungen unökonomisch, unnötig, zu umfangreich, ineffektiv oder extrem überteuert sind. Zu oft werden die wirklichen Kosten einer Anschaffung nicht veröffentlicht – aus Angst, nicht die notwendige Zustimmung zu erhalten. Die tatsächlichen Kosten entstehen erst während der Umsetzung, normalerweise dann, wenn es zu spät ist, die Vergabe rückgängig zu machen. Ein Grund für diese Fehlallokationen ist schlichte Inkompetenz. Aber häufiger beeinflussen unmoralische Beamte die Projektauswahl – oft gemeinsam mit unmoralischen Beratern, Versorgern und Vertragspartnern. Es gibt zahlreiche Hinweise darauf, dass ein transparenter Entscheidungsprozess – von der Planung bis zur Umsetzung – ökonomische Fehler, Planungsfehler und Umsetzungsfehler ans Licht bringen und die öffentliche Meinung gegen diese Verschwendung mobilisieren würde.

Die Erfahrung zeigt auch, dass in öffentlichen Beschaffungsverfahren ein Wettbewerb der Bieter unter transparenten Bedingungen das Risiko der Manipulation und Korruption reduziert. Normalerweise führt er zu niedrigeren Preisen, denn diese werden dann durch einen Wettbewerb um Qualität und Preis bestimmt, nicht durch Bestechung. Experten schätzen, dass systemische Korruption die Kosten um 20 bis 30 Prozent erhöhen und zu einer niedrigeren Qualität der Einkäufe oder sogar zu völlig sinnlosen Investitionen führen kann.

Transparenz in öffentlichen Beschaffungsverfahren ist gleichermaßen im Interesse von Verkäufer und Käufer. Viele Unternehmen haben entdeckt, dass die Teilnahme an einem undurchsichtigen Markt mit Korruption teurer, unzuverlässig und zunehmend riskant ist. Gründe dafür sind die Kosten von Korruption, die Unmöglichkeit, durch Bestechung zustande gekommene Geschäfte rechtlich abzusichern, die Instabilität von korrupten Regimen und die Gefahr der Strafverfolgung. Weil Firmen auch feststellen, dass Korruption dem Markennamen schaden kann, für deren Bekanntheit sie oft ein Vermögen ausgegeben haben, möchten viele von ihnen in einem bestechungsfreien Markt arbeiten. In vielen Geschäftsbereichen haben die Global Players den Vorteil eines korruptionsfreien Wettbewerbs erkannt und sind nun dabei, »gemeinsame Wettbewerbsstandards« auszuhandeln.

Dennoch sind internationale öffentliche Beschaffungsverfahren noch immer alles andere als transparent. Obwohl viele Länder lobenswerte Beschaffungsregeln haben, sind sie häufig weitgehend nutzlos, weil sie routinemäßig umgangen werden. Ausnahmeregelungen wegen angeblicher »Dringlichkeit« oder »Gefahr« sind gang und gäbe. Sie untergraben das Prinzip des »offenen Wettbewerbs«. Zudem werden Angebote meist von einer Handvoll Beamter hinter verschlossenen Türen begutachtet, was zu Manipulationen einlädt. Transparenz ist daher essenziell, sie ist die beste Garantie dafür, dass Regeln eingehalten werden.

Die WTO sollte für die Entwicklung eines funktionierenden Rahmens verantwortlich sein, durch den Verzerrungen in öffentlichen Beschaffungsverfahren beseitigt werden. Das aktuelle, von mehreren Mitgliedern unterzeichnete Government Procurement Agreement (GPA), das seit 1996 in Kraft ist, enthält einige grundlegende Transparenzerfordernisse, hat aber zu wenige Unterzeichner, um weitreichende Wirkung erzielen zu können. Gerade die Entwicklungsländer haben sich dem Vertrag nicht angeschlossen, weil er Marktzugangsregelungen enthält, die es ihnen untersagen, noch jungen Industrien oder einheimischen Bietern Vorteile zu gewähren. Da aber Nichtdiskriminierung im multilateralen Handelssystem von entscheidender Bedeutung ist und weil der GPA keine flächendeckende Akzeptanz findet, wird seit 1996 an einem neuen Vertrag gearbeitet.

Bei den Ministerkonferenzen in Seattle und Doha diskutierten WTO-Mitglieder über eine neue Übereinkunft hinsichtlich Transparenz in öffentlichen Beschaffungsverfahren. Diese Vorschläge, die nicht durch Marktzugangsklauseln belastet sind, enthalten die grundlegenden Elemente einer Strategie für ein transparentes öffentliches Beschaffungsverfahren:

- die Veröffentlichung von Gesetzen, Prozeduren, Gerichtsentscheidungen und Verwaltungsanordnungen;
- die rechtzeitige öffentliche Bekanntgabe von Ausschreibungen;
- Informationen über Qualifikationserfordernisse;
- die Veröffentlichung der Voraussetzung für Angebote einschließlich Informationen über technische Spezifizierungen und Kriterien für die Vergabeentscheidung;
- transparente Entscheidungen über Qualifikation und Vertragsvergabe;
- Informationen über nicht berücksichtigte Bieter, die Gründe für die Entscheidung gegen ihre Angebote sowie
- unabhängige Foren und Prozeduren zur Kontrolle.

Angesichts der unklaren Prozeduren in manchen Ländern und des Unwillens vieler Bürokraten, Informationen freizugeben, kann man hoffen, dass die vorgeschlagene WTO-Konvention Veränderungen in der Vergabepraxis von Regierungen herbeiführen wird. Indem er die Geheimhaltung und die daraus resultierende Korruption beschränkt, könnte sie einen wichtigen Beitrag zum Abbau dieses Entwicklungshindernisses leisten.

Auch wenn alle WTO-Mitgliedstaaten von transparenten Beschaffungsregeln profitieren werden, sind es doch zweifellos die Entwicklungs- und Schwellenländer, die den größten Vorteil daraus ziehen. Mit ihrer hohen Verschuldung und ihrer niedrigen Rate ausländischer Direktinvestitionen sind sie auf jeden Cent angewiesen, den sie sparen können. Dennoch haben einige Entwicklungsländer in Doha den Beginn der Verhandlungen über den Vertrag bis mindestens 2003 verzögern können.

Obwohl einige Fragen noch offen sind, gibt es keinen Grund, einen Vertrag über Transparenz im Vergabewesen nicht abzuschließen. Die meisten ungeklärten Punkte sind eher technischer Art, und mit einem bisschen guten Willen könnten sie schon lange gelöst sein. Die Sackgasse, in der sich die Diskussion über Transparenz in öffentlichen Beschaffungsverfahren befindet, ist nur eines der vielen politischen und legislativen Hindernisse, denen sich die WTO gegenübersieht. Ich war im Jahre 2001 vom damaligen Generaldirektor der WTO, Mike Moore, in ein Beratergremium berufen worden, um der Stimme der Zivilgesellschaft und der Transparenz Gehör zu verleihen. Mein Versuch, die Antikorruptionsagenda in die WTO-Diskussionen einzubringen, war allerdings nur teilweise erfolgreich. Der Widerstand gegen viele sinnvolle Reformen scheint dem tiefen Misstrauen zu entspringen, das durch schlechte Erfahrungen mit übereilten oder undurchsichtigen Entscheidungsprozessen entstanden ist. Nach Meinung von Insidern und vielen gewissenhaften WTO-Beobachtern wird nur eine institutionelle Reform die WTO voranbringen.

Das Fazit ist klar: Mit Ausnahme der WTO hat jede wichtige Institution der Weltordnungspolitik Programme zur Korruptionsbekämpfung ins Leben gerufen. Und auch die Organisationen der

Zivilgesellschaft haben ihre Fähigkeit bewiesen, Regierungen und Vertreter der Privatwirtschaft dabei zu unterstützen.

Ungeachtet der lobenswerten Bemühungen von Regierungen, internationalen Organisationen und Koalitionen von Betroffenen, die Korruption im grenzüberschreitenden Handel einzudämmen, zeigt die Realität doch, dass Bestechung weiterhin überall präsent ist. Weiterhin werden Handel und Investitionen durch korruptes Verhalten erheblich verzerrt und Entwicklungschancen zunichte gemacht. Da die aktuellen Verhandlungen der WTO als »Entwicklungsrunde« angekündigt wurden, ist es umso wichtiger, dass die Welthandelsorganisation – wie es viele andere internationale Organisationen in den letzten Jahren ebenfalls getan haben, allen voran die Weltbank – eine entschieden neue Politik einführt, um die Korruption im Welthandel in den Griff zu bekommen.

20

Es gibt nicht nur Transparency

Elf der größten international tätigen Privatbanken haben sich auf gemeinsame Grundsätze zur Bekämpfung der Geldwäsche verständigt. Die Richtlinien sehen unter anderem die Schaffung unabhängiger Kontrollabteilungen in jedem Institut vor. Als einziger Finanzkonzern der Bundesrepublik ist die Deutsche Bank an der Initiative beteiligt. Erarbeitet wurden die Grundsätze von der Nichtregierungsorganisation Transparency International (TI), die sich dem Kampf gegen die Korruption verschrieben hat. TI-Präsident Peter Eigen sagte bei der Vorstellung der Banken-Initiative in Zürich, diese ziele darauf ab, »es korrupten Personen zu erschweren, ihre unrechtmäßigen Gewinne ins weltweite Bankensystem einzuschleusen«. Die Vereinbarung sei zudem »ein Signal an den Markt, dass die elf Banken keinen Wettbewerb über ihre Geldwäscheregelungen austragen werden«.

Financial Times Deutschland, 31.10.2000

Koalitionen schmieden, Ideen und Anreize geben, neue Institutionen schaffen, die sich gegen die Korruption wenden: Das war, wie schon mehrfach dargestellt, von Anfang an die Methode, mit der Transparency International die Korruption und ihre Auswirkungen auf der ganzen Welt bekämpfte. So ist es uns in den vergangenen zehn Jahren gelungen, über unsere eigene Agenda und Organisation hinaus neue Initiativen und Strukturen zu entwickeln, die heute eigenständig im Kampf gegen die Korruption agieren können. Beispielhaft will ich hier drei von TI angestoßene Initiativen vorstellen. Zum einen sind da die Wolfsberg-Banken, eine gemeinschaftliche Initiative mit elf internationalen Privatbanken, die sich durch die so genannten »Wolfsberg-Prinzipien« selbst verpflichtet haben, gegen die Geldwäsche aktiv zu werden. Zum anderen möchte ich von zwei Ausgründungen berichten, die heute eigenständige Organisationen sind – nämlich dem Partnership for Transparency Fund (PTF) zur Finanzierung kleinerer, besonders heikler Antikorruptionsprojekte der Zivilgesellschaft und dem Forest Integrity Network (FIN), das sich die Bekämpfung der Bestechung in der Forstwirtschaft auf die Fahnen geschrieben hat.

Zunächst jedoch zu den Wolfsberg-Banken. Im Oktober 2000 gelang es uns, eine besonders bemerkenswerte Koalition öffentlich vorzustellen, die weltweit ein enormes Echo in der Presse fand – und hoffentlich auch eine praktische Wirkung innerhalb des Bankenwesens zeitigt. Elf der größten internationalen Privatbanken einigten sich in dem kleinen schweizerischen Ort Wolfsberg auf Grundsätze zur Bekämpfung der Geldwäsche, die von da an als »Wolfsberg Anti-Money-Laundering-Principles« oder einfach »Wolfsberg-Prinzipien« bekannt sind.

Bis es zu der Einigung in Wolfsberg kam, vergingen allerdings knapp zwei Jahre, in denen wir immer wieder wichtige Bankenvertreter auf beiden Seiten des Atlantiks zusammenriefen.

Die Geldhäuser hatten erkannt, dass sie etwas gegen die Geldwäsche unternehmen mussten – und zwar aus eigenem Antrieb, ohne staatlichen Zwang. Schon damals gab es in einigen Ländern, in denen die beteiligten Banken ihren Hauptsitz hatten, Gesetze gegen Geldwäsche. Zum Beispiel hatte die Schweiz schon zu jener Zeit eine gesetzliche Regelung, die fast gleichlautend mit unseren Prinzipien heute ist. Doch jetzt ging es um mehr: Die Banken wollten sich verpflichten, gemeinsam Regeln umzusetzen und diese in jeder kleinen Zweigstelle in weit entfernten Ländern, also auch auf den berühmten Zufluchtsinseln im Pazifik, einzuhalten. Eben jenen

Orten, die nur allzu gerne für den Transfer von schmutzigem Geld aufgesucht werden.

Dass es uns so relativ leicht gelang, die Banken auf unsere Linie einzuschwören, mag vor allem daran liegen, dass fast alle von ihnen in den vorangegangenen Jahren zahlreiche Skandale erleben bzw. bei ihren Mitbewerbern mit ansehen mussten. Gerade die Schweizer Banken hatten über Jahrzehnte hinweg als sicherer Hort für gestohlenes Geld gegolten, egal, ob es nun aus Drogengeschäften stammte oder von korrupten Potentaten, die es ihren eigenen Völkern geraubt hatten. Anfang der 80er Jahre hatte der philippinische Präsident Ferdinand Marcos mehr als 500 Millionen Dollar auf Schweizer Konten deponiert. Aber auch der jugoslawische Diktator Slobodan Milosevic hatte 57 Millionen US-Dollar im sicheren Bankensystem der Schweiz geparkt. Auch nachdem 1999 schärfere Regeln gegen illegale Geldgeschäfte eingeführt wurden, nützte das wenig. Nigerias Diktator Sani Abacha transferierte auch dann noch rund 670 Millionen US-Dollar von seinem gestohlenen Geld ins Land der Eidgenossen. Doch nicht nur die Schweiz war betroffen: Abachas Familie soll insgesamt mehr als vier Milliarden US-Dollar aus Nigeria geschafft haben, von denen große Teile bei Banken in Großbritannien, Deutschland, den USA und Liechtenstein landeten. Weltweit werden, so Schätzungen, Jahr für Jahr rund 600 Milliarden US-Dollar schmutziges Geld gewaschen; nicht zuletzt von großen Banken und anderen Finanzinstituten, die einen hervorragenden Ruf genießen – und zu verlieren haben.

Es gab also auch einen Leidensdruck, der die wichtigsten Banken zum Handeln bewegte. Es begann im Januar 1998 im Schnee von Davos, als mich Shaukat Aziz, der rührige Generaldirektor der Privatbankenabteilung von Citibank, darauf ansprach, ob wir nicht mit seiner Bank und einigen anderen Geldhäusern eine Initiative gegen Geldwäsche einläuten könnten. Shaukat, der heute Finanzminister von Pakistan ist, hatte schon vorher gelegentlich

Kontakt mit meinem Stellvertreter Frank Vogl gehabt. Meine Reaktion war zwiespältig: Einerseits hatte ich schon seit Jahren versucht, die Privatbanken mit ins Boot zu holen, auch wenn ich mir
dabei, zum Beispiel bei Hilmar Kopper von der Deutschen Bank,
mehrfach eine Abfuhr eingefangen hatte. Dieses Angebot von der
Citibank war also mehr als verlockend. Andererseits wusste ich,
dass sich zur gleichen Zeit das amerikanische Schatzamt und der
Kongress bemühten, ihre heimischen Banken wegen jüngst vorge-
fallener Skandale an eine schärfere Kandare zu nehmen. Und da
wollten wir uns bei der Selbstregulierung der amerikanischen
Wirtschaft nicht als Feigenblatt missbrauchen lassen.

Daher bestand ich schon vor einem ersten Treffen darauf, dass
einige wichtige europäische Banken von Anfang an mit von der
Partie sein müssten. Dies wurde uns zugesichert, und so trafen wir
uns im April 1998 in der Gegenwart von Vertretern der Ban-
kenaufsichtsbehörde mit vier großen amerikanischen Banken, darunter Bankers Trust, die gerade von der Deutschen Bank übernommen worden war. Außer mir waren noch Frank Vogl und
Fritz Heimann, der Vorsitzende von TI-USA, mit dabei, als wir in
der Vorstandsetage von Citibank zum ersten Mal zusammenka-
men.

Im Verlauf von regelmäßigen Treffen kamen sukzessive die elf
Banken zusammen: die UBS AG, die ABN AMRO Bank, die Bar-
clays Bank, die Banco Santander Central Hispano, S.A., The
Chase Manhattan Private Bank, die Citibank, N.A., die Crédit
Suisse Group, die Deutsche Bank AG, HSBC, J.P. Morgan, Inc.
und die Société Générale. Sie sahen einen Vorteil darin, dass sie
sich selbst verpflichteten und einen einheitlichen Verhaltenskodex
für ihr internationales Netz und ihre Wettbewerber schufen. Bei
der Erarbeitung der Prinzipien hatten uns neben den Vertretern
von TI noch Mark Pieth, der Ordinarius für Strafrecht, Strafpro-
zessrecht und Kriminologie an der Universität Basel und seit 1991
Vorsitzender der OECD-Arbeitsgruppe zur Bekämpfung der Kor-

ruption, und der Geldwäsche-Experte Stanley E. Morris geholfen. Ohne sie wäre diese wichtige und auch technisch komplexe Arbeit für TI nicht möglich gewesen.

Die Wolfsberg-Prinzipien sind deutlich formuliert. Die beteiligten Banken verpflichten sich, jedwede Art von Geldwäsche zu unterbinden. Es werden interne Kontrollmechanismen eingeführt, nach denen die beteiligten Banken überprüfen müssen, ob das ihnen anvertraute Geld aus legalen Quellen stammt oder eventuell auf kriminelle Weise oder durch Korruption erlangt wurde. Mitarbeiter der Banken werden entsprechend geschult und müssen die Behörden informieren, wenn sie einen Verdacht hegen. Das gilt besonders bei Geldern aus so genannten »Risikoländern« und bei Personen, die nicht glaubwürdig erklären können, woher die enormen Geldmengen stammen, die sie auf den Konten deponieren wollen.

Vor allem verfolgen alle Wolfsberg-Banken eine »Know-your-Customer«-Strategie, d. h. sie bemühen sich, die wirklichen Inhaber ihrer Konten zu kennen. Wir von Transparency International leisten, abgesehen von der ursprünglichen Rolle als Einladende, unseren Beitrag, indem wir den Banken helfen, die Beziehung zwischen Geldwäsche und Korruption besser zu verstehen und ihnen die dafür besonders anfälligen Bereiche nennen. Die regelmäßige Zusammenarbeit wird seit einiger Zeit von Jermyn Brooks, dem Finanzchef von TI, geleitet. Er versucht, den Arbeitsbereich zu erweitern, denn die Banken können bei der Korruptionsbekämpfung eine hervorragende Rolle spielen. Nach dem 11. September 2001 wurden die Wolfsberg-Prinzipien übrigens auch als höchst relevant für die Bekämpfung des Terrorismus angesehen, denn die Geldwäsche wird von vielen als dessen Begleitkriminalität gewertet.

Im Gegensatz zu der Financial Action Task Force, einer Arbeitsgruppe, die 1989 in Paris von den G7-Regierungen zur Kontrolle der Geldwäsche geschaffen worden war und mit der wir unsere Initiative eng abgestimmt haben, sind die Wolfsberg-Prinzipien nicht mit staatlichem Zwang verbunden. Es gilt vor allem eines: gegenseitiges Vertrauen. Es gibt keine übergeordnete Kontrollinstanz, die das Verhalten der Banken überprüft. Das erledigen sie intern, und sie gleichen ihre Informationen auch nicht systematisch untereinander ab. Diese Tatsache hat uns einige Kritik eingebracht, da eben das Risiko besteht, von den Banken zu PR-Zwecken missbraucht zu werden. In der Tat hat es manchmal Spannungen gegeben, zum Beispiel, als der Generaldirektor von Citibank sich in einer Anhörung im amerikanischen Kongress mit unserer Initiative brüstete, obwohl damals noch Stillschweigen verabredet war; umgekehrt haben wir gelegentlich in der Presse unserer Kritik freien Lauf gelassen, wenn wir uns innerhalb der Gruppe nicht durchsetzen konnten. Dies ist der übliche Balanceakt, den TI so oft vollziehen muss. Jedenfalls sehen wir diese Initiative cum grano salis als sehr positiv an. Denn zum einen stellen wir fest, dass sich alle beteiligten Banken gegenseitig überwachen, da ein Gruppenzwang entsteht, sich an die Grundsätze zu halten. Eine Regelverletzung nur eines Beteiligten wäre ein Wettbewerbsnachteil auch für die anderen. Und schließlich steht ihr guter Ruf auf dem Spiel.

Langfristig sehen wir die Wolfsberg-Prinzipien auch als Modell für spätere, international verpflichtende Integritätssysteme. Dabei erwarten wir eine Ausweitung der Zusammenarbeit unter den Banken auch in anderen Bereichen, in denen Finanzinstituten eine Schlüsselrolle zukommt. Außerdem müssen dringend weitere Banken zur Gruppe der Unterzeichner stoßen, aber auch andere Institutionen, die ebenfalls zur Geldwäsche genutzt werden können, sollten sich diesen Regeln unterwerfen. Das könnten Investment-Fonds, Pensionskassen, Aktienhändler, Versicherungsunternehmen und Immobiliengesellschaften sein.

Das Wolfsberg-System lässt sich auch in anderen Sektoren einsetzen. Tatsächlich ist die Idee der Vereinbarung von Integritätssystemen so erfolgreich, dass inzwischen auch Unternehmen aus anderen Bereichen uns ihr Interesse gemeldet haben, um ähnliche Übereinkünfte mit ganz anderen Schwerpunkten zu schließen. Nicht umsonst wurde ich beim jüngsten Weltwirtschaftsforum in Davos zu den Treffen der Geschäftsführer der Energiewirtschaft, der Erdöl- und Gasunternehmen und der Bauunternehmen eingeladen, um das Konzept der Vereinbarung von Integritätssystemen unter TI-Führung vorzustellen.

Die Initiative der Wolfsberg-Prinzipien im Jahr 2000 ist ein Beispiel, wie TI brandneue Themen anfasst, wenn dafür ein Bedarf besteht, und wenn es innerhalb unserer Organisationen die technischen und finanziellen Ressourcen gibt, um einen professionell glaubwürdigen Beitrag zu leisten. Häufig finden wir erst dann, wenn eine solche Initiative schon angelaufen ist, die Experten – häufig als freiwillige, pro-bono-Mitarbeiter – und auch die Sponsoren, die bereit sind, solche Programme zu finanzieren. Leider müssen manche dringende Projekte einige Zeit darauf warten, bis sich die Umstände so glücklich fügen, dass sie flügge werden.

Ein solcher Fall ist der Partnership for Transparency Fund (PTF), den ich seit Jahren für eine fast geniale Idee halte, ja die »Quadratur des Kreises«, der aber zu lange keine ausreichende Unterstützung fand – jetzt aber wie ein Phönix aus der Asche steigt. Der PTF ist eine Antwort auf das Dilemma, in dem manche Institutionen wie etwa Weltbank oder Vereinte Nationen sich befinden, wenn sie enger mit NGOs zusammenarbeiten wollen, diese aber für ihre Arbeit nicht bezahlen können, weil die NGOs sonst ihre Unabhängigkeit verlieren würden. In der Tat gibt es in vielen Ländern hervorragende Vertreter der Zivilgesellschaft, die so oft und so ausgiebig mit den Geberorganisationen zusammenarbeiten, dass sie nach einiger Zeit eher den Status hochbezahlter Berater, als den eines unabhängigen NGO-Aktivisten haben.

Wir selbst machten diese Erfahrung mit unseren hervorragenden Führungskräften aus unseren nationalen Sektionen – etwa aus Argentinien, Ecuador und Kenia –, die von der Weltbank zu Antikorruptionsmissionen in andere Länder eingeladen wurden. Selbstverständlich wurden sie dort vom Leiter dieser Missionen in die Arbeit des Weltbankteams eingebunden und auch bezahlt, wie das bei Beratern eben üblich ist. Das heißt aber auch, dass die Unabhängigkeit und Glaubwürdigkeit dieser »Vertreter der Zivilgesellschaft« in solchen Fällen verloren geht.

In unserer Arbeit müssen wir immer wieder feststellen, dass dieses Phänomen eine Vielzahl von interessanten Programmen zur Bekämpfung der Korruption in ihrer Wirksamkeit unterminiert, gerade auch bei unseren nationalen Sektionen. Sie hatten alle das Problem, dass man von Aktivisten der Zivilgesellschaft zwar ein gewisses Maß an freiwilliger Arbeit erwarten kann, dass aber insbesondere in wirtschaftlich schwachen Ländern diese Arbeit bezahlt werden muss, wenn sie über ein paar Tage in der Woche hinausgeht. Die benötigten Summen für solche Aktivisten sind nicht einmal hoch. Einige wenige tausend Dollar reichten häufig aus und waren entscheidend für den Erfolg der Aktion. Deshalb erfanden wir den Partnership for Transparency Fund. Den Zweck dieser von uns ins Leben gerufenen Organisation fasst Pierre Landell-Mills, ihr Geschäftsführer, prägnant zusammen: »Wir verteilen kleine Summen zur Korruptionsbekämpfung an kleine Spieler, ohne sie in die Bürokratie zu verwickeln.«

PTF ist damit einzig und allein dafür da, weltweit durch so genannte »Micro-Grants« Experten aus der Zivilgesellschaft für Korruptionsbekämpfung zu finanzieren. Ein kleines Team aus erfahrenen Managern, meist ehemaligen Weltbankmanagern wie Pierre Landell-Mills, der zuletzt Regionaldirektor für Bangladesch war, entscheidet unbürokratisch über die Vergabe von geringfügigen Summen, die nur im Ausnahmefall 25 000 US-Dollar übersteigen. Einzige Voraussetzung: Die unterstützte Aktion muss einen signifikanten Einfluss auf die Korruptionsbekämpfung haben und wegen der Sensibilität der Arbeit besonders auf die Unabhängigkeit des Experten angewiesen sein. Sie kann natürlich von einer nationalen TI-Sektion durchgeführt werden, muss es aber nicht.

So unterstützte der PTF im Jahr 2000 TI-Bulgarien mit 12 877 US-Dollar bei einem Projekt zur Überwachung des Vergabeprozesses von Mobilfunklizenzen. TI Bulgarien hatte schon bei der Privatisierung der bulgarischen Telekom im Jahr 1999 einen erheblichen Mangel an Transparenz und viele Unregelmäßigkeiten festgestellt und die Regierung darüber informiert. Um solche Vorfälle und den Verlust von hohen Millionenbeträgen bei der Vergabe der Lizenzen zu vermeiden, bat die Regierung unsere Sektion, die öffentliche Auktion zu überwachen und das Verfahren zu evaluieren. TI-Bulgarien rief eine Gruppe von 15 nationalen Experten aus dem Bereich Telekommunikation, Wirtschaft, Finanzen und Recht ins Leben. Um die Gruppe besonders effizient zu machen, wurde sie von einem ausländischen Privatisierungsexperten beraten, dessen Kosten der PTF übernahm. Das Projekt war ein voller Erfolg. Die Gruppe überwachte den Auktionsprozess vom Anfang bis zum Ende, achtete darauf, dass er legal ablief und holte sich von allen Bietern Feedback. Zum Abschluss wurde ein Bericht auf Bulgarisch und Englisch verfasst, der auch Empfehlungen für die Durchführung von weiteren Auktionen dieser Art enthielt.

Andere Initiativen unterstützte der PTF beispielsweise in Litauen, Brasilien und Pakistan. In Litauen finanzierte er mit 15 000 US-Dollar ein Projekt, das die Aktivitäten der Regierung bei der Korruptionsbekämpfung kontrollierte; in Brasilien halfen 5000 US-Dollar des PTF bei der Erstellung einer Webseite, die undurchschaubare Vorgänge bei lokalen Behörden für die Bürger transparent und nachvollziehbar darstellt. In Pakistan unterstützte der PTF die Entwicklung eines Integritätspakts für die Wasser- und Abwasserversorgung Karachis.

Das Geld für seine »Micro-Grants« sammelt der PTF selbst bei Entwicklungshilfeorganisationen wie etwa dem deutschen Ministerium für wirtschaftliche Zusammenarbeit, dem UN-Entwicklungshilfeprogramm und bei privaten Stiftungen. Seit der Gründung bis zum 31. Dezember 2002 verteilte er insgesamt 186 901 US-Dollar an 15 verschiedene Organisationen der Zivilgesellschaft. Die Selbstkosten des PTF – und das macht die Sache so attraktiv – halten sich dabei extrem in Grenzen. In den ersten zwei Jahren seines Bestehens machten sie gerade mal zwei Prozent der verteilten Gelder aus, nämlich genau 3364 US-Dollar. Dass dem so ist, liegt an dem speziellen Führungsgremium des PTF. Es besteht hauptsächlich aus pensionierten Managern von Entwicklungshilfeorganisationen, die nicht nur jahrelange Erfahrung und Expertise im Entwicklungsgeschäft mitbringen, sondern alle ehrenamtlich tätig sind. Pierre Landell-Mills beispielsweise erledigt die meiste Arbeit per Internet von seinem schönen ländlichen Ruhesitz an der Westküste von Wales. Damit reduzieren sich die Ausgaben auf geringe Reisekosten, die Erstellung einer Webseite und Verwaltungskosten.

Auch wenn der PTF von Transparency International angeschoben wurde und ich mit Hansjörg Elshorst und Frank Vogl im Verwaltungsrat sitze, ist es eine von TI unabhängig agierende Organisation. Derzeit sucht der PTF noch nach weiteren Spendern, um sein Programm ausweiten und bis zum Jahr 2005 rund eine Million Dollar vergeben zu können. Für die geldgebenden Organisationen liegt der Vorteil auf der Hand: Sie müssen nur ein einziges Mal den Bewilligungsprozess in Gang setzen und können gleichzeitig sicher sein, dass das Geld bei zahlreichen Projekten möglichst effektiv eingesetzt wird – denn natürlich dokumentieren wir jeden Geldfluss im Detail.

Ein anderes Projekt, das unter der Schirmherrschaft von Transparency International ins Leben gerufen wurde und für das ebenfalls Pierre Landell-Mills als Co-Geschäftsführer fungiert, ist das Forest Integrity Network, kurz FIN. Dieses Netzwerk beschäftigt sich mit einem einzigen Aspekt der Korruption: dem Bestechungssumpf innerhalb der Forstwirtschaft – denn der ist riesig und bedrohlich.

Am Anfang stand die Erkenntnis, dass es zwar weltweit zahlreiche Umwelt- und Entwicklungshilfeorganisationen und NGOs gibt, die für den Erhalt der Wälder eintreten und dabei bereits dramatische Fortschritte zu ihrem Schutz erreicht haben. Doch es gibt keine internationale Organisation, die sich ausdrücklich mit der Zerstörung des Waldes, insbesondere der tropischen Urwälder, durch Korruption beschäftigt.

Während eines Lehraufenthalts in Harvard überzeugte ich 1999 den dortigen Professor für Umweltstudien, Theodore Panayotu, dass gerade die Korruption zur Vernichtung der natürlichen Ressourcen führt. Mithilfe von Bestechungsgeldern werden illegale Abholzungslizenzen erteilt und Behörden und Beamte schauen weg, wenn ein Unternehmen ein Naturschutzgebiet abholzt oder sonst Raubbau treibt. Ganze Landschaften werden zerstört und Tropenholz wird illegal über die Grenzen geschmuggelt. Zum Schutz dieser verheerenden Machenschaften werden Gesetzgebungsprozesse, die ein nachhaltiges Management der wertvollen Forstbestände gewährleisten würden, in manchen Ländern der Dritten Welt vereitelt – auch vor Mord und Folter schreckt man nicht zurück, um dieses System aufrechtzuerhalten.

Die Folgen dieses Raubbaus sind bekannt: weltweite Klimaveränderung, Zerstörung ganzer Ökosysteme, Vernichtung der Lebensgrundlage von Waldvölkern, Verarmung der Bevölkerung und Verödung kompletter Landstriche. Allein zwischen 1990 bis 1995 gingen Schätzungen zufolge 56 Millionen Hektar Wald für immer verloren.

Panayotu war begeistert und half mir, im Mai 2000 ein informelles Treffen von etwa 50 Aktivisten und Experten aus Forschung, Lehre und Praxis an der Universität Harvard zu organisieren. Die Weltbank, einige Forschungsinstitute und vor allem zahlreiche internationale NGOs waren vertreten, aber auch Aktivisten der Zivilgesellschaft aus den betroffenen Ländern selbst, wie Kamerun, Nigeria, Indonesien, Brasilien und Kolumbien. Heikel war die Beteiligung einer Regierungsdelegation aus Kamerun, die wohl vor allem gekommen war, um ein Auge auf die ohnehin eingeschüchterten Vertreter einer Umweltorganisation aus ihrem Land zu werfen.

Wir beschlossen, ein Netzwerk zu schaffen, das es Aktivisten aus der Zivilgesellschaft, in diesem Fall Umweltschutzorganisationen, ermöglicht, mit Vertretern aus Wissenschaft und Lehre enger zusammenzuarbeiten, um brennende Fragen und Wünsche an sie heranzutragen. Umgekehrt sollten die Wissenschaftler und Lehrer unmittelbarer den Bedürfnissen der NGO-Aktivisten entsprechen können, insbesondere die Korrelation zwischen der Zerstörung des Waldes und der Korruption erforschen und darstellen, und intellektuelles Rüstzeug für die Arbeit der Praktiker zur Verfügung stellen. In letzter Zeit war ein großes Interesse der Wissenschaft an der Erforschung der Korruption zu bemerken, aber die vielen dicken Bücher, die sich damit befassten, hatten auf die praktisch relevanten Fragen kaum Antworten zu bieten.

Nach dem Treffen in Harvard dauerte es sehr lange, bis unser Versuch gelang, eine Koalition zustande zu bringen, die aus Regierungs- und Entwicklungshilfeinstitutionen, aus Vertretern aus Wissenschaft und Lehre und der Privatwirtschaft bestand. Der Durchbruch kam in einem von der Weltbank im November 2001 unterstützten Treffen in Washington DC, bei dem FIN endgültig ins Leben gerufen wurde. FIN sieht sich selbst hauptsächlich als Forum zum Informationsaustausch und zur gemeinsamen Entwicklung von Instrumenten zur Bekämpfung der Korruption in der Forstwirtschaft – und als Medium, um gemeinsame Aktionen zu steuern.

Derzeit arbeitet FIN an mehreren Projekten. So etwa am Ausbau der Webseite <www.forestintegrity.org> als zentraler Anlaufstelle zum Informationsaustausch. Daneben erstellt das Netzwerk ein Source Book, in dem Verhaltensregeln für den Kampf gegen die Korruption im Forstbereich aufgestellt werden, während das bei TI angesiedelte Sekretariat versucht, die Bemühungen von FIN-Mitgliedern zu koordinieren, die vor Ort in den Öko-Reservaten der Welt gegen die Korruption kämpfen. Gleichzeitig versucht FIN Methoden zu entwickeln, um verschiedene Länder in Fallstudien zu vergleichen – und zielt natürlich energisch darauf, alle Beteiligten an einen Tisch zu bringen und deren Interessen auszugleichen.

Als noch sehr junge Organisation mit nur wenigen festen Mitarbeitern und einer eher virtuellen Existenz ist FIN auf die tatkräftige Unterstützung all seiner Mitglieder angewiesen – und darauf, dass es gelingt, in den unterschiedlichsten Ländern die jeweils Verantwortlichen für ihr Thema zu mobilisieren. Pierre Landell-Mills: »Unser nächster Schritt wird nun sein, dafür zu sorgen, dass die nationalen TI-Sektionen in Ländern wie Zentralafrika, Nigeria, Ghana und Gabun die Korruption in der Forstwirtschaft als drängendes Problem erkennen und uns unterstützen. Wir müssen ihnen auch Werkzeuge, wie etwa einen speziellen Integritätspakt, anbieten, damit sie aktiv werden können.«

Wolfsberg-Banken, PTF und FIN – das waren nur wenige Beispiele von heute eigenständigen Initiativen und sogar unabhängigen Institutionen, die von TI angeschoben worden sind. Wir suchen ständig Gelegenheiten, um neue Koalitionen zu schmieden und neue Felder der Korruptionsbekämpfung zu erschließen. Ideen gibt es immer, es bedarf nur der Menschen, Institutionen und Mittel, sie aufzugreifen, zu schlagkräftigen Strategien zu entwickeln und sie energisch umzusetzen.

21

Der Kreis schließt sich – Kenia als gutes Beispiel

Das Beispiel Kenia zeigt: Bürgerkrieg und Chaos müssen den Übergang Afrikas in eine neue Zeit nicht begleiten. Sofort nach der Wahl sicherte Entwicklungsministerin Wieczorek-Zeul Mwai Kibaki Unterstützung zu. »Der demokratische Wechsel in Kenia und die Aufbruchstimmung dort sind wichtige Signale über das Land hinaus«, würdigte Entwicklungsministerin Wieczorek-Zeul das Wahlergebnis. ... Der 71-jährige Mwai Kibaki hatte seine Landsleute bei der Vereidigungszeremonie in Nairobi unter gro-ßem Beifall dazu aufgerufen, gemeinsam mit der Regierung gegen die Korruption anzukämpfen – eines der zentralen Probleme nicht nur Kenias, sondern ganz Afrikas.

Newsletter des Bundesministeriums für wirtschaftliche Zusammenarbeit und Entwicklung, Januar 2003

In Kenia haben sich 18 Passagiere eines Kleinbusses geweigert, einem schmiergeldverwöhnten Polizisten umgerechnet 1,20 Euro zu zahlen. Eine politische Aktion, sagen die Fahrgäste. Mit ihrem Widerstand wollten sie den neuen Präsidenten im Kampf gegen Korruption unterstützen.

Spiegel Online, 3. Januar 2003

Es war in Kenia, wo mich vor mehr als einem Jahrzehnt die allgegenwärtige Korruption davon überzeugte, dass ich etwas unternehmen musste. Hier erkannte ich in langen Gesprächen und manchmal auch erhitzten Diskussionen mit meiner Frau Jutta und vielen afrikanischen und europäischen Freunden, dass es nötig ist, den internationalen Bestechungssumpf trockenzulegen – und dass die Völker der Dritten Welt beileibe nicht aus Tradition an der Korruption festhielten, sondern von ihren bestechlichen Eliten ausgebeutet wurden.

Kenia gehörte über Jahre hinweg zu den Musterländern auf dem afrikanischen Kontinent. Es war reich gesegnet mit einer atemberaubend schönen Natur, liebenswerten, fleißigen Menschen, relativ stabilen politischen Verhältnissen und mit einem wachsenden wirtschaftlichen Wohlstand, der sich angenehm gegen die umliegenden Staaten abhob. Doch eine schleichende Korruption hat Kenia in den letzten Jahrzehnten zunehmend vergiftet und schließlich dieses Land zu den schlechtesten Beispielen auf dem afrikanischen Kontinent gemacht. Mit der Wirtschaft und folglich auch mit der Sicherheit ging es rapide bergab und Kenia belegte regelmäßig einen der untersten Plätze auf unserem Corruption Perceptions Index. Als ich dieses schöne Land 1991 verließ, war ich – auch menschlich – sehr enttäuscht, weil mir aufging, wie viele meiner engsten Kontaktpersonen in Regierung und Wirtschaft mein Vertrauen und begeistertes Engagement für ihr Land missbraucht und verraten hatten. Auch innerhalb der Weltbank hatten damals die meisten für meine Sorgen um die Korruption und für die Idee, etwas dagegen zu unternehmen, kaum mehr als ungläubige Verachtung übrig. Ich verließ Nairobi fast wie ein begossener Pudel.

Umso mehr wurde meine Rückkehr kurz vor Ostern 2003 für mich und meine Freunde ein festlicher Triumph. Denn nun scheint alles anders zu werden. 24 Jahre hatte Präsident Daniel arap Moi wie ein feudaler Fürst das Land regiert, doch am 27. Dezember 2002 war es damit vorbei. Seitdem ist der 71-jährige Mwai Kibaki vom ehemaligen Oppositionsbündnis National Rainbow Coalition (NARC) der gewählte Präsident des Landes und nicht etwa der von Moi protegierte Sohn des Staatsgründers Jomo Kenyatta, der 42-jährige Uhuru Kenyatta. Und Kibaki gewann die Wahl vor allem durch seine einzigartige Kampagne gegen die Korruption.

Um das Ausmaß dieser Umwälzung zu verstehen, muss man zunächst einen Blick in die Geschichte Kenias werfen. Seit das Land 1963 in die Unabhängigkeit entlassen worden war, hatte die ehemalige Einheitspartei KANU (»Kenya African National Union«) das Land regiert – und in der letzten Zeit zunehmend durch Korruption und ein schamloses System der Mauschelei heruntergewirtschaftet. In den 60er und 70er Jahren florierte die Wirtschaft von Kenia, die jährlichen Wachstumsraten lagen bei 6,5 Prozent, es schien so, als würde es den Kenianern gelingen, eine stabile Ökonomie zu schaffen. Doch dann ging es bergab. Ende der 90er Jahre fiel die jährliche Wachstumsrate auf 1,3 Prozent zurück und im Jahr 2000 schrumpfte sogar das Bruttoinlandsprodukt.

Anstatt eigene Verantwortung einzugestehen, machte Präsident Moi das Mehrparteiensystem für den Niedergang verantwortlich und bezeichnete die 90er Jahre als »verlorenes Jahrzehnt«. Allerdings nicht verloren für seine Eliten und seinen Familienclan, die sich konsequent bereicherten. Moi hatte bei seinem Amtsantritt übrigens die Bekämpfung der Korruption als wichtiges Ziel herausgestellt. In zahlreichen persönlichen Treffen während meiner Amtszeit in Kenia erinnerte ich ihn daran, wurde dann aber regelmäßig mit Allgemeinplätzen abgefertigt: »Ich lasse schon in den Schulen den Kindern von Anfang an beibringen, wie wichtig es ist, Korruption zu vermeiden und ein ehrliches Leben zu führen.« Das stand im krassen Gegensatz zu seinem tatsächlichen Gebaren, das ihn zu einem der reichsten Männer auf dem Globus machte. Während das Durchschnittseinkommen in seinem Land heute bei weniger als 1 Dollar pro Tag liegt, verschwanden nach Schätzungen der Vereinten Nationen rund 2 Milliarden US-Dollar in dunklen Kanälen.

Das kenianische Staatswesen selbst zerfiel immer mehr. Es gab Landstriche, in die man sich besser nicht wagte, da sie von kriminellen Banden beherrscht wurden. Die Polizei war hauptsächlich damit beschäftigt, Bestechungsgelder zu kassieren, und die Schulgebühren waren so hoch, dass sich die Eltern von einem Drittel aller Kinder keinen Schulbesuch leisten konnten. Für Geburtsurkunden, Führerscheine, Pässe musste man schmieren – sonst lief gar nichts.

Kam man an einen der zahlreichen Kontrollposten der Polizei, konnte man schon sicher sein, mit den traditionellen Suaheli-Worten »tuo kitu kidogo ya chai« empfangen zu werden. Auf Deutsch: »Gib mir ein bisschen für einen Tee« – die klassische Umschreibung für die Forderung nach Bakschisch. Kritiker des Regimes mussten um ihre körperliche Unversehrtheit fürchten und damit rechnen, ins Gefängnis geworfen zu werden. Der Mord am ehemaligen Außenminister von Kenia, Robert Ouko, der 1990 Kenia und viele seiner Freunde weltweit erschütterte, wird mit seinem Versuch in Verbindung gebracht, einen Bestechungsfall in seinem Wahldistrikt in Kisumu aufzuklären. Trotz aktiver Bemühungen von Scotland Yard liegen für den Mordfall noch immer keine klaren Beweise vor. Einschüchterung und Gewalttätigkeit gegenüber der Zivilgesellschaft waren darüber hinaus an der Tagesordnung. Entsprechend wurde auch der Versuch, eine kenianische Sektion von Transparency International zu gründen, lange hartnäckig behindert.

Am 27. Dezember 2002 änderte sich alles. Oder zumindest tat das kenianische Volk den ersten Schritt in eine neue Zukunft. Insgesamt 3,6 Millionen und damit 63 Prozent der abgegebenen Stimmen entfielen auf Kibakis Regenbogenkoalition, die seit Staatsgründung regierende KANU erhielt magere 31 Prozent. Offensichtlich hatte die Bevölkerung genug vom korrupten System Mois, der sich auch nach seinem Abschied aus dem Amt über den jungen Kenyatta seinen Einfluss auf die kenianische Politik sichern wollte.

Im Gegensatz zu den vergangenen Jahren gab es praktisch keine

Wahlfälschungen und Manipulationen. Die Helfer vor Ort verweigerten dem korrupten Apparat die Gefolgschaft, ganz anders als 1992 und 1997, als es zu massiven Einschüchterungen des Wahlvolkes durch Moi-Anhänger mit Gewalt und Toten kam. Diesmal errang die NARC die absolute Mehrheit und das Volk feierte, indem es sich ab sofort weigerte, den kriminellen Straßenzoll der Polizisten zu zahlen – und ihnen stattdessen Prügel androhte.

Begeistert hatten die mutigen Mitglieder von TI-Kenia vor Ort den Umschwung im Lande mit vorbereitet. Durch ihre Aufklärungsarbeit, vor allem einige sehr deutliche Meinungsumfragen in den letzten Jahren – z. B. im Kenya Bribery Index –, hatten sie ihren Teil zur Wende beigetragen. Sie hatten auch schon genaue Vorstellungen, mit welchen Instrumenten das Integritätssystem für Kenia aufgebaut und gesichert werden könnte, wenn Kibakis Koalition gewinnen würde.

Und das versuchen sie jetzt umzusetzen. Eines Tages im Januar 2003 rief John Githongo, der Sohn meines alten Freundes Joe Githongo und Mitglied unseres Direktoriums und Exekutivdirektor von TI-Kenia, die TI-Mitarbeiter zu einem gemeinsamen Mittagessen zusammen und teilte ihnen mit, dass er von nun an einen anderen Posten haben würde – als Staatssekretär im Büro des Präsidenten Kibaki für Verwaltung und Ethik. Githongo wurde damit der oberste Korruptionsbekämpfer des Landes. Schon am nächsten Morgen trat er seinen neuen Posten an. Damit musste er zwar seine Ämter bei TI niederlegen, doch in seiner hochrangigen Position in der Regierung Kibaki wird er sehr viel mehr ausrichten können.

Eine Woche nach Githongos Amtsantritt veröffentlichte unser kenianisches Chapter zum zweiten Mal seinen Kenya Bribery Index 2002 (KBI), der nach dem Vorbild unseres CPI die Korruption in Kenias Metropolen misst. Und diesmal war die Reaktion ganz anders als bei der Veröffentlichung des ersten Indexes. Denn während damals, unter der Regierung Moi, die darin aufgeführten Firmen, Institutionen und Staatsbetriebe den Index aufs Heftigste bekämpft und diskreditiert hatten, zeigten sie sich nun unter der neuen Regierung kompromissbereit. Die Kenianische Hafenbehörde etwa, die als eine der korruptesten Institutionen im KBI gelistet war, nahm nun Kontakt zu TI auf, um über Antikorruptionsstrategien zu sprechen. Das Beispiel zeigt, dass der KBI damit zu einem der wichtigsten Werkzeuge der neuen Regierung im Kampf gegen die Korruption werden könnte.

Für TI-Kenia bedeutet der Umschwung einen Strategiewechsel. Bisher war unser Chapter hauptsächlich damit beschäftigt, den Menschen das Problem der Korruption bewusst zu machen. Das ist gelungen und war sogar wahlentscheidend. Nun muss TI dabei helfen, die Korruption mit wirksamen Mitteln zu bekämpfen. Hatte TI etwa während der Ära Moi alles darangesetzt, Gesetze gegen die Korruption im Parlament verabschieden zu lassen, geht es in Zukunft darum, dabei zu helfen, dass solche Gesetze nicht im Sande verlaufen, sondern rigoros umgesetzt werden. Auch werden unsere Freunde vor Ort natürlich darauf achten, dass die zahlreichen Wahlversprechen gehalten werden – das wird mit Sicherheit nicht einfach.

Denn zwar ist der erste Schritt getan, die Bevölkerung mobilisiert und sensibilisiert und die ersten Aktionen gegen die Korruption durchgeführt, dennoch besteht auch das Regierungsbündnis des NARC nicht nur aus Unschuldslämmern. So war Kibaki selbst schon von 1978 bis 1988 Vizepräsident unter Moi, auch wenn er sich erfolgreich aus dem korrupten System heraushielt und sich schon vor langer Zeit von Moi losgesagt hat. Ich selbst musste während meiner Zeit in Kenia häufig mit ihm als Gesundheitsminister verhandeln. Die Weltbank finanzierte damals große Programme zur Familienplanung und Gesundheitsreformen, die unter Kibakis Führung mit einigem Erfolg umgesetzt wurden.

Auch andere führende Politiker sind ehemalige Angehörige bzw. Regierungsmitglieder der alten KANU-Seilschaft, die sich aus den verschiedensten Gründen gegen Moi gewandt haben. So ist einer der wichtigsten NARC-Aktivisten und Finanzier des Kibaki-Wahlkampfes der neue Erziehungsminister George Saitoti. Bis vor gar nicht allzu langer Zeit noch war er Vizepräsident unter Moi, und erst nach heftigen Querelen um dessen Nachfolge verließ er die Partei. Er selbst hatte sich Chancen auf den Posten ausgerechnet, wurde aber zu Gunsten des eher unerfahrenen und von Moi leicht manipulierbaren Uhuru Kenyatta übergangen. Zu meiner Zeit in Kenia war der ehemalige Mathematikprofessor außer Vizepräsident auch noch Finanzminister und somit mein ständiger Gesprächspartner. Ich habe ihn damals als einen außerordentlich scharfsinnigen und durchtriebenen Politiker kennen gelernt, der mit fast allen Mitteln seinem Präsidenten zu Diensten war.

Auch andere altbekannte Gesichter kehren in der NARC-Mannschaft wieder, doch es ist anzunehmen, dass sie alles tun werden, um sich der neuen integren Kultur anzupassen. Daher spüren die Menschen in Kenia auch trotz der alten Seilschaften in der Regierung eine Aufbruchstimmung und Begeisterung, wie die Menschen in Europa sie vielleicht beim Mauerfall 1989 erlebt hatten. Eine internationale Studie von Gallup hatte schon kurz vor der Wahl 2002 herausgefunden, dass Kenia derzeit das optimistischste Land der Welt ist. Kibaki hatte es geschafft, sein Volk zu begeistern und einen Funken zu entzünden, der vielen schon vergessen schien. Nachdem Kibaki am 30. Dezember 2002 die Amtsgeschäfte von Moi übernommen hatte, rief er die Bürger auf, von nun an keine Bestechungsgelder mehr zu zahlen, schaffte mit sofortiger Wirkung die hohen Schulgebühren ab und entließ eine Reihe von bestechlichen Beamten. Nachdem der KBI die Justiz als äußerst korrupt beschrieben hatte, zwang Kibaki den obersten Richter des Landes, Bernard Chunga, zum Rücktritt und ersetzte ihn durch Evans Gicheru, der versprach, der Korruption innerhalb der Justiz auf den Grund zu gehen. Michael Bitala, Südafrika-Korrespondent der *Süddeutschen Zeitung,* nannte die neue Entwicklung »Das kenianische Wunder« und die Auswirkungen, die der Amtsantritt des neuen Präsidenten hatte, den »Kibaki-Faktor«:

Es ist nicht nur so, dass man auffällig viele gutgelaunte Kenianer trifft, die einem sofort erzählen, dass sie nun einen neuen Präsidenten haben und es jetzt endlich aufwärts geht. Es ist auch so, dass die Menschen bei der angekündigten ›Erneuerung des Landes‹ mitmachen. Der Kampf gegen die Korruption ist Kibakis oberstes Ziel, und die Kenianer warten nicht darauf, dass das irgendeine Behörde übernimmt, sie zeigen – wie von Kibaki gefordert – Eigeninitiative, bedrohen bestechliche Beamte, nehmen ihnen das Schmiergeld ab – und spenden es dann zum Beispiel einem Kinderheim. Dass die Menschen hinter ihrer Regierung stehen, liegt auch daran, dass diese sicherlich zu den schnellsten gehört, wenn es um die Erfüllung der Wahlversprechen geht. Seit Montag müssen die Eltern keine Schulgebühren mehr zahlen, das hatte Kibaki vor der Wahl versprochen.

Leider wurden andere Wahlversprechen nicht ganz so schnell erfüllt wie die Abschaffung der Schulgebühren – die ihrerseits übrigens ein enormes Chaos nach sich zog. Kibaki hatte vor der Wahl auch versichert, dass alle zukünftigen Minister ihre Einkommensverhältnisse offen legen müssten. Doch im ersten Vierteljahr der NARC-Regierung wurden stattdessen erst einmal die Bezüge der Parlamentarier erhöht und ihnen ein kostengünstiger Kredit zum Autokauf gewährt. Auch die weiteren Vorhaben Kibakis scheinen nur sehr schwer umzusetzen zu sein: Er will das chronisch korrupte Gesundheitssystem reformieren, Staatsbetriebe wie die Telekom privatisieren und eine staatliche Antikorruptionsbehörde gründen.

In einem Papier der CDU-nahen Konrad-Adenauer-Stiftung schreibt deren Landesbeauftragter für Kenia, Gerd Dieter Bossen:

Kibaki hat bereits erklärt, dass absolute Priorität der Wiederbelebung der Wirtschaft zukommt. Und allein das scheint eine fast unlösbare Aufgabe. Die Kassen sind leer, die Schulden enorm, die Staatsunternehmen fast alle am Rande des Bankrotts, geleitet von schlechten und korrupten Managern, die ihren Job der KANU verdanken. Die Korruption hat erschreckende Ausmaße erreicht. Polizei und Sicherheitskräfte sind keine Ausnahme, dazu schlecht ausgebildet und ausgerüstet. Entsprechend prekär ist die Sicherheitslage. Ein Rechtsstaat und eine unabhängige Gerichtsbarkeit gibt es nicht einmal in Ansätzen. Die Infrastruktur ist zerfallen – man könnte die Liste der Probleme fast endlos fortsetzen.

Kibaki wird es nicht leicht haben, dennoch, oder gerade deswegen, muss die internationale Gemeinschaft ihn unterstützen. Die Chance auf einen Neuanfang in Kenia, auf ein Ende des korrupten Systems war nie so groß wie heute. Es ist tatsächlich ein »kenianisches Wunder«, das wir gerade erleben. Ein Land im Umbruch, das mit Sicherheit nicht von heute auf morgen korruptionsfrei werden wird, das aber eine Bevölkerung und eine aktive, gut organisierte Zivilgesellschaft hat, die gewillt sind, mitzuarbeiten, wenn die Regierung das schier Unmögliche in Angriff nimmt. Auch der kenianische Privatsektor scheint sich dem Kampf gegen die Korruption zu verschreiben.

Mein ausführliches Gespräch mit Präsident Kibaki kurz vor Ostern stand unter diesem Vorzeichen. Bester Laune empfing er mich mit der Führungsmannschaft von TI-Kenia, er redete uns mit Vornamen an und schien auch nach anderthalb Stunden noch nicht willens, die angeregte Unterhaltung zu beenden. Als er uns zum Ausgang begleitete, fiel mir auf, wie agil er trotz seines jüngsten Autounfalls wieder war.

In unserem Gespräch wurde klar, wie realistisch Präsident Kibaki die einmaligen Chancen, aber auch die Schwierigkeiten im Übergang von einem systemisch korrupten zu einem ehrlichen System einschätzt. Sein großes Vertrauen zu John Githongo, der als sein Staatssekretär zusammen mit dem Justizminister Kiraitu Murungi die Wende führen soll, ist offensichtlich. John, der mit seinem Büro im Präsidentenpalast ständigen und direkten Zugang zu ihm hat, wird sich weiterhin auf die Hilfe von TI, insbesondere auch auf TI-Kenia stützen können. Dabei wird es aber für uns darauf ankommen, einen gewissen Abstand zu dieser befreundeten Regierung zu gewinnen, um uns nicht vor den Karren des politischen Alltagsgeschäfts spannen zu lassen. Doch das ist eine für TI nicht ungewöhnliche Schwierigkeit, der wir schon in anderen Ländern begegnet sind, wie in Nigeria nach der Wahl Obasanjos oder in Mexiko nach der Wahl von Vicente Fox. In Kenia können wir uns dabei auf die hervorragende Führungsriege der lokalen Sektion und ihre Mitglieder verlassen, die schon in der Vergangenheit ihre mutige Unabhängigkeit bewiesen haben.

Es wird sicher Jahre dauern, bis Kenia ein funktionierendes nationales Integritätssystem umsetzen kann. Doch gerade deshalb verdient das Land Unterstützung, die übrigens bei den wenigen Kontakten mit Geberorganisationen und diplomatischen Vertretern befreundeter Staaten in Nairobi rückhaltlos zugesagt wurde. Die Weltbank hat sich schon bereit gezeigt, ihr ganzes Instrumentarium mit voller Kraft für die Wiederbelebung der Wirtschaft einzusetzen, einschließlich der Korruptionsbekämpfung. In unserem Gespräch mit Präsident Kibaki äußerte er den ausdrücklichen Wunsch, dass James Wolfensohn, der Präsident der Weltbank, ihm doch bald einen Besuch abstatten möge, damit er mit seinem persönlichen Ruf als Korruptionskämpfer der neuen Regierung zusätzlich Glaubwürdigkeit und Nachdruck verleiht. Im Zuge dessen hat schnell ein Prozess begonnen, die unter der Regierung Moi eingefrorenen Gelder der Weltbank jetzt an das Land fließen zu lassen. TI wird alles tun, um den Kenianern in ihrem Kampf – auch bei eventuellen Rückschlägen – zur Seite zu stehen.

Unsere energische Arbeit für Kenia ist nicht nur wichtig für dieses Land, sondern kann auch andere afrikanische Staaten mitreißen, die derzeit noch unter einem ähnlich korrupten System leiden wie Kenia zur Zeit Mois. Es wäre großartig, wenn sich die ganze Region vom Geist der demokratischen Erneuerung ohne Blutvergießen und von der Sehnsucht nach Transparenz und Integrität anstecken ließe. Im laufenden Jahr werden sich in Afrika über 15 Staatschefs der alten Garde der Wahl stellen, und Kenia könnte ein zündendes Signal für den ganzen Kontinent sein.

Und so ist Kenia, diesmal in einem äußerst positiven, viel versprechenden Sinne, wiederum eine wichtige Stufe für den Kampf gegen die Korruption. Nach zehn Jahren schließt sich der Kreis für mich.

22

Wie es weiter geht

Der alles regulierende Staat stößt an seine Grenzen. Eine grundsätzliche Neuordnung des Verhältnisses zwischen Staat, Wirtschaft und Zivilgesellschaft ist deshalb notwendig. Transparenz und Vertrauen sind Schlüsselwörter für die sektorenübergreifende Kooperation. Wir haben weltweit nach erfolgreichen Beispielen gesucht und ganz erstaunliche Kandidaten gefunden. Das herausragendste Beispiel für das Modell der Zukunft ist für uns aber Transparency International.

Gunter Thielen, Vorstandsvorsitzender der Bertelsmann AG,
anlässlich der Übergabe des Carl-Bertelsmann-Preises an TI

Von Anfang an war es das Konzept von TI, Koalitionen zu schaffen und den großen breiten Konsens zu praktizieren. Während sich gerade erst allgemein die Idee durchsetzt, dass sich Regierungen, Industrie und Nichtregierungsorganisationen, also die drei großen Bereiche der Öffentlichkeit, an einen Tisch setzen, herrschte diese Idee bei TI von Anfang an vor. Es ging darum, nicht nur von außen zu kritisieren und zu schimpfen, sondern diejenigen, die es tatsächlich betrifft, einzubeziehen.

Hansjörg Elshorst

Als wir im Herbst 2002 den mit 150 000 Euro dotierten Carl-Bertelsmann-Preis erhielten, wurden wir nicht allein für unseren Kampf gegen die Korruption geehrt, sondern für unser innovatives »Social Engineering«, also unsere Fähigkeit, Sozialkompetenz einzusetzen und der Gesellschaft ein Modell vorzuleben, das auf Ko-operation statt Konfrontation setzt.

In den vergangenen Jahren habe ich an unzähligen Konferenzen und Gipfeln teilgenommen, arbeitete sowohl bei einer weltum-spannenden regierungstreuen Organisation als auch bei einer NGO. Hautnah musste ich oft erleben, wie schwer in vielen Berei-chen noch die Zusammenarbeit von Staat, Wirtschaft und Zivilge-sellschaft ist. Sei es auf dem Gipfel für Nachhaltigkeit in Südafrika, den von Protesten begleiteten Gipfeln in Seattle, Genua und Que-bec oder den Weltwirtschaftstreffen in Davos. Gerade die großen Gipfeltreffen, die Zehntausende zu teils gewalttätigen Protesten animierten, zeigen, dass die Welt dringend neue Lösungsansätze braucht. Die Probleme – um nur einige zu nennen – der Korrup-tion, der Kinderarbeit, der Umweltzerstörung, des Klimawandels, der Gleichberechtigung: sie alle sind große Herausforderungen, de-nen wir uns vordringlich stellen müssen.

Wir leben in einer Welt, in der sich dank der neuen Technolo-gien Kampagnen und Aktionen innerhalb von Stunden organisie-ren lassen und in der gleichzeitig die Machtverhältnisse äußerst unausgewogen verteilt sind. Doch Konfrontation alleine hilft nicht weiter. Die Gewalt der Demonstrierenden erzeugt genauso wie die Staatsgewalt oft Gegengewalt, und deshalb müssen wir stattdessen Koalitionen schaffen aus jenem magischen Dreieck aus Staat, Wirtschaft und Zivilgesellschaft, um mit allen Beteiligten zumut-bare Lösungen zu finden.

Wir haben gesehen, dass es für eine internationale NGO prakti-kabel ist, sich eines eng umgrenzten Bereiches wie der Korruption anzunehmen, um dort mit allen Beteiligten gemeinsam eine Lö-sung zu finden. Zunehmend bin ich überzeugt, dass dieser Weg für die organisierte Zivilgesellschaft auch in anderen Bereichen gang-bar ist. Diese Idee der Beteiligung aller Betroffenen an der Suche nach einer besseren Regierungsführung in der globalen Wirt-schaft, die TI anfangs eigentlich – wenn überhaupt – nur nebenbei im Visier hatte, ist in den letzten Jahren immer mehr in den Mittelpunkt meines Interesses gerückt. Sie schien eine Lösung für die Frage anzudeuten, welche Rolle zivilgesellschaftliche Organisationen bei der Verbesserung der Regierungsführung in einer globalisierten Wirtschaft spielen sollen. Es war offensichtlich, dass die traditionellen Akteure der »Global Governance«, nämlich Regierungen und Privatsektor, bei der Kontrolle der Korruption versagt hatten; sie hatten zugelassen, dass Korruption in der internationalen Arena fast zur Norm geworden war. Es wurde auch zunehmend anerkannt, dass TI als Nichtregierungsorganisation bei der Bekämpfung der Korruption eine wichtige Rolle gespielt hat. Daran knüpft sich die Hoffnung, dass ähnliche Organisationen der Zivilgesellschaft in anderen Bereichen der »Global Governance« eine ähnlich konstruktive Aufgabe übernehmen können. Diese allgemeine Frage faszinierte mich zunehmend. Schon meine Lehraufträge in Harvard, Johns Hopkins und an der Freien Universität in Berlin standen unter diesem Leitthema. Dabei fiel mir auf, wie dringend es erforderlich ist, zwischen den Aktivisten der Zivilgesellschaft auf der einen und Wissenschaft und Lehre auf der anderen Seite eine engere synergetische Beziehung herzustellen. Dieser Aufgabe werde ich mich mit Transparency International, aber auch persönlich zunehmend widmen.

Doch vor allem steht für mich zunächst der weitere Ausbau von TI, die Sicherung der finanziellen Basis, Anpassung der Verfahren und Strukturen an neue Aufgaben und eine zunehmende Professionalisierung unserer Arbeit auf der Tagesordnung. Vor allem müssen wir unsere Strukturen verjüngen und Platz machen für eine neue Generation von tatkräftigen und engagierten Menschen. Transparency International wurde vor zehn Jahren von einer Gruppe älterer Profis gegründet, die alle entweder bereits pensioniert waren oder sich kurz vor dem Ruhestand befanden. Jetzt ist es Zeit, die Jüngeren nach vorne zu lassen. Den ersten Schritt dahin haben wir Ende 2002 unternommen, als wir mit David Nussbaum einen 40-jährigen Direktor der großen NGO Oxfam International zum TI-Geschäftsführer machten.

Auch mein eigener Rückzug aus dem operativen Geschäft ist durchaus möglich, denn hinter meiner Arbeit stehen inzwischen Tausende von hoch motivierten Mitgliedern und Mitarbeitern, die Transparency International erst zu dem gemacht haben, was es heute ist.

Es ist uns gelungen, die Korruption aus dem Giftschrank zu holen und sie international zu thematisieren. Wir können stolz darauf sein, dass Korruption heute im Scheinwerferlicht der Weltbühne steht. Wir haben das in einer wesentlich kürzeren Zeit geschafft, als wir ursprünglich dachten, und werden aber weiterhin auf die Gesellschaft einwirken, damit dies so bleibt und damit nationale und internationale Strategien gegen die Korruption vorrangig entwickelt und umgesetzt werden.

In den nächsten zehn Jahren müssen wir noch stärker auf präventive Kontrollen hinwirken. Dabei wird der Erziehung und der Ausbildung überall in der Welt eine Schlüsselrolle zufallen. Wir können nicht erfolgreich sein, wenn wir nicht ein ethisches Wertesystem lebendig werden lassen, in dem die Kultur der Integrität zentral ist.

Wir müssen bei TI weiterhin alle Aspekte der Integritätssysteme in den jeweils relevanten Situationen ganzheitlich im Auge behalten. Dabei werden politische Korruption wie auch Parteien- und Wahlkampffinanzierung sicherlich ein größeres Gewicht in unserer Arbeit bekommen, insbesondere in den nationalen Sektionen.

Es muss sichergestellt werden, dass die verschiedenen neuen Konventionen, Verträge und Vereinbarungen überall aggressiv durchgesetzt und überwacht werden. Sobald es eine ungleichmäßige Umsetzung gibt, werden die Korrupten in jene Jurisdiktionen ausweichen, die weniger strikt sind. Wenn zum Beispiel nur einige wenige Signatarstaaten der OECD-Konvention kein Interesse daran haben, die neuen Regeln durchzusetzen, werden andere aus

Selbsterhaltungstrieb dem schlechten Beispiel folgen (müssen) – und dieses Reformwerk wäre gescheitert.

Um das allgemeine Bewusstsein von Zeit zu Zeit wachzurütteln, müssen wir weiter daran arbeiten, unsere Indizes noch zu verbessern. Denn diese sind unsere wirksamsten Instrumente mit dem höchsten Aufmerksamkeitsgrad bei Unternehmen und Medien.

Eine Frage stellt sich mit zunehmender Dringlichkeit: Soll Transparency International versuchen, auch eine moralische Werteordnung zu artikulieren, die den Anspruch auf Integrität auch ethisch untermauert? Von Anfang an war diese Frage angesprochen worden, denn Korruption wurde meist als eine Untugend, als ein ethischer Verstoß verstanden.

Wir haben uns diesen Vorschlägen aus zwei Gründen widersetzt: Erstens glaubten wir, dass wir eine ethische Begründung im Kampf gegen die Korruption nicht brauchten; denn wenn man wirtschaftlichen Fortschritt und Demokratie wollte, war Korruption einfach schädlich – also schien eine rein zweckorientierte, technische Argumentation für die Verurteilung der Korruption zu genügen. Zweitens sahen wir ein Risiko für unsere weltweite, multikulturelle Organisation, wenn wir mit moralischen Kategorien hantieren würden und vielleicht sogar als »Moralapostel« missverstanden würden. Wir überließen es daher den Einzelnen selbst, für sich oder allenfalls für die jeweilige nationale Sektion eine ethische Begründung für den Kampf gegen die Korruption zu formulieren.

Dieser wertfreie Ansatz von TI wurde häufig kritisiert. Warum sollten wir auf diese wichtige Waffe gegen die Korruption ohne Not verzichten, zumal in allen wichtigen Weltreligionen die Korruption als Übel verurteilt wird? Der prominenteste Kritiker von TI in dieser Hinsicht ist seit Jahren der berühmte Schweizer Theologieprofessor Hans Küng. Ich bin ihm sehr dankbar, dass er seine wichtige Kritik noch einmal als einen Anhang für dieses Buch aufgeschrieben hat. Er hat auf unserer großen internationalen Antikorruptionskonferenz in Südkorea mit einem Hauptvortrag seine

Ideen vortragen und mit Nachdruck für unsere Bewegung neue kraftvolle Akzente gesetzt. Auch in zahlreichen Gesprächen mit James Wolfensohn in der Weltbank, der seit einiger Zeit intensive Kontakte mit den wichtigsten Glaubensgemeinschaften pflegt, wurde über die Einbeziehung einer ethischen Wertordnung in unser System der Korruptionsbekämpfung ernsthaft angeregt.

Diese beiden Herausforderungen, die institutionelle Stärkung von Transparency International als Speerspitze im weltweiten Kampf gegen die Korruption und die Suche nach einer gerechteren globalen Regierungsführung werden in den kommenden Jahren für unsere Bewegung bestimmend sein. Wir glauben, damit einen Beitrag für eine gerechtere und friedlichere Welt leisten zu können.

Der Kampf gegen die Korruption erfordert eine ethische Rahmenordnung
Nachwort von Hans Küng

Der Kampf gegen die Korruption ist selbstverständlich mit allen rechtlichen Mitteln zu führen. Und er kann nur erfolgreich sein, wenn die Schuldigen, unbekümmert um ihre Stellung, haftbar gemacht werden, und so dem Recht nachdrücklich Geltung verschafft wird. Aber das ist noch nicht alles. Es besteht oft kein politischer Wille zur Bekämpfung der Korruption, weil dahinter kein ethischer Wille steht. Und viele rechtliche Bestimmungen gegen die Korruption werden in der Praxis nicht durchgesetzt, weil ein Unrechtsbewusstsein fehlt, weil elementare ethische Standards sowohl in der Bevölkerung im Allgemeinen als auch bei den Eliten häufig abhanden gekommen sind. Die Reform eines Staates ist oft so schwierig, weil die ethische Basis fehlt. In diesem Beitrag soll deshalb das Problem einer ethischen Rahmenordnung erörtert werden, ohne die der Kampf gegen die Korruption aussichtslos ist.

1. Erfolg oder Misserfolg der globalen Marktwirtschaft?

Nach dem Zusammenbruch des Sowjetimperiums hat sich die Marktwirtschaft als das globale Wirtschaftsmodell durchgesetzt. Auf dem europäischen Kontinent ist man sich aber weithin darüber einig, dass die freie Marktwirtschaft zugleich sozial und ökologisch sein muss, wenn sie Bestand haben, also »nachhaltig« sein soll.

Dass die Nachhaltigkeit des marktwirtschaftlichen Systems nicht von vornherein garantiert ist, haben die Erfahrungen des letzten Jahrzehnts bewiesen. Die asiatischen Finanzkrisen der 90er Jahre haben gezeigt, dass eine freie Marktwirtschaft auch scheitern kann, und in der Krise der Ökonomie Russlands hat sich manifestiert, wie ein Transformationsprozess zur Marktwirtschaft ins Stocken geraten kann. Ja, man kann nicht übersehen, dass eine globale Marktwirtschaft ganz neuen globalen Risiken ausgesetzt ist.

Eine monokausale Erklärung der Krise der globalen Marktwirtschaft in einem bestimmten Land oder in einer bestimmten Region ist meist oberflächlich. Wir beobachten ja oft, dass in einer solchen Situation nicht ohne Grund gegenseitige Schuldzuweisungen erfolgen: Die Wirtschaft beschuldigt die Politik, die Politik die Wirtschaft und der Durchschnittsbürger sucht die Schuld sehr oft in moralischen Defekten beider. Jedenfalls genügt es schon, dass einer der drei Faktoren, ob nun Wirtschaft, Politik oder Moral, nicht funktioniert, damit das marktwirtschaftliche System in ernsthafte Schwierigkeiten gerät.

Ich sehe mich in meiner bewusst herausfordernden Analyse bestätigt durch die ebenso präzisen wie umfassenden Darlegungen des britischen Wirtschaftswissenschaftlers John H. Dunning, Professor Emeritus of International Business (University Reading/England und Rutgers University/USA). In seinem Artikel »Whither Global Capitalism?« (*Global Focus*, Vol.12, No.1, 2000) unterscheidet er drei verschiedene Komplexe des Versagens:

1. Ein Versagen der Märkte selber: »Moral Hazard«, unangemessene makroökonomische Politik, exzessive Spekulation (Immobilien- und Aktienmarkt), überbewertete Währung, einseitige Wechselkursbindung, schlechtes Timing der kurzfristigen Schulden, Präsenz eines starken Schwarzmarktes, Ansteckungseffekt.

2. Ein Versagen der Institutionen: unzureichendes Funktionieren von Regulierungs- und Überwachungssystem, Bankensystem, rechtlicher Infrastruktur und Finanzsystem; mangelnder Schutz der Eigentumsrechte, Mangel an Transparenz und inadäquate Bilanzstandards.

3. Ein Versagen der Moral, das dem Versagen der Märkte und Institutionen zugrunde liegt: Casino- und Mafiakapitalismus, Bestechung und Korruption, Mangel an Vertrauen und sozialer Verantwortung, exzessive Raffgier der Investoren oder Institutionen.

Dunning hat diese verschiedenen Faktoren für sieben Problemländer untersucht: für Japan, Korea, Indonesien, Thailand, Hongkong, Malaysia und Russland. Dabei hat er festgestellt, dass bei jedem Land ein Versagen auf allen drei Ebenen festzustellen ist – wenn auch jeweils an verschiedenen Punkten, die einzeln, aber zugleich auch in ihrem Gesamtzusammenhang betrachtet werden müssen.

Auf folgende Zusammenhänge konnte er hinweisen:

• Die inadäquate Handelsinfrastruktur hängt oft zusammen mit Bestechung und Korruption und mit exzessivem Eigeninteresse und Raffgier;

• unangemessenes Funktionieren auf der Ebene der Makroorganisationen ist verbunden mit Unehrlichkeit und Betrug, einem Mangel an Vertrauen, Kompromissfähigkeit, Kooperation und Gruppenloyalität;

• Unzulänglichkeiten im Rechtssystem etwa bezüglich der Verbrechensprävention hängen zusammen mit Mafia- und Casinokapitalismus;

• ein inadäquates Bank-, Finanz- und Rechenschaftssystem hat zu tun mit Opportunismus, Schlendrian und Undiszipliniertheit;

• eine inadäquate Gesellschaftsarchitektur ist verbunden mit der Indifferenz gegenüber den Bedürfnissen Anderer und einem

Mangel an persönlichem Pflichtgefühl und gesellschaftlicher
Verantwortlichkeit;
* die Unzulänglichkeiten im Schutz der Eigentumsrechte sind
  Folge einer unbekümmerten, verantwortungslosen Haltung.

Aus all dem ergibt sich, dass die Moral, das Ethos nicht etwas
Marginales ist oder nur etwas künstlich Aufgesetztes, sondern
dass man hier mit Recht von einem »Moral Framework« spricht,
das sowohl mit den Märkten wie mit den Regierungen, mit den
intermediären Assoziationen wie mit den supranationalen Organisationen in Interdependenz und Interaktion steht.

2. Notwendigkeit einer ethischen
Rahmenordnung

Mit Ethos sind also nicht nur »moralische Appelle« gemeint,
sondern moralisches Handeln. Allerdings braucht es auch in der
Wirtschaft oft den Leidensdruck, um den Reformdruck zu erzeu-
gen, der zur politischen Kraft werden kann. Die Proteste gegen
die Globalisierung haben indes auch für Wirtschaft und Wirt-
schaftswissenschaft die Frage nach der sozialen Akzeptanz des
neuen globalisierten Wirtschaftssystems wachgerufen. Diese Akzeptanz ist nicht schon dann gewährleistet, wenn die globalen
Unternehmen und Märkte, die nationalen Regierungen, überre-
gionalen Institutionen und intermediären Organisationen effizient funktionieren.

Die globale Marktwirtschaft wird auf Dauer jedenfalls nur
dann akzeptiert, wenn sie sozial ist, worauf J. H. Dunning ebenfalls aufmerksam macht. Es muss ja in einer demokratischen Gesellschaft die Mehrheit der Wähler immer wieder neu davon überzeugt werden:
dass sich diese Wirtschaftsordnung für sie selber und für dieje-

nigen, für die sie sich in irgendeiner Weise verantwortlich fühlen, lohnt;

dass die ökonomische Partizipation (»Inclusiveness«) und die soziale Gerechtigkeit integraler Bestandteil der Ziele dieser Wirtschaftsordnung sind;

dass also eine starke ethische Rahmenordnung das Wirken der globalen Märkte und der Institutionen außerhalb des Marktes abstützt und Verhalten wie Entscheidungsprozesse derer beeinflusst, die im Produktions- und Verteilungsprozess stehen.

Nicht zuletzt ein Blick in die Geschichte zeigt, dass erfolgreiche Ökonomien stets gestützt waren durch eine starke moralische Grundlage. In dem Moment, da diese Grundlage unterminiert war oder eine neue soziale Ordnung als möglich oder gar besser erschien, begann die bisher geltende Wirtschaftsordnung zusammenzubrechen.

Dunnings Schlussfolgerung: »Sowohl die individuellen als auch die sozialen moralischen Tugenden müssen gestärkt und neu gestaltet (›reconfigured‹) werden. Und zwar so, dass sie mit einer wissensintensiven, auf Allianzen basierenden, multikulturellen Gesellschaft in Übereinstimmung stehen und die Märkte und Institutionen auf ideale Weise zur Zusammenarbeit befähigen, damit wirksames Wachstum und soziale Gerechtigkeit gefördert werden. Nur so kann der globale Markt ein brauchbarer Diener der Individuen und der Gesellschaft sein und nicht ein inakzeptabler Gebieter.«

3. Kulturübergreifende ethische Werte und Standards?

Jedes Wort kann verschieden verstanden, jeder Begriff verschieden definiert werden. Insofern ist es nicht erstaunlich, dass auch ethische Begriffe wie etwa »Integrität« je nach kulturellem Kontext eine unterschiedliche Bedeutung haben können. Das Wort Integrität kommt bekanntlich vom lateinischen »tangere«, von »berühren«. Das lateinische »integer« meint »unberührt«, »unversehrt«, »unbescholten«, »heil«, »ganz«. Integrität kann somit definiert werden als das Freisein von sittlichen Verfehlungen, als Unbescholtenheit und Unbestechlichkeit – nicht zu verwechseln mit absoluter Fehlerlosigkeit, Irrtumsfreiheit oder gar Unfehlbarkeit. Doch es ist richtig, dass die Amerikaner unter »Integrität« vor allem das Einhalten vorgeschriebener Gesetze verstehen und das Wort nicht im umfassenden lateinischen oder deutschen Sinn nehmen (Prof. Jürgen Strube).

Wie lässt sich dieser Schwierigkeit begegnen? Auf zwei Weisen:

1. Es ist notwendig, solche Begriffe nicht formal zu gebrauchen, sondern mit Inhalt zu füllen. Wenn im Deutschen mit dem Wort »Integrität« Unbestechlichkeit, Aufrichtigkeit, Ehrlichkeit, überhaupt die Übereinstimmung von Reden und Handeln einer Person erfasst werden, so ist dies freilich ein Beispiel dafür, dass wir bei der inhaltlichen Füllung des globalen Ethos zugleich konkreter und umfassender ansetzen müssen.

2. Auch ein einzelner Begriff kann ganz und gar eindeutig verstanden werden, wenn er nämlich nicht absolut gebraucht, sondern in einer bestimmten Situation benutzt wird. Wenn in einem Unternehmen angesichts einer Korruptionsaffäre »Integrität« angemahnt wird, so ist in Deutschland wie in Amerika eindeutig, was damit gemeint ist. Insofern können solche Begriffe durchaus so etwas wie ein Bündel elementarer ethischer Werte und Standards ausdrücken, so etwas wie ein »Kernethos«.

Hier bietet der UN Global Compact (»Globaler Vertrag«), den Generalsekretär Kofi Annan vorangetrieben hat, einen wertvollen Ansatz. Wenn dieser Vertrag von der Weltwirtschaft die Respektierung und Unterstützung der Menschenrechte, die Eliminierung von allen Formen von Zwangs- und Kinderarbeit und das Eingehen auf die ökologischen Herausforderungen verlangt, dann aufgrund der Überzeugung, dass überall auf der Erde – also in allen Gesellschaften, Kulturen und Religionen – Menschen vergleichbare Grundpfeiler anerkennen für das konfliktfreie Zusammenleben und den gewaltlosen Ausgleich von Interessen.

Damit stimmt der UN Global Compact mit dem Ansatz der Weltethos-Erklärung des Parlaments der Weltreligionen von Chicago 1993 überein. In beiden Dokumenten steht die unbedingte Achtung der Menschenwürde im Zentrum. Aber während der UN Global Compact von den Menschenrechten, der Ausgestaltung der Arbeitsbedingungen und vom Umweltschutz ausgeht und so gerade allgemeine ethische Prinzipien voraussetzt, geht die Weltethos-Erklärung von allgemeinen ethischen Prinzipien aus und stößt von dort her zu sozialen und ökologischen Forderungen vor. So fehlt zum Beispiel beim Global Compact die Forderung der Wahrhaftigkeit, die Voraussetzung ist für das Vertrauen, das eine grundlegende Kategorie nicht nur für Demokratie und Rechtsstaat, sondern auch für die Wirtschaft ist. Vertrauen oder Misstrauen sind unter anderem Resultate wahrhaftigen oder unwahrhaftigen, fairen oder unfairen Verhaltens.

Auch die OECD-Richtlinien für multinationale Unternehmen enthalten ganz bestimmte ethische Grundforderungen:

- wie die Forderung nach »disclosure« (Offenlegung), die den Willen zur Wahrhaftigkeit, Aufrichtigkeit und Transparenz voraussetzt;
- wie die Forderung des Umweltschutzes sowie der öffentlichen Gesundheit und Sicherheit, die Ehrfurcht vor dem Leben, allem Leben, auch dem der Tiere und Pflanzen, voraussetzt;
- wie die Forderung, auf alle Schmiergelder oder andere Bestechungsmittel zu verzichten, eine grundlegende Einstellung zur Gerechtigkeit und Fairness sowie den Willen zu einer gerechten Wirtschaftsordnung voraussetzt;

- wie die Forderung, am Arbeitsplatz jede Diskriminierung auch aufgrund des Geschlechts zu vermeiden, die ethische Überzeugung von der Partnerschaft von Mann und Frau und die Notwendigkeit der Gleichberechtigung impliziert.

Wer meint, es gehe hier nur um abstrakte allgemeine Sätze, der lese die genannte Weltethos-Erklärung des Parlaments der Weltreligionen, wo die aus uralten ethischen und religiösen Traditionen stammenden Prinzipien in die Gegenwart hinein übersetzt werden. Aus all dem ergibt sich: Die immer wieder aufgeworfene grundlegende Frage nach kulturübergreifenden globalen Werten und Standards ist durchaus zu beantworten.

4. Welches sind die gemeinsamen humanen Grundwerte und Standards?

Die elementaren humanen Werte und Standards der großen ethisch-religiösen Traditionen, wie sie in den genannten Erklärungen für unsere heutige Zeit ausgedrückt sind, wurden in einem höchst komplizierten sozial-dynamischen Prozess im Lauf der Evolution durch den Menschen selbst herausgebildet. Das heißt: Wo sich Bedürfnisse des Lebens und menschliche Dringlichkeiten und Notwendigkeiten zeigten, da drängten sich Handlungsregulative für das menschliche Verhalten auf: Prioritäten, Konventionen, Gesetze, Gebote, Weisungen und Sitten, kurz, bestimmte ethische Normen, Werte und Standards. Und so findet sich denn vieles, was in der Hebräischen Bibel, im Neuen Testament und im Koran, in den Kulturen semitischen Ursprungs also, als Gebot Gottes verkündet wird, auch in den Religionen indischen und chinesischen Ursprunges.

Das heißt nun aber auch: Immer wieder neu mussten und müssen die Menschen ethische Normen, ethische Lösungen in Entwürfen und Modellen erproben, sie oft durch Generationen hindurch einüben und bewähren. Nach Perioden von Bewährung und Eingewöhnung kommt es schließlich zur Anerkennung solcher eingelebten Normen, aber manchmal auch wieder – wenn sich die Zeit völlig verändert hat – zu ihrer Aushöhlung und Auflösung. Man kann sich fragen, ob wir vielleicht in einer solchen Zeit des Übergangs leben.

Man beklagt ja allgemein ein Orientierungsvakuum: dass wir trotz und zum Teil auch wegen aller Globalisierung in einer religiös-politisch zerrissenen, kriegerisch-konfliktreichen und zugleich einer orientierungsarmen Zeit leben: in einer Zeit, in der viele moralische Autoritäten an Glaubwürdigkeit verloren haben; in einer Zeit, in der viele Institutionen in den Strudel tiefgreifender Identitätskrisen gezogen sind; in einer Zeit, in der viele Maßstäbe und Normen ins Gleiten kamen, sodass viele gerade auch junge Menschen kaum noch wissen, was in den verschiedenen Lebensbereichen gut und was böse ist.

Wer wollte also bestreiten, dass ein neuer ethischer Gesellschaftskonsens notwendig ist: eine Rückbesinnung auf ein Minimum an humanen Werten und Standards. Dafür sollten wir die religiösen und die philosophischen Traditionen und alle geistigen Ressourcen der Menschheit nützen, wie dies bei der Formulierung der genannten Weltethos-Erklärung geschehen ist. Keine einzige Religion oder Philosophie kann ihre spezifischen Werte und Standards den anderen aufzwingen. Aber jede Religion oder Philosophie kann aus ihrem geistigen Fundus zu einem neuen ethischen Gesellschaftskonsens beitragen.

Welches also sind die übergreifenden humanen Werte und Standards, die heute als universal geltend angesehen werden können? Aufgrund der bisherigen Erklärungen zum Weltethos hat sich herausgestellt, dass die allen anderen Werten zugrunde liegenden ethischen Prinzipien Menschlichkeit und Gegenseitigkeit sind. Auf ihnen gründen folgende Werte und Standards: Ehrfurcht vor dem Leben und Gewaltlosigkeit; Solidarität und Gerechtigkeit; Toleranz und Wahrhaftigkeit sowie Gleichberechtigung und Partnerschaft. Auf der folgenden Tafel werden diese humanen Werte und Standards durch Texte aus der Weltethos-Erklärung des Parlaments der Weltreligionen erläutert.

Wertetafel

Auf der Basis von Zitaten aus der »Erklärung zum Weltethos« des Parlaments der Weltreligionen, Chicago 1993

Basiswerte

Menschlichkeit

Angesichts aller Unmenschlichkeit sollte als gemeinsames ethisches Prinzip gelten: Jeder Mensch muss menschlich behandelt werden! Das heißt: Jeder Mensch – ohne Unterschied von Alter, Geschlecht, Rasse, Hautfarbe, körperlicher oder geistiger Fähigkeit, Sprache, Religion, politischer Anschauung, nationaler oder sozialer Herkunft – besitzt eine unveräußerliche und unantastbare Würde. Alle, der Einzelne wie der Staat, sind deshalb verpflichtet, diese Würde zu achten und ihnen wirksamen Schutz zu garantieren. Statt die wirtschaftliche und politische Macht in rücksichtslosem Kampf zur Herrschaft zu missbrauchen, ist sie zum Dienst an den Menschen zu gebrauchen.

Gegenseitigkeit

Es gibt ein Prinzip, das seit Jahrtausenden in vielen religiösen und ethischen Traditionen der Menschheit zu finden ist und sich bewährt hat:

Was du nicht willst, das man dir tut, das füg' auch keinem anderen zu. Oder positiv: Was du willst, das man dir tut, das tue auch den anderen! Dies sollte die unverrückbare, unbedingte Norm für alle Lebensbereiche sein, für Familie und Gemeinschaften, für Rassen, Nationen und Religionen.

Kernwerte

Ehrfurcht vor dem Leben

Die menschliche Person ist unendlich kostbar und unbedingt zu schützen. Aber auch das Leben der Tiere und Pflanzen, die mit uns diesen Planeten bewohnen, verdient Schutz, Schonung und Pflege. Als Menschen haben wir – gerade auch im Blick auf künftige Generationen – eine besondere Verantwortung für den Planeten Erde und den Kosmos, für Luft, Wasser und Boden. Wir alle sind in diesem Kosmos miteinander verflochten und voneinander abhängig. Jeder von uns hängt ab vom Wohl des Ganzen. Jeder Mensch hat das Recht auf Leben, körperliche Unversehrtheit und freie Entfaltung der Persönlichkeit, soweit er nicht die Rechte anderer verletzt. Kein Mensch hat das Recht, einen anderen Menschen physisch oder psychisch zu quälen, zu verletzen, gar zu töten.

Gewaltlosigkeit

Wo es Menschen gibt, wird es Konflikte geben. Solche Konflikte aber sollten grundsätzlich ohne Gewalt im Rahmen einer Rechtsordnung gelöst werden. Das gilt für den Einzelnen wie für die Staaten. Gerade die politischen Machthaber sind aufgefordert, sich an die Rechtsordnung zu halten und sich für möglichst gewaltlose, friedliche Lösungen einzusetzen. Sie sollten sich engagieren für eine internationale Friedensordnung, die ihrerseits des Schutzes und der Verteidigung gegen Gewalttäter bedarf.

Solidarität

Kein Mensch hat das Recht, sein Eigentum ohne Rücksicht auf die Bedürfnisse der Gesellschaft und der Erde zu gebrauchen. Eigentum, es sei noch so wenig, verpflichtet. Sein Gebrauch soll zugleich dem Wohl der Allgemeinheit dienen. Die Menschheit muss einen Geist des Mitleids mit den Leidenden entwickeln und besondere Sorge tragen für die Armen, Behinderten, Alten, Flüchtlinge und Einsamen.

Gerechtigkeit

Die Strukturen der Weltwirtschaft müssen gerechter gestaltet werden. Individuelle Wohltätigkeit und einzelne Hilfsprojekte, so unverzichtbar sie sind, reichen nicht aus. Es braucht die Partizipation aller Staaten und die Autorität der internationalen Organisationen, um zu einem gerechten Ausgleich zu kommen. Es ist jedenfalls zu unterscheiden zwischen einem notwendigen und einem hemmungslosen Konsum, zwischen einem sozialen und einem unsozialen Gebrauch des Eigentums, zwischen einer gerechtfertigten und einer ungerechtfertigten Nutzung der natürlichen Ressourcen, zwischen einer rein kapitalistischen und einer sozial wie ökologisch orientierten Marktwirtschaft.

Toleranz

Kein Volk, kein Staat keine Rasse, keine Religion hat das Recht, eine andersartige oder andersgläubige Minderheit zu diskriminieren, zu »säubern«, zu exilieren, gar zu liquidieren. Jedes Volk soll dem anderen, jede Rasse soll der anderen, jede Religion soll der anderen Toleranz, Respekt, gar Hochschätzung entgegenbringen. Minderheiten – sie seien rassischer, ethnischer oder religiöser Art – bedürfen unseres Schutzes und unserer Förderung.

Wahrhaftigkeit

Jeder Mensch soll Wahrhaftigkeit in Denken, Reden und Tun an den Tag legen. Jeder Mensch hat das Recht auf die notwendige Information, um die für sein Leben grundlegenden Entscheidungen treffen zu können. Ohne eine ethische Grundorientierung freilich vermag er kaum das Wichtige vom Unwichtigen zu unterscheiden. Freiheit soll nicht mit Willkür und Pluralismus nicht mit Beliebigkeit verwechselt werden, sondern es soll der Wahrheit Geltung verschafft werden. Der Geist der Wahrhaftigkeit soll auch in den alltäglichen Beziehungen zwischen Mensch und Mensch gepflegt werden, statt in Unehrlichkeit, Verstellung und opportunistischer Anpassung zu leben. Die Wahrheit ist in unbestechlicher Wahrhaftigkeit immer neu zu suchen, statt ideologische oder parteiische Halbwahrheiten zu verbreiten.

Gleichberechtigung

Die Beziehung zwischen Mann und Frau sollte nicht durch Bevormundung oder Ausbeutung bestimmt sein, sondern durch Liebe, Partnerschaftlichkeit und Verlässlichkeit. Überall auf der Welt gibt es verdammenswerte Formen des Patriarchalismus, der Vorherrschaft des einen Geschlechtes über das andere, der Ausbeutung von Frauen, des sexuellen Missbrauchs von Kindern sowie der erzwungenen Prostitution. Kein Mensch hat das Recht, einen anderen zum bloßen Objekt seiner Sexualität zu erniedrigen, ihn in sexuelle Abhängigkeit zu bringen oder zu halten.

Partnerschaft

Partnerschaft drückt sich aus in gegenseitiger Achtung und Verständnis, gegenseitiger Rücksicht, Toleranz, Versöhnungsbereitschaft und Liebe. Auf der Ebene der Nationen und Religionen kann nur praktiziert werden, was auf der Ebene der persönlichen und familiären Beziehungen bereits gelebt wird.

Aus: Hans Küng (Hrsg.) *Globale Unternehmen – globales Ethos*

5. Wie soll ein Weltethos sich durchsetzen?

So wird man immer wieder gefragt, und gewiss nicht nur von Skeptikern. Die Antwort: nicht anders als die Forderungen des UN Global Compacts, die jetzt zumindest UNO-Rang erhalten haben. Doch welch langen Bewusstseinsprozess hat es gebraucht, bis Menschenrechte, humane Arbeitsbedingungen und Umweltforderungen dieses Niveau erreicht haben. In allen diesen Fragen, ähnlich wie in Fragen von Frieden und Abrüstung sowie Partnerschaft von Mann und Frau, bedurfte es eines sehr komplexen und lang andauernden Prozesses der Bewusstseinsveränderung, die als solche ja Grundvoraussetzung ist für eine Änderung des Bewusstseins der Menschheit zu einem Menschheitsethos überhaupt.

Und viele können da mithelfen: Transparency International vor allem, aber auch andere Vordenker, Aktivisten und Initiativgruppen, die zahllosen Lehrer und Lehrerinnen, die sich schon jetzt einsetzen für ein neues Verständnis der Weltreligionen, für den Weltfrieden und das Weltethos. Um des friedlichen Zusammenlebens der Menschheit willen, und zwar auf lokaler Ebene (in »multikulturellen« und »multireligiösen« Städten) wie auf globaler Ebene (im Zeichen von Weltkommunikation, Weltwirtschaft, Weltökologie und Weltpolitik), ist die Besinnung auf das allen Menschen Gemeinsame im Ethos mehr denn je geboten. Vom Einzelnen also hängt es ab, was in seinem kleinen oder größeren Lebensraum geschieht, von ihm und seiner Motivation.

Als ich den großherzigen Gründer unserer Stiftung Weltethos, Graf von der Groeben, nach der Motivation seines Einsatzes fragte, griff er zu seinem Portemonnaie und zeigte mir einen kleinen vergilbten Zettel, auf dem ein Wort Mahatma Gandhis von den »Sieben sozialen Sünden in der heutigen Welt« stand. Sie lauten:

Reichtum ohne Arbeit,
Genuss ohne Gewissen,
Wissen ohne Charakter,
Geschäft ohne Moral,
Wissenschaft ohne Menschlichkeit,
Religion ohne Opfer und
Politik ohne Prinzipien.

Die Entwicklungsagenda und die Herausforderung Korruption
Nachwort von James D. Wolfensohn, Präsident der Weltbank

Wenn wir heute zurückblicken, mutet es seltsam an, dass das Phänomen Korruption vor gerade mal zehn Jahren in den professionellen Kreisen der Entwicklungszusammenarbeit nur äußerst selten diskutiert wurde. Als ich 1995 in der Weltbank anfing, stellte ich fest, dass das Thema ein großes Unbehagen auslöste. Das erste Problem war das Fehlen eines klaren Ansatzes für den Umgang mit Korruption, der über die klassische Arbeit von Buchhaltung, Buchprüfung und Vergabeverfahren hinausgegangen wäre. Zweitens hatte sich eine Denkweise herausgebildet, die davon ausging, dass Korruption ein Bestandteil der meisten Systeme und vieler Kulturen sei – und vielleicht sogar vorteilhaft zum »Schmieren der Räder« auf der Fahrt in Richtung Fortschritt sein könnte. Jedenfalls könnte man sicherlich nichts dagegen unternehmen. Drittens wurden die meisten Diskussionen, weil es weder klare Maßnahmen noch unwiderlegbare Beweise für das Vorliegen korrupter Praktiken gab, nur indirekt und hinter vorgehaltener Hand geführt. Es gab äußerst wenige erwiesene Rechtsverstöße und klare Statistiken. Daher war es schwierig, korrupte Praktiken eindeutig aufzudecken, insbesondere angesichts mächtiger Führungspersönlichkeiten, die ja selbst ein Teil des Problems sein sollten.

Am bedeutsamsten ist aber vielleicht die Tatsache, dass die Korruption zwei Seiten hat, einen Bestechenden und einen Bestochenen, also nicht nur einen, der korrumpiert, sondern auch jemanden, der korrumpiert wird. Und doch gab es in der Weltbank nur wenige, die es wagten, das Thema in den wohlhabenden Ländern und gegenüber den großen Unternehmen anzusprechen. Deren Beteiligung an korrupten Praktiken schien bereits ebenso unabänderlich wie alltäglich. Viele reichere Nationen erlaubten es ja sogar, Schmiergeldzahlungen als Geschäftsausgaben von der Steuer abzusetzen.

Es gab jedoch viele, die darunter litten und entsetzt waren, wenn sie zusehen mussten, wie wertvolle Ressourcen, die für die Entwicklungsarbeit gedacht waren, verschwanden. Oder wie Staatsbeamte mit niedrigem Einkommen plötzlich im Reichtum schwelgten, wie Geschäftsleute auf unerklärliche Weise Aufträge erhielten, oder vor allen Dingen, wie arme Menschen den Behörden tagtäglich Schmiergeld zahlen mussten – selbst wenn es sich um die ärztliche Behandlung eines kranken Kindes handelte.

Peter Eigen war einer von denen, die diese korrupten Praktiken beobachteten und sich über sie empörten, weil sie ein Haupthindernis für die Entwicklungsarbeit darstellten. Er arbeitete innerhalb der Weltbank jahrelang als respektierter Entwicklungsfachmann. Seine zunehmende Besorgnis über die Korruption beruhte auf seiner eigenen Arbeit als Rechtsanwalt, Länderreferent, Manager und schließlich Repräsentant der Weltbank in Kenia. Er war immer stärker davon überzeugt, dass er und vor allem seine Freunde und Kollegen in den Entwicklungsländern ihre Arbeit nicht leisten konnten, solange das Problem der Korruption nicht ernsthaft angepackt wurde. Er war wütend über die Ungerechtigkeit, dass Unternehmen aus reichen Ländern die Institutionen armer Länder ungestraft untergraben konnten. Tief berührten ihn auch die Mahnungen und das traurige Zeugnis seiner Frau Jutta, die als Ärztin in einigen der ärmsten Slums der Welt arbeitete. Sie erlebte dort unmittelbar, wie Entwicklungshilfe fehlgeleitet wurde und welches Bild sich die Menschen von korrupten ausländischen Geschäftsleuten und von einheimischen Beamten, die die Hand aufhielten, machten.

Als Mitarbeiter der Weltbank hatte Peter Eigen jahrelang auf verschiedenen Wegen versucht, die Frage der Korruptionsbekämpfung anzusprechen. Aber er musste sich wieder und wieder sagen lassen, dass dieses Thema außerhalb des Mandats der Institution läge – und zu nahe am Bereich politischer Aktionen lag, welche die Satzung der Weltbank verbot. Deshalb waren nur technische und sehr indirekte Ansätze erlaubt.

Das Ergebnis ist weithin bekannt und in diesem Buch dokumentiert. Peter Eigen beschloss, dass er einen größeren Beitrag zur Entwicklungsarbeit leisten könne, wenn er seinen Kampf von außen führte. Er verließ die Weltbank vor einem Jahrzehnt und gründete mit einigen anderen Mitstreitern Transparency International. Mit dieser bemerkenswerten Leistung ist es ihm gelungen, seine und die Vision einer Gruppe von Mitarbeitern aus aller Herren Länder in eine Bewegung und Organisation zu übersetzen, die auf die Erfahrung, den Sachverstand und die Entschlossenheit derer bauen kann, die am stärksten von den Auswirkungen korrupter Praktiken in ihrer Umgebung betroffen sind. Es ist ihm gelungen, eine Organisation aufzubauen, die etwas erreicht hat, was viele für unmöglich gehalten hatten – nämlich den Umfang der Korruption und vor allem ihre Konsequenzen mit soliden quantitativen Messungen, Umfragen und fortlaufenden Berichten zu demonstrieren. Durch den Aufbau von Koalitionen und durch politischen Druck hat er geschickt auf die Probleme und Sorgen von Menschen Einfluss gewinnen können. Besonders bemerkenswert ist die Tatsache, dass Transparency International mit diesem heiklen und schmutzigen Problem eine Vielzahl von Menschen angesprochen hat, von denen viele zum Teil selbst direkt beteiligt waren. Für die großen Unternehmen, die noch vor zehn Jahren davon ausgingen, dass Bestechung ein ganz normaler Vorgang sei, der ja auch in der Steuererklärung aufgeführt wurde, ist Transparency International heute ein respektierter (und manchmal gefürchteter) Kritiker und ein potenzieller Verbündeter im Bemühen, das System zum Guten zu verändern.

Transparency International ist eine internationale Bewegung, die viel vom Besten der Organisationen der Zivilgesellschaft vorführt, die in den letzten Jahrzehnten entstanden sind. Sie führt globale Erfahrung zusammen, teilt Wissen, formuliert Optionen für Veränderung und nutzt stetigen und verantwortungsvollen Druck, um diese Veränderungen auch Wirklichkeit werden zu lassen. Peter Eigen hat sich beim Aufbau dieser Bewegung als starke und tief engagierte Führungspersönlichkeit ausgewiesen, die hartgesotten und visionär, aber auch charismatisch und mutig agiert. Er besitzt auch das Gespür für realistische Perspektiven und konnte so unverkrampft viele sehr unterschiedliche Partnerschaften eingehen.

Ich hatte die Gelegenheit, mit Peter Eigen in diesen kritischen zehn Jahren eng zusammenzuarbeiten und ich schätze die Partnerschaft zwischen der Weltbank und Transparency International, die sich im Laufe der Jahre gefestigt hat. Denn auch ich war wütend über die vielen Berichte über Korruption, aber noch mehr über die bestehenden Regeln und Praktiken, die es so schwierig machten, die himmelschreienden Probleme der Menschen in den Entwicklungsländern zu erörtern und aktiv zu ihrer Lösung beizutragen. Ich wusste außerdem, dass die Korruption das größte Hindernis für die ungemein wichtige Anstrengung war, die – auch finanzielle – Unterstützung der reichen Länder zu mobilisieren. Ich wusste, dass viele meiner Kollegen innerhalb der Weltbank meine Besorgnis teilten, aber angesichts eines fehlenden Rahmens für die Lösung des Problems waren ihnen die Hände gebunden. Ich war damals wie heute fest entschlossen, die Situation zu ändern und Wege zu finden, um das Thema offen und entschlossen anzupacken. Als ich das Thema der Regierungsführung (Governance) in den Mittelpunkt einer wichtigen Rede gestellt hatte, wurde das C-Wort (Corruption) zu einem gebräuchlichen Begriff, und mir schlug eine Woge des Interesses und der Unterstützung entgegen.

Das Problem erkennen und darüber direkt zu sprechen anstatt nur in Andeutungen, war ein erster wichtiger Schritt. In diesem gemeinsamen Bemühen ist die Partnerschaft zwischen Transparency International und der Weltbank ein klassisches Beispiel dafür, wie öffentliche Institutionen und die Zivilgesellschaft durch ihre sehr unterschiedlichen Methoden ein gemeinsames Ziel vorantreiben können. Heute ist ein grundlegender Wandel erreicht worden, und es besteht klares Einvernehmen darüber, dass die Korruption ein zentrales Entwicklungsproblem ist, das mit der Armut vieler Menschen und Regionen aufs Engste verbunden ist. Einmütigkeit herrscht auch darüber, dass Informationen, Kritik, Debatten und Aktionen – die Grundelemente von Transparenz – öffentlich sein müssen, weil sie die notwendigen Voraussetzungen für Veränderung sind.

Die nächste Stufe sollte jedoch schwieriger werden. Nachdem das Problem einmal beim Namen genannt war und die Messbarkeit der Korruption Bestandteil der grundlegenden Entwicklungsdebatte geworden war, galt es, praktische Veränderungen herbeizuführen, die den ärmsten Ländern und Gemeinschaften der Welt zugute kamen. Es gibt ermutigende Beispiele für ausgezeichnete nationale Antikorruptionsstrategien, für Institutionen, die sich gewandelt haben, und für Unternehmen, die sich darum bemühen, dass ihre Angestellten der Versuchung widerstehen, beim Abschluss von Geschäften korrupte Methoden zu benutzen. Offenkundig ist auch geworden, wie sehr allgemein zugängliche Informationen zur Verbesserung des öffentlichen Dienstes beitragen. Es gibt jedoch auch viele Enttäuschungen und Rückschläge. Wir müssen einsehen, dass noch ein langer Weg vor uns liegt, bis die Regierungsführung jene Qualität erreicht hat, die wir anstreben.

Im März 2003 haben die Weltbank und Transparency International einen ganzen Tag lang den gemeinsamen Kampf gegen die Korruption bilanziert. Und zwar sowohl als Partner bei gemeinsamen Projekten und Ansätzen als auch bei unabhängigen und unterschiedlichen Aktivitäten. Es ging uns hauptsächlich darum, zu diskutieren, welche Aufgaben noch vor uns liegen, darum,

Ziele zu setzen und die Modalitäten der Partnerschaft beider Institutionen zu klären. Es war ein gutes Zeichen, dass es sowohl ein großes Maß an Einverständnis, aber auch einige Meinungsunterschiede und perspektivische Diskrepanzen zwischen den beiden Teams gab. Wenn wir gemeinsam nach vorne schauen, teilen wir vor allen Dingen unsere grundlegende Entschlossenheit und die Überzeugung, auch in Zukunft zusammenarbeiten zu wollen.

Es ist das beste Zeugnis sowohl für Peter Eigen und seine Kollegen bei Transparency International als auch für meine Kollegen bei der Weltbank, dass wir gemeinsam auf die ungeheuren Veränderungen der letzten zehn Jahre zurückblicken können. Obwohl ich bedaure, dass Peter die Weltbank vor meinem Amtsantritt verlassen hatte und ich nicht direkt mit ihm zusammenarbeiten konnte, erkenne ich durchaus an, dass er damals außerhalb der Institution eine größere Wirkung entfalten konnte. Und nur einem Mann seines Kalibers konnte es gelingen, zusammen mit anderen mit dem Kopf gegen die Mauern aus Vorurteilen und Zaghaftigkeit anzurennen, um tiefgreifende Veränderungen herbeizuführen.

Peter Eigens Buch wird auf unserem weiteren Weg ein wertvolles Hilfsmittel sein. Es erzählt die Geschichte einer wichtigen persönlichen Führungsleistung und eines institutionellen Wandels, der vielen Menschen in den verschiedensten Teilen der Welt geholfen hat, sich zusammenzuschließen, um den Weg zur Lösung der für mich größten Herausforderung unserer Generation freizumachen: des Kampfs gegen die Armut.

Anhang

Die Weltkarte der Korruption

Westeuropa

Wie wiederholt gezeigt, ist weder Deutschland noch der Rest Westeuropas ein Hort der Seligen. Von hier geht ein Großteil der transnationalen Korruption in den Entwicklungsländern aus und hier findet auch heute immer noch eine beängstigende »Binnen-Korruption« statt. In Großbritannien etwa kam im Jahr 2001 der größte Bestechungsskandal seit zwei Jahrzehnten vor Gericht. Der Geschäftsführer von Hobsons, einem Lebensmittelunternehmen, hatte angeblich 2,4 Millionen Pfund (3,8 Millionen US-Dollar) vom Bankkonto einer Tochterfirma gestohlen, um damit die Ausweitung eines lukrativen Vertrages mit der Cooperative Wholesale Society (CWS) zu erreichen. Während er in der ersten Instanz ungeschoren blieb – er hatte das Geld nicht direkt, sondern als »Maklergebühr« an einen Mittelsmann gezahlt –, sah es das Gericht als erwiesen an, dass sich zwei hohe Mitarbeiter der CWS mit je 1 Million Pfund (ca. 1,6 Millionen Euro) hatten bestechen lassen. Sie wurden zu dreieinhalb Jahren Haft verurteilt.

Die britische Regierung ging einen Schritt weiter als die anderen Länder, als sie im Februar 2002 das britische Gesetz in Einklang mit der OECD-Konvention gegen Auslandskorruption bringen sollte. Anders als in den anderen OECD-Ländern machte der britische Gesetzgeber keine Ausnahme für Schmiergelder (so genannte »Facilitating Payments«). Derartige geringfügige Zuwendungen

an ausländische Amtsträger sind vom allgemeinen Verbot der ausländischen Bestechungen der OECD-Konvention dann ausgenommen, wenn sie legale Routinedienstleistungen der Amtsträger beschleunigen sollen, wie beispielsweise die zügige Löschung einer
Schiffsladung. Solche Facilitating Payments sind auch unter dem
Foreign Corrupt Practices Act der USA zugelassen und werden
von vielen internationalen Geschäftsleuten als unerlässlich angesehen. TI ist über die klare Haltung des Gesetzgebers in Großbritannien hocherfreut, doch der Industrieverband kritisierte, dass britische Unternehmen dadurch einen Wettbewerbsnachteil erleiden
würden.

Italiens Ministerpräsident Silvio Berlusconi und einige seiner
Kollegen sahen sich derweil mit Anklagen wegen Korruption und
Bilanzfälschung konfrontiert. Im Zuge seiner Verteidigung richtete
Berlusconi mithilfe seiner Mehrheiten im Parlament seine Macht
nicht auf den Kampf gegen die Korruption, sondern gegen die
Untersuchungsrichter. Ende 2001 wurde ein neues Gesetz vom
Parlament gebilligt, das wie eine Einladung zur Geldwäsche wirkt
und die Arbeit der Richter empfindlich beeinträchtigt: Von nun an
ist Bilanzfälschung in Italien kein Verbrechen mehr. Auch andere
Hindernisse wurden den Untersuchungsrichtern, die in Korruptionsfällen und gegen die Mafia ermitteln, in den Weg gelegt, etwa
der Abzug ihres Personenschutzes. Im Januar 2002 appellierte deshalb der UN-Sonderberichterstatter an Berlusconi, seine Regierung möge die grundsätzlichen Prinzipien der Vereinten Nationen
über die Unabhängigkeit der Judikative respektieren.

Im April 2002 legte die deutsche Bundesregierung dem Bundestag ein Eckpunktepapier vor, das die Einrichtung eines Registers
unzuverlässiger Unternehmen ermöglichte, also einer »Schwarzen
Liste«. In diesem Register sollten Firmen gelistet werden, die man
bei der Zahlung von Bestechungsgeldern, der Beschäftigung von
Schwarzarbeitern oder korrupten Handlungen ertappt hatte. Ein
Unternehmen, das in dieser Liste aufgeführt ist, sollte demnach für

eine bestimmte Zeit von allen öffentlichen Aufträgen ausgeschlossen werden. Leider stieß der Vorschlag auf Widerstand. Der Entwurf wurde dreimal im Bundesrat durch die Oppositionsmehrheit gestoppt.

In Spanien enthüllten Korruptionsuntersuchungen bei der Bank BBVA einen der größten Bankenskandale Europas seit Jahren. Die Ermittlungen begannen im April 2002 und bezogen sich auf die Aktivitäten der Banco Bilbao Vizcaya vor ihrer Fusion mit der Argentaria Bank 1999. Die Bank wurde verdächtigt, in Jersey, Liechtenstein und der Schweiz 225 Millionen Euro auf geheimen Konten deponiert zu haben, die Betrug, Misswirtschaft und Geldwäsche ermöglicht hätten. Angeblich war außerdem Geld abgezweigt worden, um die Wahlkämpfe des venezolanischen Staatspräsidenten Hugo Chavez und des peruanischen Staatspräsidenten Alberto Fujimori zu finanzieren.

Auch international taten sich europäische Unternehmen unrühmlich hervor. Einige der größten multinationalen Baufirmen aus Großbritannien, Frankreich, Deutschland, Italien und der Schweiz müssen mit strafrechtlicher Verfolgung der Lesotho Highlands Development Authority rechnen. Ein Fall, der eher die Ausnahme darstellt. Denn bisher werden nur wenige europäische Firmen wegen Bestechung in einem Entwicklungsland aufgrund der Gesetze des Gastlandes angeklagt.

Nordamerika

Im März 2002 setzte der amerikanische Kongress die erste Reform zur Wahlkampffinanzierung seit 25 Jahren durch. Das McCain-Feingold-Gesetz schränkt die Werbung für Kandidaten durch außenstehende Interessengruppen ein. Der Energieriese Enron beispielsweise hatte seit 1989 politische Parteien mit insgesamt 5,95

Millionen US-Dollar unterstützt. 74 Prozent gingen an die Republikaner, die Partei von Präsident Bush.

Seit die Whistleblowerin Sherron Watkins bei der Aufdeckung des Enron-Skandals half, ist das Unternehmen weltweit aber vor allem wegen massiver Bilanzfälschung bekannt. In einem Bilanzsystem mit privaten Partnern und Offshore-Tochterfirmen hatte Enron den Schuldenstand der Firma gering gehalten und die Aktienpreise in schwindelnde Höhen getrieben. Weitere Hinweise auf eine irreführende Buchführungspraxis gab es bei den Firmen Adelphia Communications, Global Crossing, Halliburton, WorldCom und Xerox. Gleichzeitig wurde gegen die Geschäftsführer von Tyco International und ImClone Systems Anklage wegen Steuerhinterziehung und Insiderhandel erhoben.

Um das Vertrauen wiederherzustellen, entwarfen der Kongress und das Weiße Haus im Juli 2002 rasch einen Gesetzentwurf gegen Unternehmensbetrug. Dieses neue, als Generalüberholung der amerikanischen Wirtschaftsstandards vielgepriesene Sarbanes-Oxley Act beinhaltet neue Strafen für Unternehmensbetrug und verlangt von Generaldirektoren und Vorständen die Übernahme unmittelbarer Verantwortung für die Richtigkeit der Finanzberichte.

Auch Lokalpolitiker in den Vereinigten Staaten wurden von Korruptionsskandalen heimgesucht. Der Abgeordnete James A. Traficant aus Youngstown, Ohio, wurde im April 2002 in zehn Anklagepunkten der Bestechung und anderer Delikte für schuldig befunden. Vincent Cianci Junior, der Bürgermeister von Providence, Rhode Island, wurde im Juli wegen einer kriminellen Verschwörung verurteilt. Da sie sich beide weiterhin in ihren Bezirken großer Beliebtheit erfreuten, wollten sie sich noch einmal zur Wahl stellen, bis der Berufungsweg ausgeschöpft sei. Am 24. Juli, nach einem Antrag des House Ethics Committee, wurde Traficant aber durch eine Abstimmung von 420 zu eins aus dem Kongress ausgeschlossen und ging zwei Wochen später für acht Jahre ins Gefängnis.

In Kanada sah sich die liberale Regierung von Ministerpräsident Chrétien mit Vorwürfen von Ämterpatronage und Vetternwirtschaft bei der Vergabe von Aufträgen konfrontiert. In vielen Fällen ging es um eher kleine Summen, wie etwa bei einer Subvention von 37 000 kanadischen Dollar (24 000 US-Dollar), die Verteidigungsminister Art Eggleton einer ehemaligen Liebhaberin gewährte. Kritiker wiesen aber darauf hin, dass diese kleinen Summen Teil eines Systems seien, in dem Minister Verträge an Freunde vergeben oder an Firmen, die für die Liberale Partei gespendet hatten. Die umstrittene Summe von 1,6 Millionen kanadischer Dollar (1,1 Millionen US-Dollar), die in Form von Verträgen an Groupaction Marketing gegangen war, einer Firma, die im Laufe mehrerer Jahre 70 000 kanadische Dollar (46 000 US-Dollar) an die Liberale Partei gespendet hatte, löste eine Untersuchung durch den Auditor General und die Royal Canadian Mounted Police aus.

Das kanadische Justizministerium hatte sich selbst mit der »Bill C-36« ermächtigt, sich über den Access to Information Act, das Informationszugangsgesetz, hinwegzusetzen. Der Entwurf eines Antiterrorismusgesetzes vom 15. Oktober 2001 gefährdete den öffentlichen Zugang zu Regierungsinformationen, da er dem Justizminister erlaubte, diesen Zugang zum Schutz der internationalen Beziehungen, der nationalen Verteidigung oder der nationalen Sicherheit zu verbieten. Der Access to Information Act enthält ohnehin schon derartige Ausnahmen, unterwirft aber die Entscheidungen hierüber der unabhängigen Prüfung durch den Informationsbeauftragten und die Bundesgerichte. Der neue Gesetzesentwurf schlägt eine Änderung dahingehend vor, dass die Entscheidungen des Justizministers von dieser unabhängigen Prüfung ausgenommen werden.

Zentralamerika, Mexiko und
die Karibischen Inseln

Mexiko ist in der Region sicherlich führend in der Umsetzung von Antikorruptionsmaßnahmen. Das hat auch einen wirtschaftlichen Grund: Die Weltbank geht davon aus, dass Korruption etwa neun Prozent von Mexikos Bruttoinlandsprodukt verschlingt, was die gesamten Bildungsausgaben des Landes übersteigt. Daher führte die Regierung rigorose Mittel ein, um die Korruption zu bekämpfen. Die Gesetzgebung des letzten Jahres beschnitt das Bankgeheimnis in Mexiko beträchtlich. Ein anderes Gesetz erlaubte die vorsorgliche Beschlagnahmung von Gütern, wenn Beamte verdächtigt werden, in korrupte Netzwerke verwickelt zu sein. Und auch hinsichtlich der Untersuchung von Konten oder Gütern, die auf den Namen von Verwandten oder Dritten eingetragen sind, wurden Vorschriften erlassen. Das neue Gesetz über die administrative Verantwortung von Mitarbeitern des öffentlichen Dienstes stärkt das nationale Programm zur Korruptionsbekämpfung und erweitert die Strafen für korrupte Handlungen. Ebenso wichtig sind ein neues Bundesgesetz über den Zugang zu öffentlichen Informationen und die Einführung der E-Government-Systeme Tramitanet und Declaranet.

Gerade das Informationsfreiheitsgesetz hatte in Mexiko für sehr viel Wirbel gesorgt. Im Oktober 2001 überraschte die Grupa Oaxaca die mexikanische Öffentlichkeit mit einem Novum. Die Gruppe von Wissenschaftlern, Juristen, Journalisten und NGO-Vertretern war die erste Gruppierung der Zivilgesellschaft, die dem mexikanischen Kongress eine eigene Gesetzesvorlage präsentierte, und zwar einen Entwurf für das Informationsfreiheitsgesetz. Die Antikorruptionsstelle der Regierung, SEDOCAM, sollte daraufhin einen eigenen Gesetzesentwurf anfertigen, aber es sickerte durch, dass dieser Entwurf voller Ausnahmen und Schlupflöcher war. Die Verantwortung wurde nun dem Regierungssekretariat (Secretaría de Gobernación) übergeben. Eine monatelange Diskussion in allen Gesetzgebungsgremien folgte, bis man sich schließlich im April 2002 auf einen Kompromissentwurf einigte.

Transparencia Costa Rica startete während der Präsidentschaftswahlen im Februar 2002 ein Programm zur Kontrolle der Finanzierung von Wahlkampagnen. Im August 2001 wurden die acht Präsidentschaftskandidaten eingeladen, eine Transparenzvereinbarung zu unterzeichnen, in der sie sich bereit erklärten, die Öffentlichkeit detailliert und regelmäßig über ihre Wahlkampffinanzierung zu informieren. Ein Kandidat weigerte sich, die Vereinbarung zu unterschreiben und versuchte daraufhin, die vorgeschlagenen Maßnahmen zu diskreditieren, die unter anderem die unabhängige Kontrolle der Ausgaben und Spenden der Kandidaten vorsahen. Das Kontrollprogramm zeigte, dass die Parteien ihre Ausgaben zu gering einschätzten und die Spenden nicht vollständig angaben. Es zeigte auch, dass eine der führenden politischen Parteien Ausgaben deklarierte, die 22-mal höher waren als die angegebene Summe der Spenden aus dem gleichen Zeitraum. Die Partei wurde öffentlich zu einer Korrektur ihrer Angaben aufgefordert und sollte eine Erklärung für diese Abweichungen geben. Der Kandidat, der sich ursprünglich geweigert hatte, die Vereinbarung zu unterzeichnen, kooperierte in der zweiten Runde bereitwillig. Die Überwachung der Werbungskosten in dieser Runde führte dazu, dass die Kosten nun beträchtlich reduziert werden konnten.

In Panama wurde im Dezember 2001 ein Gesetz über die Transparenz in der öffentlichen Verwaltung angenommen, das den Bürgern freien Informationszugang zu Regierungsunterlagen gewährte. Nur wenige Tage später beschuldigte die Oppositionspartei die Regierung, sie habe keine vollständige Kopie der Zusatzvereinbarung veröffentlicht, die gemeinsam mit den Vereinigten Staaten abgefasst worden war und das gemeinsame Vorgehen gegen den Drogenhandel betraf. Im Januar 2002 bestätigte und unterzeichnete Staatspräsident Mireya Moscoso offiziell das Informationsfreiheitsgesetz. Es enthält auch Vorschriften zur Bestrafung von Beamten, die das Gesetz missachten.

In Honduras wird der ehemalige Staatspräsident Rafael Callejas angeklagt, während seiner Amtszeit 11 Millionen US-Dollar auf ein geheimes Präsidentschaftskonto überwiesen zu haben.

Gegen den früheren Staatspräsidenten der Dominikanischen Republik, Leonel Fernández, wurde wegen Korruption während seiner Amtszeit von August 1996 bis August 2000 ermittelt. Er wurde zu seinem irregulären Umgang mit 84,3 Millionen US-Dollar auf einem Extrakonto befragt. Doch angeklagt wurde er nicht, obwohl eine Reihe seiner Mitarbeiter vor Gericht erscheinen mussten.

Im April 2002 reichte ein Richter Klage gegen den ehemaligen nicaraguanischen Staatspräsidenten Alemán und Mitarbeiter seiner Regierung wegen Betrug, Veruntreuung und Missbrauchs öffentlicher Gelder in Verbindung mit einem Fernsehgeschäft ein. Da Alemán aber die Mehrheit der Stimmen im Parlament kontrollierte, gelang es lange nicht, seine Immunität aufzuheben, um das Strafverfahren zu eröffnen. Mit einem Besuch in Managua beteiligte ich mich im Dezember 2002 an einer dramatischen Antikorruptionskonferenz, die einen Beitrag zur Aufhebung seiner Immunität leistete – nun sitzt Alemán im Gefängnis.

Südamerika

Roseana Sarney, die Tochter des früheren brasilianischen Staatspräsidenten José Sarney, war eine hoffnungsvolle Präsidentschaftskandidatin bei den Wahlen 2002. Doch ihr Ruf nahm irreparablen Schaden, als ihr eigener Fernsehkanal zeigte, wie die Bundespolizei

1,3 Millionen Real (400 000 US-Dollar) in bar während einer
Razzia in einer ihrer Firmen entdeckte. Ihr Ehemann und Geschäftspartner gab schließlich zu, dass das Geld für die illegale Finanzierung ihrer Wahlkampagne bestimmt war. Der anschlie-
ßende Skandal zwang Sarney im April 2002, aus dem Wahlkampf
auszusteigen.

Eine im Februar 2002 erschienene Studie der Weltbank besagt,
dass in Kolumbien bei 50 Prozent der staatlichen Verträge Bestechungsgelder gezahlt werden. Eine andere Studie der Weltbank
schätzt die Kosten der Korruption in Kolumbien auf 2,6 Milliarden US-Dollar jährlich, was 60 Prozent der Schulden des Landes
entspricht.

Argentinien wird noch immer von Nachrichten über Missbräuche unter der Regierung von Carlos Menem erschüttert. 2001 war
er sechs Monate lang inhaftiert worden, weil er des Waffen-
schmuggels und der Geldwäsche angeklagt war. Nach einer um-
strittenen Entscheidung des Hohen Gerichts wurde er aber wieder
auf freien Fuß gesetzt. Auch der ehemalige Wirtschaftsminister
Domingo Cavallo war im Zusammenhang mit diesem Skandal
verhaftet worden, bei dem es unter anderem um den Verkauf von
6 500 Tonnen Waffen an Ecuador und Kroatien ging. Cavallo
sollte Verfügungen unterzeichnet haben, die den Verkauf von Waffen an Panama und Venezuela erlaubten. Allerdings landeten diese
Waffen zwischen 1991 und 1995 illegal in Kroatien und Ecuador.
Die neueste Anschuldigung gegen Menem besagt, dass er zehn
Millionen US-Dollar Abfindung vom Iran bekommen haben soll,
damit dessen Rolle in der Bombardierung einer Synagoge in Buenos Aires im Juli 1994 vertuscht wird.

Nach sieben Monaten Beobachtung des argentinischen Senats
beschrieb die nationale Sektion von TI, Poder Ciudadano, das
Oberhaus des Parlaments als »gefangene Institution« und bestätigte, dass viele der Transparenzregeln des Senats in der Praxis
nicht angewendet würden. Poder Ciudadano leitete auch das »Vi-

sible Candidates«-Projekt, das ein vollständiges Profil der Kandidaten zur Kongresswahl einschließlich der Wahlkampffinanzierung lieferte.

In Brasilien veröffentlichte ein Untersuchungsausschuss des Kongresses zu Missbrauch und Korruption einen 1600 Seiten langen Bericht, in dem Ricardo Teixeira, der Präsident des brasilianischen Fußballverbandes, der Geldwäsche, des Betrugs und der allgemeinen Misswirtschaft beschuldigt wurde. Der Bericht empfahl, dass Teixeira, der auch Mitglied des Fifa-Vorstands ist, wegen seiner kriminellen Führung des Fußballbundes gerichtlich verfolgt werden sollte. Unter Teixeiras Verwaltung hatte der Verband zwischen 1995 und 2000 Schulden in Höhe von über 10 Millionen US-Dollar angesammelt, von denen einige aus »unzulässigen Ausgaben« stammten. Hierzu gehörte beispielsweise eine Mietlimousine in New York für 2000 US-Dollar täglich.

Pazifik

Offensichtlich nutzte das organisierte Verbrechen aus Russland besonders exzessiv die Offshore-Banken der pazifischen Insel Nauru. So wurden im Jahr 2001 erwiesenermaßen allein über die Sinex Bank auf Nauru 3 Milliarden US-Dollar gewaschen. Die russische Zentralbank gab an, dass mehr als 70 Milliarden US-Dollar über die 400 Offshore-Banken von Nauru geleitet worden waren. Alle Banken waren übrigens auf ein und denselben Briefkasten registriert, der der staatlich kontrollierten Nauru Agency Corporation gehörte. Das ungeheure Ausmaß des Betrugs wird klar, wenn man diese Summe mit den gesamten Exporteinnahmen Russlands vergleicht, die 2001 bei 74 Milliarden US-Dollar lagen. Die Financial Action Task Force (FATF) für Geldwäsche der OECD kündigte daraufhin im Dezember 2001 an, dass sie das erste Mal in ihrer zwölfjährigen Geschichte Maßnahmen gegen einen souveränen Staat ergreifen würde, und stellte Nauru ein Ultimatum: Der Inselstaat musste Gesetzesänderungen zur Regelung seiner Offshore-Banken vornehmen – oder Sanktionen hinnehmen.

Eine Royal Commission wurde in Westaustralien im Dezember 2001 eingesetzt, um Bestechungsvorwürfe bei der Polizei zu prüfen. Die achtzehnmonatige Untersuchung begann im März 2002 mit einem Amnestieangebot für jeden Hinweis und für ehemalige Polizisten, die ein vollständiges schriftliches Geständnis über korrupte und kriminelle polizeiliche Aktivitäten vor dem 31. Mai 2002 ablegten und bereit waren, Beweise zu erbringen.

Polizeikorruption wird auch ein Thema bei den Wahlen 2003 sein. Experten gehen davon aus, dass einer der Gründe für die weite Verbreitung von Polizeikorruption in einer »Polizeikultur« zu sehen ist, die fragwürdiges Verhalten ermutigt. Richter James Wood, der der Royal Commission vorstand, erklärte, dass Polizisten von Anfang an lernen, dass die Loyalität gegenüber ihren Kollegen wichtiger ist als die Loyalität gegenüber ihren Dienstverpflichtungen.

In Papua-Neuguinea veröffentlichten Zeitungen in den Wochen vor den Wahlen im Juni 2002 ganzseitige Anzeigen des Medienrates, in denen die Wähler dazu aufgerufen wurden, kritisch gegenüber den Kandidaten zu sein und aufzuhören, ihre Stimmen zu verkaufen. Die Kampagne, die im Januar 2002 begonnen hatte, reagierte damit auf eine Reihe von Korruptionsskandalen, deren bekanntester beim National Provident Fund angesiedelt war. Der Medienrat war besonders besorgt über die laufende Berichterstattung über den ehemaligen Vorsitzenden dieser Institution, der wegen Veruntreuung von 2,7 Millionen Kina (etwa 750 000 US-Dollar) aus dem Rentenfonds der Angestellten beschuldigt wurde. Da seit Beginn der Kampagne, die seit über zwei Jahren lief, niemand sonst gerichtlich verfolgt worden war, drängte der Medienrat die Polizei und das Büro des Staatsanwalts, sich mit ihren Untersuchungen zu beeilen. Der Generalgouverneur und Sprecher des Parlaments begrüßte die Medienkampagne, indem er neue Gesetze forderte, um die Einstellung unabhängiger Staatsanwälte zu ermöglichen, die die Korruption intensiver angehen sollten. Gemeinsam mit Transparency International PNG und dem Ausschuss des Ombudsmanns richtete der Medienrat eine Hotline ein, bei der die Öffentlichkeit jeden Verdacht auf Korruption direkt den Medien melden kann.

Ostasien

Das im April 2001 in Kraft getretene Informationsfreiheitsgesetz in Japan gewährt den Bürgern den Zugang zu staatlichen Informationen über die Verwaltungen und garantiert die Möglichkeit der Berufung vor einem Prüfungsausschuss für den Fall, dass die Regierung eine Information nicht freigibt. Diese Maßnahmen haben es Gruppen der Zivilgesellschaft ermöglicht, einige Korruptionsfälle aufzudecken. Einer davon kam ans Licht, als die Zeitung *Asahi Shimbun* die Berichte über Watashikiri-Ausgaben für Postämter anforderte. Das Watashikiri-Budget wird üblicherweise als Pauschalsumme ausgegeben, die keine genaue Buchführung verlangt. Als im Dezember 2001 Details über die Anwendung der Watashikiri-Ausgaben veröffentlicht wurden, entdeckte man einige Beispiele für betrügerische Rechnungslegung. Aufzeichnungen aus einem der Postämter zeigten, dass Rechnungen von einer Firma ausgestellt worden waren, die gar nicht existierte. In einem anderen Fall hat sich herausgestellt, dass das Postamt im Kyushyu-Distrikt seit mehr als 70 Jahren Werbeposten von einer Gesellschaft gekauft hatte, die den Postmeistern selbst gehörte. Diese Gesellschaft hatte schätzungsweise jährlich 9 Millionen US-Dollar verdient. Nach diesen Enthüllungen leitete die Innenrevision der Post eine Untersuchung ein, die zu Disziplinarmaßnahmen gegen mehrere Postmeister und Angestellte und zur Abschaffung des Systems der Watashikiri-Ausgaben führte.

Als der Bribe Payers' Index von Transparency International im Mai 2002 herauskam, in dem taiwanesische Firmen als die häufigsten Zahler von Bestechungsgeldern in Entwicklungsländern eingestuft wurden, erklärte das Justizministerium die Absicht, die Bestechung ausländischer Amtsträger zu verbieten. Ein entsprechender Gesetzesentwurf wurde im Juli 2002 fertig gestellt.

Im Januar 2002 trat der Generalstaatsanwalt von Südkorea zurück, nachdem sein Bruder unter dem Verdacht festgenommen worden war, Bestechungsgelder angenommen zu haben. Wenige Stunden später entschuldigte sich Staatspräsident Kim Dae Jung öffentlich für seine korrupte Verwaltung und versprach, die Verfolgung von Korruption zu einer der Prioritäten seines letzten Amtsjahres zu machen. Aber bereits im Mai und Juni 2002 wurden zwei Söhne des Staatspräsidenten verhaftet, weil sie angeblich Bestechungsgelder angenommen hatten.

Staatspräsident Kim trat im Mai 2002 aus seiner Partei aus, wobei er sich noch einmal für die Skandale seiner Verwaltung entschuldigte. Im Juni 2002 verkündeten Staatsanwälte, dass Kim Hong-up, einer der Söhne des Staatspräsidenten, 820 000 US-Dollar von einer Baufirma entgegengenommen hatte – neben anderen Bestechungsgeldern. Er wurde später zu einer Haftstrafe von dreieinhalb Jahren verurteilt.

Südkorea führte im Januar 2002 ein Antikorruptionsgesetz ein, das strenge Strafen für korrupte Beamte bis hin zu zehnjährigen Freiheitsstrafen und Zahlungen von 50 Millionen Won (40 000 US-Dollar) sowie einen fünfjährigen Ausschluss von Arbeitsplätzen in öffentlichen und privaten Unternehmen vorsieht. Das Gesetz ermächtigt auch die Antikorruptionskommission, Fälle zu untersuchen, in die hochrangige Beamte verwickelt sind. Im April

2002 kündigte die südkoreanische Regierung an, sie wolle enger mit Nichtregierungsorganisationen im Kampf gegen Korruption zusammenarbeiten. Die Bundesbeschaffungsbehörde kündigte die Einführung eines Ombudsmanns und eines ›Ausschusses für saubere Beschaffung‹ an. Diese neue Behörde wird Mitglieder zivilgesellschaftlicher Organisationen, Professoren und Techniker als Ombudsleute einstellen, um den Prozess der Auftragsbewerbung und -vergabe zu überwachen und so die Transparenz zu erhöhen.

Das Three-Gorges-Staudammprojekt in China, das größte Bauprojekt seit dem Bau der Chinesischen Mauer, soll 2009 fertiggestellt werden. Es hat ein Budget von etwa 24 Milliarden US-Dollar – und öffnet damit Tür und Tor für die persönliche Bereicherung der Kader, die mit dem Projekt zu tun haben. Im Jahr 2000 gab Peking zu, dass etwa 58 Millionen US-Dollar von den 2,1 Milliarden, die für die Umsiedlung vorgesehen waren, bereits veruntreut worden waren. Bisher sind mindestens 100 Beamte von der Kommunistischen Partei mit Disziplinarmaßnahmen wegen Unterschlagung belegt worden. Viele Beamte beuten das Milliardenprojekt angeblich aus, wo sie nur können. Die Anklagen reichen von der Annahme von Bestechungsgeldern, der Erhöhung der Umsiedlungskosten und der Erfindung nicht existierender Personen, die umgesiedelt werden müssen, bis zur Selbstbedienung bei der Umsiedlungskasse der Zentralregierung. Viele Mitarbeiter der lokalen Behörden sollen denen, die ihre Häuser verlassen müssen, viel weniger zahlen als vorgesehen.

Die chinesische Regierung benutzt die Medien als Waffen in ihrem Antikorruptionskampf. Ein Antikorruptionsfilm im Fernsehen, »Black Hole«, der zuerst im Dezember 2001 ausgestrahlt wurde, brach in Peking alle Zuschauerrekorde. Im März 2002 lief eine neue Fernsehserie, »Chinas Meistgesuchte: Korrupte Beamte«, in über 60 Lokalsendern an. Dieses tägliche, fünfzehnminütige Dokudrama, das der Supreme Peoples Procuratorate, die Hauptinstitution gegen Korruption, produziert, stellt öffentlich flüchtige Beamte oder Angestellte bloß, die der Korruption verdächtigt werden. Doch die chinesischen Medien dürfen Korruption nicht unabhängig verfolgen, besonders wenn es um mächtige Beamte geht. Als der Journalist Jiang Weiping verschiedene Korruptionsskandale enthüllte, in die hochrangige Beamte verwickelt waren, verurteilte man ihn im September 2001 wegen des Verrats von Staatsgeheimnissen in einer geheimen Gerichtsverhandlung zu einer neunjährigen Freiheitsstrafe.

Südostasien

Im März 2002 sanktionierte die indonesische Staatspräsidentin Megawati Sukarnoputri die Verhaftung und den Prozess gegen den Parlamentssprecher Akbar Tanjung wegen Korruption. Außerdem wurde Tommy Suharto, der Sohn des früheren Präsidenten Suharto, für schuldig befunden, einen Richter ermordet zu haben, der ihn wegen Korruption verurteilt hatte. Ebenfalls im März befand ein Gericht in Jakarta den Gouverneur der Zentralbank, Syahril Sabirin, der Korruption für schuldig und verurteilte ihn zu drei Jahren Gefängnis.

In Thailand erstaunte die Nationale Antikorruptionskommission (NCCC) die Regierung, als sie Ministerpräsident Thaksin Shinawatra der illegalen Unterschlagung von Vermögenswerten beschuldigte und vor Gericht brachte. Das Verfassungsgericht verwarf allerdings das Urteil der NCCC aus unbekannten Gründen. Der Freispruch für den Ministerpräsidenten verärgerte viele Beobachter, aber die noch relativ junge NCCC wurde wegen ihrer demonstrativen Unabhängigkeit angesichts des politischen Drucks gelobt.

Antikorruptionsinstitutionen, die sich in Singapur und Hongkong als erfolgreich erwiesen haben, sind anderswo mit Problemen konfrontiert worden. Einige von ihnen werden selbst als korrupt eingeschätzt. Im Februar 2002 wurde gegen den philippinischen Ombudsmann ein Antrag auf Amtsenthebung wegen Korruption gestellt. Obwohl der Antrag abgewiesen wurde, nährte der Zwischenfall Zweifel an der Glaubwürdigkeit der Institution und an ihrer Fähigkeit, Korruption kontrollieren zu können.

Einer Ende 2001 erschienenen Studie von Social Weather Stations zufolge waren Unternehmer auf den Philippinen bereit, zwei Prozent ihres Nettofirmeneinkommens für die Finanzierung von Antikorruptionsprogrammen aufzuwenden. Ihren Schätzungen nach würde die Korruptionsprävention zu einem fünfprozentigen Anstieg ihres Nettoeinkommens und zu zehnprozentigen Einsparungen bei den Vertragskosten führen, während die Regierung sogar 15 bis 20 Prozent sparen würde.

Südasien

Der indische Verteidigungsminister George Fernandes war im März 2001 zurückgetreten, nachdem Tehelka.com heimlich Beamte gefilmt hatte, die Bestechungsgelder für Waffenverkäufe verlangt hatten. Im Dezember 2001 nahm die Karriere von Fernandes weiteren Schaden, als der »Coffin-Gate«-Skandal Schlagzeilen machte. In diesen Betrug waren Beamte aus dem Verteidigungsministerium verwickelt, die Zahlungen von 2500 US-Dollar pro Sarg für die indischen Verluste im Kargil-Krieg 1999 zugelassen hatten, als der eigentliche Preis bei 172 Dollar pro Stück lag. Die Geldgeber von Tehelka.com waren in der Zwischenzeit Belästigungen ausgesetzt, darunter dem Versuch, sie in eine breite Finanzverschwörung zu verwickeln, die die Börsenpreise manipulieren sollte. Verteidigungsminister Fernandes ist wieder im Amt.

In Bangalore in Südindien enthüllte die NGO Public Affairs

Centre in einer unabhängigen Studie über die Qualität der medizinischen Betreuung von Müttern aus ärmlichen Stadtteilen, dass die Frauen hohe Erpressungsgelder zahlen müssen, wenn sie die öffentlichen Gesundheitsdienste in Anspruch nehmen. Eine Patientin auf einer städtischen Entbindungsstation zahlt durchschnittlich 1089 Rupien (etwa 22 US-Dollar) an Bestechungsgeldern, um eine angemessene medizinische Versorgung zu erhalten. Weitere 61 Prozent der Befragten mussten für ihre Medikamente bezahlen, obwohl diese kostenlos abgegeben werden müssten.

In Bangladesch machte sich die neue, von der BNP dominierte Regierung daran, die Missetaten ihrer Vorgängerin aufzudecken. Ein im Januar 2002 erschienenes Weißbuch enthält 40 große Korruptionsanklagefälle gegen die Awami-Liga, die während ihrer Regierungszeit 126 Millionen US-Dollar geplündert haben soll. Dort steht auch, dass der ehemalige Ministerpräsident Sheik Hasina 123 Millionen US-Dollar aus dem Verkauf von acht russischen MiG-29 entwendet habe und sich weitere 3 Millionen US-Dollar durch die Beschäftigung ausländischer Berater dazuverdient habe.

Die BNP-Regierung hielt sich aber auch an eine in der Politik von Bangladesch vertraute Regel: Kein amtierender Politiker ist jemals erfolgreich wegen Korruption verfolgt worden. So wurden anhängige Fälle gegen BNP-Politiker abrupt zurückgezogen und Unregelmäßigkeiten aus der letzten Regierungszeit blieben im Weißbuch unerwähnt.

Politisches Interesse erscheint als die treibende Kraft hinter den Antikorruptionsanstrengungen in Pakistan, einem Land, das von einer Militärelite beherrscht wird, die ganz begierig ist, die zivile Verwaltung als korrupt und unzuverlässig darzustellen. Doch auch ehemalige Militärangehörige, Bürokraten und Geschäftsleute, die sich auf den Streit mit dem Regime von Staatspräsident Perez Musharraf eingelassen hatten, ließ man ohne Rücksicht hochgehen, besonders wenn sie reich genug waren, um ihre unrechtmäßigen Gewinne zurückzuzahlen. Admiral Mansur ul-Haq vermied den Gang ins Gefängnis, indem er dem pakistanischen National Accountability Bureau (NAB), einer Art Rechnungshof, jene 7,5 Millionen US-Dollar zurückzahlte, die er Schätzungen zufolge aus Kickbackgeschäften bei Waffenkäufen erhalten hatte. Staatspräsident Musharraf setzte für seine Entschlossenheit im Kampf gegen die Korruption ein deutliches Zeichen, indem er eine Reihe institutioneller Reformen anstieß, einschließlich einer Reform des öffentlichen Dienstes und der Abtrennung der Bilanzierungsaufgaben vom Präsidentenbüro des Bundesrechnungshofs. Die Regierung versprach außerdem die Einrichtung einer unabhängigen Antikorruptionsinstitution bis Oktober 2002. In einer Reihe von Treffen mit der pakistanischen Regierung forderte Transparency International im April 2002 ein Informationsfreiheitsgesetz, ein Ethikmanagement für die Angestellten im öffentlichen Dienst und eine Generalüberholung des öffentlichen Beschaffungswesens. Außerdem sollten das Militär und die Justiz verwaltungstechnisch dem NAB zugeordnet werden.

Auch Nepal stellte 2002 eine weitreichende Antikorruptionsgesetzgebung vor, darunter Entwürfe zur Korruptionskontrolle, Entwürfe für eine Kommission zur Untersuchung von Machtmissbrauch, für einen Spezialgerichtshof, Entwürfe über Amtsenthebungen und die Regulierung der Arbeitsumstände und über die Führung der politischen Parteien. Zu den prominenten Korruptionsfällen des Jahres gehörten Bilanzfälschung, illegale Ausschreibungen, Bankbetrug und die systematische Hintergehung von Mehrwertsteuer, Vermögenssteuer und Einkommenssteuer.

Das wirtschaftspolitische Geflecht in Sri Lanka geriet im November 2001 ins Licht des öffentlichen Interesses, nachdem bekannt geworden war, dass dem Geschäftsmann Ronnie Peiris die Zahlung von 15 Millionen Rupien (etwa 150 000 US-Dollar) erlassen worden war. Peiris hatte in enger Beziehung zur Staatspräsidentin Chandrika Kumaratunga gestanden.

Nachfolgestaaten der Sowjetunion

Die unabhängige kasachische Wochenzeitung *Natschnjom s Pone-delnika* ist bekannt für ihre ausführliche Berichterstattung über die Verstrickung von Beamten in den Ölsektor und andere Geschäftsgebiete. Zwischen 1998 und 2001 wurde die Wochenzeitung 17-mal wegen Verleumdung angezeigt, vor allem von Beamten oder Firmenchefs, die enge Beziehungen zur Regierung hatten. In drei Fällen wurde die Zeitung für schuldig befunden und zur Zahlung von insgesamt 25 935 000 Tenge (etwa 180 000 US-Dollar) verurteilt. Nach dem kasachischen Verleumdungsparagraph konnte sich *Natschnjom s Ponedelnika* nicht damit verteidigen, dass ihre Behauptungen der Wahrheit entsprechen. Vielmehr musste die Zeitung dafür zahlen, dass sie den Ruf der Beamten geschädigt hatte. Mögliche Beweise für die Verstrickung der Beamten in Bestechungsvorgänge blieben unbeachtet.

Im Sommer 2001 besuchten George Soros und ich auf Einladung von Staatspräsident Eduard Schewardnadse Georgien. Doch obwohl in Georgien im Juli 2002 ein Antikorruptionsrat eingerichtet wurde und bereits einige wichtige Antikorruptionsmaßnahmen durchgeführt worden sind, mussten wir feststellen, dass die bisherigen Bemühungen wenig Erfolg zu haben scheinen. Nachdem der IWF in einem Bericht kürzlich auf die schwache Verwaltung und die weit verbreitete Korruption hingewiesen hat, richtete Georgien eine Mehrwertsteuer-Antibetrugseinheit ein und erließ ein Gesetz, das das Mehrwertsteuer-Erstattungssystem stärken sollte. Staatspräsident Schewardnadse drängt auch auf Reformen der Exekutive in Zusammenarbeit mit dem Antikorruptionsrat. Die erste Phase des Plans enthält auch die Abschaffung der Immunität von Parlamentariern. Im März 2002 forderte der Präsident schärfere Gesetze gegen Korruption, Steuerhinterziehung, Steuerverkürzung und Unterschlagung von Staatseigentum.

Im Sommer 2001 verkündete Turkmenistans Staatspräsident

Saparmurat Nijazow eine Reihe hochkarätiger Verhaftungen und Entlassungen aufgrund von Korruptionsanklagen. Es ist typisch für die turkmenische Politik, dass die Anklagen erst erhoben worden waren, nachdem der vermeintlich korrupte Beamte zur Opposition übergelaufen war. So wurde der ehemalige Vorsitzende der Zentralbank und stellvertretende Ministerpräsident Chudaiberdy Orasow im März 2002 – einen Monat, nachdem er offiziell der Opposition beigetreten war – beschuldigt, einen Teil eines Landwirtschaftsdarlehens unterschlagen zu haben, das Crédit Suisse und die Deutsche Bank 1997 gegeben hatten.

Im Oktober 2001 erließ die Ukraine eine Vorschrift »Über die Sicherung der Durchsetzung von Bürgerrechten, Prinzipien der Demokratischen Gesellschaft, Offenheit und Transparenz der Wahlen 2002«. Aber ein zur selben Zeit erlassenes Gesetz schränkte die Berichterstattung über die Wahlen im März 2002 für die inländische wie für die ausländische Presse ein. Die Wähler hatten keinen Zugang zu unparteiischen und ausgewogenen Informationen, da die Fernsehsender von der Regierung kontrolliert wurden.

Nach einer Studie des Think Tanks INDEM (Information for Democracy) zahlen russische Geschäftsleute jährlich mehr als 30 Milliarden US-Dollar Bestechungsgelder. Diese Summe entspricht in etwa den Staatseinkünften im Jahr 2002 und etwa 12 Prozent des Bruttoinlandsprodukts. Ungefähr 90 Prozent dieser Bestechungsgelder werden für »Korruptionsdienstleistungen« in Zusammenhang mit Exportlizenzen und Kontingenten, Transaktionen des Staatshaushalts, Steuertransfers, Zöllen, Privatisierungsverträgen und der Bedienung von Schulden des Staatshaushalts gezahlt.

Die in Moskau ansässige Maklerfirma Troika Dialog schätzt, dass der Ruf Russlands als Land, in dem die Geschäftsführer regelmäßig die Rechte der kleineren Shareholder verletzen, den Börsenhandel etwa 45 Milliarden US-Dollar jährlich kostet. Eine Verbesserung der Corporate-Governance-Praktiken könnte jährlich

10 Milliarden US-Dollar ausländische Direktinvestitionen anziehen, schätzt PricewaterhouseCoopers. Daher ist es ermutigend, dass Präsident Wladimir Putin bei mehreren Gelegenheiten den Kampf gegen die Korruption zu seinem vorrangigen Ziel erklärt hat. Nur durch eine energische Kampagne, eine wahrhafte Schocktherapie auf allen Ebenen von Regierung, Privatsektor und Gesellschaft kann ein hoffnungsvolles Signal für die Kontrolle der Korruption in Russland gesetzt werden. Der mächtige Moskauer Oberbürgermeister Juri Luschkow verglich mich im Herbst 1999 auf einer Podiumsdiskussion mit einer »Kröte, die durch ihr Quaken einen Sumpf trocken legen will«.

Majid Abduraimow, ein Journalist aus dem Süden Usbekistans, wird aufgrund von Bestechungs- und Erpressungsanklagen mehrere Jahre ins Gefängnis müssen, weil er eine Reihe von Berichten über Korruption und Machtmissbrauch bei hohen Beamten in der Boisoner Stadtverwaltung in der Region Surkhandarya geschrieben hat. Menschenrechtsaktivisten geben an, dass zurzeit fünf Journalisten wegen erfundener Anklagen hinter Gittern sitzen.

Der kirgisische Journalist und Menschenrechtsaktivist Samagan Orozaliev wurde im November 2001 zu neun Jahren Haft verurteilt, nachdem man ihn der Erpressung, der Urkundenfälschung, des illegalen Waffenbesitzes und Widerstands gegen die Staatsgewalt für schuldig befunden hatte. Orozaliev wurde verhaftet, während er eine Dokumentation über Korruption in der öffentlichen Verwaltung vorbereitete.

Mittel- und Osteuropa und die baltischen Staaten

Im Dezember 2001 verabschiedete das ungarische Parlament ein Gesetz zum Unternehmensstrafrecht. Das Strafrecht wurde erweitert, um die Instrumente zum Kampf gegen Korruption zu verbessern und korrupte Handlungen besser bestrafen zu können. Außerdem wurden die investigativen Befugnisse des Staatsanwalts erweitert. Im gleichen Jahr führte Ungarn für alle Angestellten im öffentlichen Dienst die Auskunftspflicht über ihre Vermögensverhältnisse ein.

Im Juli 2001 bzw. im März 2002 erließen die Tschechische und die Slowakische Republik ebenfalls Gesetze, die für Angestellte im öffentlichen Dienst eine Auskunftspflicht über ihre Vermögensverhältnisse und die Einführung von Verhaltendskodizes vorsahen. Überdies erließen sie im August und Oktober 2001 neue Gesetze zur Einführung unabhängiger Prüfungseinheiten innerhalb der Regierungen.

2001 und 2002 haben mehrere slowakische NGOs sich zu der Allianz »Stoppt Interessenkonflikte« zusammengeschlossen, um das bestehende, ineffektive Gesetz zu ergänzen. Die Allianz wollte den Personenkreis innerhalb des öffentlichen Dienstes, auf den das Gesetz anwendbar ist, vergrößern, die Verpflichtungen und Grenzen für zusätzliche Arbeitsverträge und Einkünfte präzisieren, Vermögenserklärungen öffentlich und auch für enge Angehörige verpflichtend machen und die Effektivität der Vorgehensweisen und Strafen bei Interessenkonflikten verbessern.

Gegen das amerikanische Energieunternehmen Wiliams International und seine russischen Mitbewerber Yukos und LUKOIL wurden Korruptionsvorwürfe laut, als sie bei der Privatisierung der litauischen Ölgesellschaft Mazeikiu konkurrierten. Kurz zuvor hatte der Bürgermeister von Wilna ein Mitglied des Parlaments beschuldigt, das französische Energieunternehmen Dalkia betrogen und Schutzgelder verlangt zu haben. Seitdem hat die litauische Regierung unter aktiver Beteiligung des Parlaments und der Zivilgesellschaft eine rigorose Antikorruptionsstrategie entwickelt, mit deren Hilfe künftig die Integrität im Lande geschützt werden soll.

Im Februar 2002 wurde bekannt, dass Angestellte der Ambulanz im polnischen Lodz nicht nur Geld angenommen hatten, um sich Informationen über verstorbene Patienten bezahlen zu lassen, sondern sogar Patienten deshalb umgebracht hatten. Die Anklagen waren nur die Spitze des Eisbergs, und auch Ärzte und Eigentümer von Bestattungsunternehmen sahen sich mit Anklagen wegen Zahlung oder Annahme von Bestechungsgeldern konfrontiert.

Es war Ausdruck einer einzigartigen Zusammenarbeit zwischen dem nationalen Chapter von TI in Lettland und der Regierung, als diese TI eingeladen hatte, um eine große Privatisierungsausschreibung überwachen zu lassen. Obwohl die Ausschreibung für die Lettische Schifffahrtsgesellschaft fehlschlug, war die Partnerschaft zwischen der NGO und der Privatisierungsbehörde ein Präzedenzfall der Vorbeugung von Einflusshandel im Entscheidungsprozess.

Viele dieser Reformen wurden von regionalen Organisationen, wie dem Rat der Baltischen See-Staaten (CBSS), dem Europarat und, mit einem gewissen Nachdruck wegen der Beitrittsverhandlungen, vor allem auch von der Europäischen Union, unterstützt.

Südosteuropa

Die Regierung der Bundesrepublik Jugoslawien erhob eine Steuer auf Geschäfte, die unter Milosevic getätigt wurden und Vergünstigungen erhalten hatten. Der Ausschuss, der diese Missbräuche untersucht, veröffentlicht regelmäßig eine Liste der Profiteure – im Februar 2002 waren es 271 Personen – und stellt sicher, dass die Steuer auch eingetrieben wird. Im September 2001 erließ die Bundesrepublik ein Gesetz, das Geldwäsche zu einem Verbrechen erklärt und von Banken und anderen Finanzinstitutionen ab Juli 2002 Rechenschaft über alle Transaktionen über 600 000 Dinar (etwa 9500 US-Dollar) fordert. Serbien stellte 26 Antikorruptionseinheiten auf, die über eine Hotline Informationen sammeln sollen. Nach den Erkenntnissen der Teams werden das Innenministerium und die Zollbehörde Serbiens als die korruptesten Institutionen angesehen.

Neue Regelungen für die Wahlkampffinanzierung und die Offenlegung politischer Spenden sind Teil eines Regierungsprogramms in der Türkei. Der IWF hatte außerdem im Februar 2002 als Bedingung für einen Beistandskredit in Höhe von 16,3 Milliarden US-Dollar den Erlass eines neuen Auftragsvergabegesetzes vorgeschrieben. Türkische Auftragnehmer wurden üblicherweise von den Regierungsparteien um »Unterstützung der Wahlkampf-Kampagnen« von bis zu 15 Prozent der Auftragssumme gebeten, so ein Weltbankbericht aus dem Jahre 2001.

In Albanien wurden Antikorruptionseinheiten im Ministerium für öffentliche Ordnung, im Finanz- und Justizministerium und im Büro des Staatsanwalts eingerichtet – wenn auch mit unterschiedlichen Ergebnissen. Im Juni 2002 legte die Regierung den Entwurf eines Antikorruptionsgesetzes vor, nach dem eine spezielle Aufsichtsbehörde eingerichtet werden soll, um den Grundbesitz von rund 5000 hoch- und mittelrangigen Funktionären zu untersuchen. Die Mitglieder der Behörde, die vom Parlament gewählt werden, werden einen weiten Zuständigkeitsbereich und Zugriff auf Daten von Banken und privaten Firmen erhalten. Beamte, die falsche Angaben über ihren Grundbesitz gemacht haben, werden gerichtlich verfolgt.

Die Regierung in Albanien hat es aber versäumt, Verleumdung zu entkriminalisieren. Journalisten, die in Korruptionsfällen ermitteln, gehen ein Sicherheitsrisiko ein. Willkürliche Verhaftungen, schwere Prügelstrafen und Einschüchterung sind keine Seltenheit. Bei Verleumdungsklagen bekommen sie aber keinen fairen Prozess. Im November 2001 wurde der Herausgeber der *Koha Jona*, einer unabhängigen Tageszeitung aus Tirana, angegriffen und bedroht, nachdem die Zeitung die Behauptung veröffentlicht hatte, ein Hotel in Durres sei illegal gebaut worden. Da das Informationsfreiheitsgesetz kaum eingehalten wird, müssen Journalisten regelmäßig Regierungsbeamte bestechen, um offizielle Dokumente zu erhalten.

Im Februar 2002 richtete Bosnien-Herzegowina eine Arbeitsgruppe zur Bekämpfung von Korruption und organisiertem Verbrechen ein. Zu der Gruppe gehören Minister und Vertreter von Interpol, der Justiz und der Polizei. Einen Monat später hat der Rat von Bosnien-Herzegowina in Zusammenarbeit mit der Weltbank einen nationalen Antikorruptionsplan vorgelegt. Zur selben Zeit ereignete sich ein großer Skandal, als der bosnisch-serbische Finanzminister wegen eines Falles von Zollbetrug zurücktrat, der den Haushalt 15 Millionen US-Dollar kostete.

Nach einem Bericht von PricewaterhouseCoopers kostet die Korruption Rumänien jedes Jahr Milliarden Dollar. Der Bericht gibt an, dass die ausländischen Direktinvestitionen von 1,3 Milliarden US-Dollar im Jahr 2001 im Prinzip dreimal höher sein könnten.

Naher Osten und Nordafrika

Die staatlichen Banken und Finanzinstitutionen der Region wurden von 2001 bis 2002 regelmäßig Opfer von Korruption. Im jordanischen Bankensystem wurde im Februar 2002 außerdem ein Betrug in Höhe von 150 bis 168 Millionen US-Dollar entdeckt, in dem angeblich 72 prominente Geschäftsleute und Beamte einschließlich eines ehemaligen Landwirtschaftsministers, eines Senators und des Sohns eines ehemaligen Ministerpräsidenten verwickelt waren. Gemeinsam mit den Staatsdienern sollen die Geschäftsleute Darlehen von Privatbanken ohne Sicherheiten und unter dem Vorwand erhalten haben, sie würden Informationstechnologien für die Geheimdienste des Landes bereitstellen.

Wie der *Daily Star,* die größte englischsprachige Zeitung im Libanon, berichtet, kostet ein Ersatzführerschein sieben US-Dollar Bestechungsgeld und die Zulassung eines Wagens 27 Dollar. Das Bakschisch für eine Bauerlaubnis für ein Wohnhaus kann über 2000 Dollar kosten. Das libanesische Transparency-Chapter hat jetzt ein Heft herausgegeben, das die Prozeduren zur Erlangung einer Bauerlaubnis vereinfacht und die benötigten Dokumente, Gebühren und die durchschnittliche Wartezeit nennt.

In Israel hat die Betrugseinheit der Polizei Ministerpräsident Ariel Sharon und seinen Sohn Omri befragt, ob sie fingierte Firmen dazu benutzt haben, illegale Parteispenden in Höhe von 1,3 Millionen US-Dollar für die Vorstandswahlen der Likud-Partei 1999 und die Wahlen des Ministerpräsidenten zwei Jahre später zu transferieren. Der ehemalige Ministerpräsident Ehud Barak wurde im Mai 2002 von ähnlichen Vorwürfen freigesprochen, obwohl die Polizei auf Anklagen gegen vier seiner Helfer drängte, die während der Wahlen 1999 illegale Gelder angeblichen Wohltätigkeitsvereinen zugeleitet hatten.

In einer Befragung von Transparency Marokko bezeichnen marokkanische Geschäftsleute die Korruption als die zweitgrößte Herausforderung nach den hohen Steuern. Unternehmer, die die Weltbank in Palästina befragte, nannten Korruption als das zweitgrößte Wachstumshindernis nach »politischer Instabilität und Ungewissheit«.

In Saudi-Arabien wurde der Schriftsteller Abdul Mohsen Musalam im März 2002 verhaftet. Er hatte in der Zeitung Al-Madina das Gedicht »Das Korrupte auf der Erde« veröffentlicht, in dem er mehrere Richter der Mauschelei beschuldigte. Der saudische Innenminister Prinz Nayef ordnete die Entlassung des Chefredakteurs von Al-Madina an, der den Abdruck des Gedichts genehmigt hatte.

Westafrika

Die zivilgesellschaftlichen Organisationen im Senegal kritisierten, dass Staatspräsident Abdoulaye Wade sich trotz wiederholter Forderungen von unserem Chapter Forum Civil weigerte, den Erlass Nr. 97-632 aufzuheben. Diesen hatte sogar seine eigene Partei verurteilt, solange sie sich in der Opposition befand. Dieser Erlass von 1997 erlaubt die Vergabe öffentlicher Bauaufträge ohne Ausschreibung. Solche Aufträge können einen Wert von maximal 100 Millionen CFA-Franken (150 000 US-Dollar) im Bereich Beratung und Ausrüstung und 150 Millionen CFA-Franken (225 000 US-Dollar) im Bereich des Bauwesens haben. Der Erlass wurde allgemein als Instrument zur Pflege eines Wahlkreises gesehen. Die Medien beobachteten, dass auch teurere öffentliche Vorhaben nicht ausgeschrieben wurden. Eine neue Regelung des öffentlichen Beschaffungswesens, die im Juli 2002 veröffentlicht wurde, schien den Erlass außer Kraft zu setzen, aber dies wurde nie offiziell bestätigt.

Im Juni 2002 kritisierte der stellvertretende Antikorruptionsbeauftragte von Sierra Leone den Generalstaatsanwalt, weil dieser die Antikorruptionskommission diskreditiert hatte, indem er ihre Empfehlungen ignorierte. Von den 57 Fällen, die beim Büro des Generalstaatsanwalts seit der Einsetzung der Kommission im Januar 2001 eingereicht worden waren, waren drei Viertel noch nicht behandelt worden. Der bekannteste war der des ehemaligen Verkehrs- und Kommunikationsministers Momoh Pujeh, der nach den Ermittlungen der Kommission im November 2001 verhaftet worden war, weil er illegal Bergbau betrieben und umstrittene Diamanten besessen hatte. Die Korruptionsanklagen wurden erst im August 2002 gegen ihn vorgelegt.

Die nigerianische Antikorruptionskommission setzte sich der Kritik aus, weil sie seit ihrer Gründung im September 2000 nicht einen einzigen Fall gegen einen höherrangigen Regierungsbeamten vorgebracht hatte. Mit der Ablehnung der Einwände mehrerer Bundesstaaten, die Institution sei nicht verfassungsgemäß, hatte das Höchste Gericht der Kommission im Juni 2002 ein Hindernis aus dem Weg geräumt. Die Zentralregierung unternahm einige Schritte, um ihre Antikorruptionskampagne im Laufe des Jahres zu beschleunigen. Im August 2002 bewilligte der Federal Executive Council eine Erweiterung der Regelungen für den öffentlichen Dienst, die es dem Staatspräsidenten erlaubt, korrupte Staatsdiener zu entlassen. Im nächsten Monat stimmte er der Einrichtung von Antikorruptionseinheiten in allen Bundesministerien zu, die dort Fälle untersuchen dürfen und Zugang zu allen Regierungsdokumenten haben sollen.

In Ghana enthüllte der stellvertretende Präsident des Rechnungshofs im März 2002, dass im Laufe der letzten zwei Jahre mehr als 20 Millionen US-Dollar als Gehälter an etwa 2000 nicht existierende Personen gezahlt worden waren. Daraufhin ordnete der Finanzminister eine Zählung der Staatsdiener an.

In Burkina Faso identifizierte eine Studie die Polizei als die korrupteste Institution des Landes. Im Senegal nannte eine vom Forum Civil durchgeführte Studie ebenfalls die Verkehrspolizei, Zollbeamte und die Polizei als die korruptesten Institutionen.

Fast jeder Zollbeamte in Benin lässt mindestens einen Klébé für sich arbeiten. Klébés, die im Gaunerjargon von Südbenin auch »Banknotenmörder« genannt werden, helfen den Zollbeamten, den »Betrug zu kontrollieren« – und erhalten im Erfolgsfall zehn Prozent der beschlagnahmten Güter. Sie erpressen außerdem eine illegale Abgabe von jedem, der Güter durch den Zoll bringen will. Von dieser Summe bekommen wiederum die Zollbeamten einen Anteil. In Kraké, an der Grenze zu Nigeria, gibt es etwa 400 Klébés, viermal mehr als Zollbeamte. Die klébés agieren als Vermittler, die die Geber von den Nehmern abschirmen, damit diese unerkannt bleiben.

Zentralafrika

Im Tschad hat die Weltbank im letzten Jahr ihre Anstrengungen fortgesetzt, der Korruption beim Pipelineprojekt im Doba-Bassin, dem größten US-Investitionsprojekt in Afrika, vorzubeugen. Das sieben Milliarden US-Dollar teure Tschad-Kamerun-Pipelineprojekt, das von der Weltbank und einem Konsortium aus Ölfirmen unter der Leitung von ExxonMobil finanziert wird, wurde von Umweltschutzgruppen wie dem in Washington ansässigen Environmental Defense Fund heftig kritisiert. Die gigantischen Ausmaße dieser Pipeline geben Anlass zu der Befürchtung, dass nicht nur die Umwelt, insbesondere der wertvolle Regenwald in Kamerun, geschädigt wird. Es besteht auch die Gefahr, dass die ohnehin schon korruptionsanfälligen Regierungen tief in den Morast gezogen werden. Die Besorgnis wächst, dass Staatspräsident Idriss Déby, dessen Willkürherrschaft sowohl die regionalen Verbündeten als auch die ausländischen Investoren beunruhigt, nicht in der Lage oder gewillt ist, die Einkünfte aus dem Projekt, das nach seiner Eröffnung 2003 voraussichtlich 250 000 Barrel Öl pro Tag liefern wird, zum Nutzen der verarmten Menschen in seinem Land einzusetzen. Von der Zivilgesellschaft und anderen Geldgebern wurde ein System eingerichtet, das die Verteilung der Einkünfte durch NGOs kontrolliert (Revenue Sharing Arrangement). Das in einer Art Treuhandfonds gesammelte Geld wird nach einem bestimmten Schlüssel verteilt, wobei Sozialausgaben Vorrang haben. Dieses Projekt könnte beispielhaft sein für ähnliche Vorhaben in anderen Teilen der Welt, in denen unverhältnismäßig großer Reichtum – etwa durch Ölfunde – in krassem Gegensatz steht zu Elend und Armut der Bevölkerung. Allerdings hat Hissin Habre, der Präsident, gleich zu Beginn das Geld für Waffen ausgegeben.

Einen solchen Fall könnte das benachbarte Äquatorialguinea bieten, das inmitten ungeheurer Ölvorkommen im Golf von Guinea sitzt. Dort werden in der nächsten Zeit unvorstellbare Einnahmen für dieses kleine, bisher unterentwickelte Land erwartet. Gegenwärtig mahnen Geberorganisationen Maßnahmen zur Korruptionsbekämpfung und eine verbesserte Regierungsführung an, damit die Armutsbekämpfungsprogramme der Regierung greifen können.

Im letzten Jahr riss der Strom an Berichten über Korruption in Kameruns Holzwirtschaft nicht ab. Die Weltbank und das britische Department for International Development (DfID) bestätigten, dass internationale Unternehmen Gebiete von bis zu 80 000 Hektar ohne Erlaubnis abholzen. Inspektionen durch von der Regierung bestellte Beobachter Ende 2001 und Anfang 2002 ergaben, dass fast jede größere Holzfirma in Kamerun sich ganz oder teilweise außerhalb der Legalität bewegt hatte. Im April 2002 drängte die Weltbank Staatspräsident Paul Biya, diese aggressiven Holzfirmen gerichtlich zu verfolgen und die Korruption in der Holzwirtschaft zu bekämpfen – andernfalls würde er die offiziellen Finanzhilfen verlieren. Sowohl die Weltbank als auch das DfID haben Kamerun bei Regelungen für die internationalen Holzfirmen unterstützt.

Ostafrika

Im Juni 2002 erschien eine Befragung der Wirtschaftsprüfungsgesellschaft KPMG in Ostafrika von mehr als 400 Geschäftsführern und Leitern von Finanzabteilungen. Die Ergebnisse dieser Studie weisen darauf hin, dass Betrug und Korruption in Firmen in dieser Region zunehmen. Betrug und Korruption wurden von 61 Prozent der Befragten auch als wichtiges Problem bezeichnet, und 88 Prozent gaben an, ihre Firma habe im vergangenen Jahr damit zu tun gehabt. Die schwachen internationalen Kontrollen wurden als ausschlaggebender Faktor bezeichnet, aber die Befragten wiesen auch auf die wachsende Gerissenheit der Kriminellen und die Unzulänglichkeit des Justizsystems hin.

Nach dem Kenya Urban Bribery Index, einer von Transparency International Kenia durchgeführten Umfrage, zahlt der durchschnittliche Stadtbewohner in Kenia 16-mal im Monat Bestechungsgelder. Diese summieren sich zu einer monatlichen Belastung von 8 185 Kenia-Schillingen (104 US-Dollar) – im Vergleich dazu liegt das durchschnittliche Monatseinkommen der Befragten bei nur 26 000 Kenia-Schillingen (331 US-Dollar). Am häufigsten werden Staatsdiener bestochen, sie erhalten 99 Prozent der Bestechungsgelder. Am schlimmsten war es bei der Polizei: Sechs von zehn Stadtbewohnern gaben an, Bestechungsgelder an die Polizei gezahlt zu haben. Mit einer neuen Regierung, die sich den Kampf gegen die Korruption auf die Fahnen geschrieben hat, wird das hoffentlich anders.

In einem ihrer ersten großen Fälle erhob die staatliche Ethik- und Antikorruptionskommission (FEACC) von Äthiopien 41 Korruptionsanklagen gegen ehemalige und amtierende Beamte der Äthiopischen Kommerzbank. Auch gegen zwölf ehemalige Vorsitzende von Bundesbehörden und Geschäftsleute wurde Anklage erhoben; Verhaftungen erfolgten im Mai 2001. Einer der Angeklagten war der Anführer einer Dissidentengruppe innerhalb der Regierungspartei.

Ein neues Elektrizitätskraftwerk wurde in Tansania im Januar 2002 in Auftrag gegeben, wodurch die Beschuldigungen wieder Nahrung bekamen, die durchführende malaiische Firma würde Regierungsbeamte bestechen. Ein umstrittener Vertrag zwischen British Aerospace und der Regierung für ein 40 Millionen US-Dollar teures Luftverkehrskontrollsystem wurde von Luftfahrtexperten der Weltbank kritisiert.

In Uganda waren Organisationen der Zivilgesellschaft Vorreiter der Versuche, die Regierung zu mehr Transparenz bei der Auftragsvergabe zu zwingen. Im Jahr 2001 baten sie die Weltbank, ein

Untersuchungsgremium zu entsenden, das unter anderem herausfinden sollte, ob der Stromvertrag (Power Purchase Agreement, PPA) zwischen der Regierung und dem amerikanischen multinationalen Unternehmen AES, das für 550 Millionen Dollar den Bujagali-Damm baute, durch Korruption zustande kam. Die Weltbank schickte ein Gremium, das zahlreiche Aspekte des Projekts kritisierte – einschließlich der früheren Entscheidung der Weltbank, den Stromvertrag geheimzuhalten. Im Juni 2002 verkündete die Weltbank, sie würde ihr Darlehen für den Damm aufgrund der Korruptionsvorwürfe einfrieren.

Südliches Afrika

Im Südlichen Afrika gibt es gleichzeitig große Genugtuung und Hoffnung, aber auch Verzweiflung und Grund zur Sorge; dort liegt Botsuana, das Land, das allgemein als demokratisch und wenig korrupt gilt; aber auch einige Länder, die wegen Korruption, Gewalttätigkeit der Eliten und Verelendung ihrer Bevölkerung weltweit Entsetzen und Mitleid hervorrufen.

Als im April 2002 in Angola ein Waffenstillstand zwischen Regierung und Rebellen den längsten Krieg der Region zu beenden versprach, hoffte die Welt auf zunehmende Offenheit und Transparenz. Schon seit einiger Zeit hatte die Nichtregierungsorganisation Global Witness ihre mahnende Stimme wegen »groß angelegten staatlichen Raubs« am Vermögen des Landes, insbesondere im Erdöl- und Bankensektor, erhoben. In der Demokratischen Republik Kongo sollen einem UNO-Experten zufolge viele Geschäftemacher von Konflikt und Gewalt profitieren. Wahlbetrug in Sambia und Simbabwe warfen die Hoffnung auf Reformen in dieser Gegend um Jahre zurück. Der frühere Präsident von Sambia, Chiluba, sitzt gegenwärtig sogar im Gefängnis. Ist das ein gutes Zeichen?

Besonders in Simbabwe ist Korruption allgegenwärtig. Ein kürzlich erschienener Wirtschaftsbericht der Vereinten Nationen meint hierzu, dass viele Probleme in Simbabwe auf ein zentrales Problem zurückzuführen sind: die schlechte Regierungsführung. Die Wahlen zum Staatspräsidenten im Jahr 2002 sind weithin als unfair angesehen worden, zum Beispiel, weil die Behörden die Zahl der Wahllokale in den städtischen, der Opposition geneigten Gebieten verringert hatten, damit die Wähler dort 30 Stunden anstehen mussten. In ländlichen Gebieten sollen 400 000 Namen noch nach der offiziellen Schließung des Registers eingetragen worden sein. Trotzdem erklärten die Regierungen der Entwicklungsorganisation Südliches Afrika (SADC) die Wahl als legitim, was die Chancen auf Reformen für einige Zeit sehr verschlechtern wird.

Ein Bericht von TI-Simbabwe warf im April 2002 Zidco Holdings, dem Investmentzweig der regierenden Partei ZANU PF, vor, er diene der Bereicherung der Parteispitze. Weder gibt Zidco je geprüfte Bilanzen oder andere Finanzberichte heraus, noch benutzt das Unternehmen Gewinne, um die Parteiaktivitäten zu finanzieren, so die Autoren des Berichts. Zidco kontrolliert vielfältige kommerzielle Interessen im Land und seine Tochterfirmen sind intensiv in Unternehmen in der Demokratischen Republik Kongo verwickelt, die durch den Schutz und Einfluss der simbabwischen Armee gesichert werden.

Der Vorsitzende der TI-Sektion in Simbabwe und Mitglied des internationalen Direktoriums, John Makumbe, wurde kürzlich bei einer friedlichen Versammlung verhaftet und von der Polizei verprügelt.

Die Ausschreibung für den Betrieb von Malawi Telecommunications (MTL) gewann eine Gruppe, zu der auch der Informationsminister und die Vorsitzende von MTL gehörten, die wiederum die Frau eines Ministers ist. Die Antikorruptionsbehörde verhaftete vier leitende Angestellte von MTL wegen unsauberer Vorkommnisse während des Bewerbungsprozesses, aber diese

nahmen ihre Arbeit wieder auf, nachdem sie auf Kaution freige-
kommen waren, statt bei vollem Gehalt vom Dienst suspendiert zu
werden.

Der wichtigste Korruptionsprozess der Region endete im Juni
2002 mit der Verurteilung des ehemaligen Generaldirektors der
Lesotho Highlands Development Authority, Masupha Ephraim
Sole. Er wurde zu 18 Jahren Gefängnis wegen Bestechung verurteilt. Es lagen Beweise vor, dass auf Soles Schweizer Bankkonto
Millionen Rand von internationalen Beratungsunternehmen ein-
gegangen waren, die alle mit dem Dammbauprojekt zu tun hatten.
Die Verurteilung von Beamten der Lesotho Highlands Development Authority (LHDA), die Bestechungsgelder angenommen hatten, stellt für die Region einen wichtigen Präzedenzfall hinsichtlich
des Umgangs mit internationalen Firmen, die Bestechungsgelder
zahlen, dar. Nach der Verurteilung des Geschäftsführers von
LHDA mussten im Juni 2002 auch Unternehmen aus Großbritannien, Kanada, Frankreich, Deutschland, Italien, Südafrika und der
Schweiz vor Gericht. Die südafrikanische Provinzregierung von
Gauteng kündigte daraufhin an, dass die betroffenen Firmen (darunter auch einige der größten Ingenieursfirmen Südafrikas), »sollten
sie der Bestechung für schuldig befunden werden«, von der öffentlichen Auftragsvergabe bei einer geplanten Stadtbahn ausgeschlossen würden. Die südafrikanischen Behörden nahmen regen Anteil an
diesem Prozess, weil ihre Staatsangehörigen als Abnehmer des Was-
sers den Löwenanteil an dem durch Bestechung entstandenen Schaden tragen müssen.

In Südafrika selbst legten nach einer gemeinsamen Untersuchung der Oberste Staatsanwalt, der Oberste Ombudsmann und
der Präsident des Rechnungshofs für Waffenbeschaffung dem Parlament im November 2001 einen Bericht über korrupte Machenschaften bei der Beschaffung von Militärgütern vor, der einige ver-
dächtige Mitglieder des Kabinetts von Staatspräsident Thabo
Mbeki zwar entlastete, aber ernste Vorbehalte hinsichtlich der

Verwaltung von Ausschreibungsprozessen äußerte. Beamte, die Geschenke von Bewerbern erhalten hatten, wurden in dem Bericht namentlich genannt, und auch ein Leiter des Beschaffungswesens im Verteidigungsministerium wurde erwähnt, der Firmen bevorzugt hatte, an denen sein Bruder beteiligt war. Der Bericht war keinesfalls die ›Reinwaschung‹, als die er von der Opposition bezeichnet wurde, dennoch galt er als zu beflissen in seiner Entlastung der Regierung.

Fazit

Korruption ist überall. In den reichen Industrieländern und in den armen Regionen, im Norden und Süden, im Osten und Westen. Auf den ersten Blick entwirft der globale Korruptionsbericht ein deprimierendes Bild. Überall scheint die Korruption unausrottbar, man könnte meinen, wir von TI hätten uns einer Herkulesarbeit verschrieben. Täglich kommen neue Varianten von Bestechung und Betrug hinzu – gleich einem neuen schrecklichen Monster, das aus jedem abgeschlagenen Kopf der Hydra hervorsprießt.

Auf den zweiten Blick ist die Situation jedoch alles andere als hoffnungslos. Denn allein, dass all die genannten Fälle überhaupt öffentliche Beachtung finden, ist schon ein Erfolg. Bis Anfang der 90er Jahre gediehen sie im Verborgenen. Niemand sprach darüber. Heute werden sie ans Licht gezerrt und sorgen weltweit für Empörung. Wie sehr die tödliche Wirkung der Korruption erkannt worden ist, zeigt sich allerorten. Denn es gibt kein Land auf der Welt, das nicht seine eigenen Korruptionsfälle aufdeckt. Und während sich in einigen Ländern die Regierungen von investigativen Journalisten und Gruppierungen der Zivilgesellschaft bedroht fühlen und mit Repressalien reagieren, bewirkt das Engagement der Vereinten Nationen, der Bretton-Woods-Institutionen, zivilgesellschaftlicher Organisationen wie TI und vieler engagierter Menschen, dass auch immer mehr gegen die Korruption unternommen wird. Gesetze werden erlassen, korrupte Politiker und Beamte angeklagt und strafrechtlich verfolgt. Firmen geben sich Verhaltensregeln und weigern sich, Bestechungsgelder zu zahlen, während die Zivilgesellschaft auf Beteiligung am Überwachungsprozess drängt.

Unser zehn Jahre andauernder Kampf hat also Wirkung gezeigt. Die Korruption steht auf der Agenda der Welt. Allerdings ist eben noch sehr, sehr viel zu tun. Wir hatten einen guten Start, doch er täuscht uns nicht darüber hinweg, dass der Kampf gegen dieses weltweite Übel noch nicht einmal halb gewonnen ist.

Der Corruption Perceptions Index

Rang	Land	CPI 2002 Punktwert	Verwendete Untersuchungen	Standard-Unterabweichungen	Höchster/ niedrigster Wert
1	Finnland	9 7	8	0.4	8.9–10.0
2	Dänemark	9 5	8	0.3	8.9–9.9
	Neuseeland	9 5	8	0.2	8.9–9.6
4	Island	9 4	6	0.4	8.8–10.05
	Singapur	9 3	13	0.2	8.9–9.6
	Schweden	9 3	10	0.2	8.9–9.6
7	Kanada	9 0	10	0.2	8.7–9.3
	Luxemburg	9 0	5	0.5	8.5–9.9
	Niederlande	9 0	9	0.3	8.5–9 3
10	Großbritannien	8 7	11	0.5	7.8–9 4
11	Australien	8 6	11	1.0	6.1–9 3
12	Norwegen	8 5	8	0.9	6.9–9.3
	Schweiz	8 5	9	0.9	6.8–9 4
14	Hongkong	8 2	11	0.8	6.6–9 4
15	Österreich	7 8	8	0.5	7.2–8 7
16	USA	7 7	12	0.8	5.5–8 7
17	Chile	7 5	10	0.9	5.6–8 8
18	Deutschland	7 3	10	1.0	5.0–8.1
	Israel	7 3	9	0.9	5.2–8 0

Rang	Land	CPI 2002 Punktwert	Verwendete Unter- suchungen	Standard- Unterab- weichungen	Höchster/ niedrigster Wert
20	Belgien	7 1	8	0.9	5.5–8.7
	Japan	7 1	12	0.9	5.5–7.9
	Spanien	7 1	10	1.0	5.2–8 9
23	Irland	6 9	8	0.9	5.5–8 1
24	Botsuana	6 4	5	1.5	5.3–8 9
25	Frankreich	6 3	10	0.9	4.8–7.8
	Portugal	6 3	9	1.0	5.5–8 0
27	Slowenien	6 0	9	1.4	4.7–8 9
28	Namibia	5 7	5	2.2	3.6–8 9
29	Estland	5 6	8	0.6	5.2–6.6
	Taiwan	5 6	12	0.8	3.9–6 6
31	Italien	5 2	11	1.1	3.4–7 2
32	Uruguay	5 1	5	0.7	4.2–6 1
	Ungarn	4 9	11	0.5	4.0–5.6
34	Malaysia	4 9	11	0.6	3.6–5.7
	Trinidad & Tobago	4 9	4	1.5	3.6–6 9
36	Weißrussland	4 8	3	1.3	3.3–5.8
	Litauen	4 8	7	1.9	3.4–7.6
	Südafrika	4 8	11	0.5	3.9–5.5
	Tunesien	4 8	5	0.8	3.6–5 6
40	Costa Rica	4 5	6	0.9	3.6–5.9
	Jordanien	4 5	5	0.7	3.6–5.2
	Mauritius	4 5	6	0.8	3.5–5.5
	Südkorea	4 5	12	1.3	2.1–7 1
44	Griechenland	4 2	8	0.7	3.7–5 5
45	Brasilien	4 0	10	0.4	3.4–4.8
	Bulgarien	4 0	7	0.9	3.3–5.7
	Jamaika	4 0	3	0.4	3.6–4.3

Rang	Land	CPI 2002 Punktwert	Verwendete Unter- suchungen	Standard- Unterab- weichungen	Höchster/ niedrigster Wert
	Peru	4 0	7	0.6	3.2–5.0
	Polen	4 0	11	1.1	2.6–5 5
50	Ghana	3 9	4	1.4	2.7–5 9
51	Kroatien	3 8	4	0.2	3.6–4 0
52	Tschech. Rep.	3 7	10	0.8	2.6–5.5
	Lettland	3 7	4	0.2	3.5–3.9
	Marokko	3 7	4	1.8	1.7–5.5
	Slowakei	3 7	8	0.6	3.0–4.6
	Sri Lanka	3 7	4	0.4	3.3–4 3
57	Kolumbien	3 6	10	0.7	2.6–4.6
	Mexiko	3 6	10	0.6	2.5–4 9
59	China (Volksrep.)	3 5	11	1.0	2.0–5.6
	Dominik. Republik	3 5	4	0.4	3.0–3.9
	Äthiopien	3 5	3	0.5	3.0–4 0
62	Ägypten	3 4	7	1.3	1.7–5.3
	El Salvador	3 4	6	0.8	2.0–4 2
64	Thailand	3 2	11	0.7	1.5–4.1
	Türkei	3 2	10	0.9	1.9–4 6
66	Senegal	3 1	4	1.7	1.7–5 5
67	Panama	3 0	5	0.8	1.7–3 6
68	Malawi	2 9	4	0.9	2.0–4.0
	Usbekistan	2 9	4	1.0	2.0–4 1
70	Argentinien	2 8	10	0.6	1.7–3 8
71	Elfenbeinküste	2 7	4	0.8	2.0–3.4
	Honduras	2 7	5	0.6	2.0–3.4
	Indien	2 7	12	0.4	2.4–3.6
	Russland	2 7	12	1.0	1.5–5.0

Rang	Land	CPI 2002 Punktwert	Verwendete Untersuchungen	StandardUnterabweichungen	Höchster/ niedrigster Wert
	Tansania	27	4	0.7	2.0–3.4
	Simbabwe	27	6	0.5	2.0–33
77	Pakistan	26	3	1.2	1.7–4.0
	Philippinen	26	11	0.6	1.7–3.6
	Rumänien	26	7	0.8	1.7–3.6
	Sambia	26	4	0.5	2.0–32
81	Albanien	25	3	0.8	1.7–3.3
	Guatemala	25	6	0.6	1.7–3.5
	Nicaragua	25	5	0.7	1.7–3.4
	Venezuela	25	10	0.5	1.5–32
85	Georgien	24	3	0.7	1.7–2.9
	Ukraine	24	6	0.7	1.7–3.8
	Vietnam	24	7	0.8	1.5–36
88	Kasachstan	23	4	1.1	1.7–39
89	Bolivien	22	6	0.4	1.7–2.9
	Kamerun	22	4	0.7	1.7–3.2
	Ecuador	22	7	0.3	1.7–2.6
	Haiti	22	3	1.7	0.8–40
93	Moldawien	21	4	0.6	1.7–3.0
	Uganda	21	4	0.3	1.9–26
95	Aserbaidschan	20	4	0.3	1.7–24
96	Indonesien	19	12	0.6	0.8–3.0
	Kenia	19	5	0.3	1.7–25
98	Angola	17	3	0.2	1.6–2.0
	Madagaskar	17	3	0.7	1.3–2.5
	Paraguay	17	3	0.2	1.5–20
101	Nigeria	16	6	0.6	0.9–25
102	Bangladesch	12	5	0.7	0.3–2.0

Anmerkungen

Eine ausführlichere Beschreibung der für den CPI 2002 angewandten Methodik finden Sie unter: http://www.transparency.org/ cpi/index.html#cpi oder unter: www.gwdg.de/~uwvw/2002.html

CPI 2002 Punktwert: bezieht sich auf den Grad der Korruption, wie er von Geschäftsleuten und Risikoanalysten wahrgenommen wird, und bewegt sich zwischen 10 (nicht korrupt) und 0 (äußerst korrupt).

Verwendete Untersuchungen: bezieht sich auf die Anzahl der Untersuchungen, die das Abschneiden eines Landes bewerten. Insgesamt wurden 15 Untersuchungen von neun unabhängigen Institutionen verwendet. Um in den CPI 2002 aufgenommen zu werden, musste jedes Land in mindestens drei Untersuchungen vorkommen.

Standardabweichungen: bezeichnet Unterschiede im Wert der Quellen: je größer die Standardabweichung, desto größer die Differenzen in den Ergebnissen einzelner Quellen für ein und dasselbe Land.

Höchster/niedrigster Wert: zeigt den jeweils höchsten und niedrigsten Wert der verschiedenen Quellen an.

Der Bribe Payers Index

835 Geschäftsexperten in 15 Schwellenländern wurden gefragt: Bitte geben Sie für die Ihnen vertrauten Wirtschaftssektoren an, wie wahrscheinlich es ist, dass Unternehmen aus den folgenden Ländern, Bestechungsgelder zahlen oder anbieten, um in diesem Land Geschäfte abzuschließen oder im Geschäft zu bleiben.

Rang	Gesamtzahl	2002 835	1999 779	OECD-Konvention (Stand: 14.05.2002)
1	Australien	8.5	8.1	ratifiziert
2	Schweden	8.4	8.3	ratifiziert
	Schweiz	8.4	7.7	ratifiziert
4	Österreich	8.2	7.8	ratifiziert
5	Kanada	8.1	8.1	ratifiziert
6	Niederlande	7.8	7.4	ratifiziert
	Belgien	7.8	6.8	ratifiziert
8	Großbritannien	6.9	7.2	ratifiziert
9	Singapur	6.3	5.7	n. unterzeichnet
	Deutschland	6.3	6.2	ratifiziert
11	Spanien	5.8	5.3	ratifiziert
12	Frankreich	5.5	5.2	ratifiziert
13	USA	5.3	6.2	ratifiziert
	Japan	5.3	5.1	ratifiziert
15	Malaysia	4.3	3.9	n. unterzeichnet
	Hongkong	4.3	–	n. unterzeichnet
17	Italien	4.1	3.7	ratifiziert
18	Südkorea	3.9	3.4	ratifiziert
19	Taiwan	3.8	3.5	n. unterzeichnet
20	Volksrepublik China	3.5	3.1	n. unterzeichnet
21	Russland	3.2	–	n. unterzeichnet
	Einheimische Unternehmen	1.9	–	

Die Frage bezieht sich auf die Bereitschaft von Unternehmen führender Exportländer, in den untersuchten Schwellenländern Schmiergelder an hochrangige Amtsträger zu zahlen.

Der ideale Wert beträgt 10.0 und weist darauf hin, dass keinerlei Bereitschaft für Bestechung wahrgenommen wurde. Somit beginnt die Rangliste mit Unternehmen der Länder, in denen eine niedrige Bereitschaft für Bestechungsländer im Ausland wahrgenommen wurde. Die Untersuchungsdaten deuten darauf hin, dass einheimische Unternehmen in den 15 befragten Schwellenländern eine sehr hohe Bereitschaft zur Zahlung von Bestechungsgeldern aufwiesen – höher als die der ausländischen Firmen.

Bestechung in Wirtschaftsbranchen

Wie wahrscheinlich ist es in den folgenden Wirtschaftsbranchen, dass hochrangige Amtsträger in diesem Land [Wohnsitz des Befragten], Schmiergelder verlangen oder annehmen, z. B. für öffentliche Ausschreibungen, gesetzliche Vorschriften, Genehmigungen?

Gesamtzahl der Befragten	2002
	835
Öffentliche Infrastruktur/Bauwirtschaft	1.3
Waffen-/Rüstungsindustrie	1.9
Gas- und Ölindustrie	2.7
Immobilien/Sachanlagen	3.5
Telekommunikation	3.7
Energieerzeugung/-übertragung	3.7
Bergbau	4.0
Transport-/Lagerwesen	4.3
Pharmaindustrie/Gesundheitswesen	4.3
Schwerindustrie	4.5
Bank- und Finanzwesen	4.7
Zivile Luftfahrt	4.9
Forstwirtschaft	5.1
IT	5.1
Fischerei	5.9
Leichtindustrie	5.9
Landwirtschaft	5.9

Die angegebenen Werte sind Durchschnittswerte aller Antworten. Sie beziehen sich auf eine Skala von 1 bis 10, wobei 0 ein extrem hoch eingestuftes Ausmaß von Korruption darstellt und 10 auf keine Korruption hindeutet.

Bestechung in Wirtschaftsbranchen –
nach Höhe der Schmiergelder

In welchen beiden der oben aufgeführten Wirtschaftsbranchen ist es am wahrscheinlichsten, dass die höchsten Bestechungsgelder gezahlt werden?

Gesamtzahl der Befragten	2002 835
Öffentliche Infrastruktur/Bauwirtschaft	46 %
Waffen-/Rüstungsindustrie	38 %
Gas- und Ölindustrie	21 %
Bank- und Finanzwesen	15 %
Immobilien/Sachanlagen	11 %
Pharmaindustrie/Gesundheitswesen	10 %
Energieerzeugung/-übertragung	10 %
Telekommunikation	9 %
IT	6 %
Forstwirtschaft	5 %
Bergbau	5 %
Transport-/Lagerwesen	5 %
Schwerindustrie	4 %
Landwirtschaft	3 %
Forstwirtschaft	3 %
Zivile Luftfahrt	2 %
Leichtindustrie	1 %

OECD-Konvention zur Strafbarkeit der Bestechung ausländischer Amtsträger im internationalen Geschäftsverkehr (Anti-Korruptions-Konvention)

Welche der folgenden Optionen trifft am besten Ihren Kenntnisstand über die Konvention?

	Studie 2002							
	2002	1999	Auslän-dische Unter-nehmen	Inlän-dische Unter-nehmen	Rech-nungs-prüfer	Handels-kammern	Banken	Juristen
Gesamtzahl der Befragten	835	779	261 31%	261 31%	84 10%	71 9%	80 10%	78 9%
Ich bin vertraut mit der Konvention	7%	6%	7%	4%	8%	13%	8%	12%
Ich weiß etwas darüber	12%	13%	12%	10%	18%	18%	9%	14%
Ich habe nur davon gehört	32%	43%	30%	33%	26%	28%	36%	38%
Ich habe nichts davon gehört	42%	38%	44%	45%	40%	38%	41%	29%
Keine Angaben	7%	–	7%	7%	7%	3%	6%	6%

Wissen Sie, ob Ihre Organisation aufgrund der OECD-Konvention Maßnahmen umgesetzt hat?

Gesamtzahl der Befragten	2002 164 %	1999 146 %
Überprüfung der Geschäftspraxis	13	19
Umsetzungsprogramm besteht bereits	35	–
Keine Maßnahmen erforderlich	30	43
Bisher keine Entscheidung getroffen	13	18
Ich weiß nicht, wie die Organisation darauf reagiert	9	12
Keine Angaben	–	8

Lösung zur Bekämpfung der Korruption

Angenommen, Sie könnten Korruption in einem der folgenden Bereiche beseitigen, welchen würden Sie wählen?

Gesamtzahl der Befragten	2002 835
Gerichte	21 %
Politische Parteien	19 %
Polizei	13 %
Zoll	9 %
Bildungswesen (Schulen, Universitäten)	7 %
Steuerbehörde	6 %
Privatwirtschaft	4 %
Bau- und Nutzungsgenehmigungen	4 %
Medizinische Dienste	3 %
Beschäftigungs- und Arbeitsbedingungen	2 %
Versorgung und Telekommunikation (Telefon, Elektrizität, Wasser, etc.)	2 %
Einwanderung & Pässe	1 %
Andere	3 %

Informationsquellen der Befragten

Bitte nennen Sie die Quellen, von denen Sie Informationen über dieses Thema erhalten haben.

Gesamtzahl der Befragten	2002
	835
Informationen von Kollegen, Freunden, Kunden	58 %
Presse, Medienberichte	55 %
Persönliche Erfahrungen	52 %
Quellen in anderen Unternehmen	38 %
Direkte Erfahrungen mit Leuten Ihres Unternehmens	34 %
Regierung und diplomatische Quellen	13 %
Internet	12 %
Ich weiß nicht / Andere	12 %
Transparency International	8 %

Ausmaß der Korruption

Hat es insgesamt in den letzten fünf Jahren eine Veränderung im Ausmaß der Bestechung ranghoher Amtsträger durch ausländische Unternehmen in diesem Land [Wohnsitz des Befragten] gegeben?

Gesamtzahl der Befragten	2002 835 %	1999 779 %
bedeutend zugenommen	10	
etwas zugenommen	13	
Gesamt: Zunahme	**23**	**33**
gleich geblieben	37	22
etwas abgenommen	21	
bedeutend abgenommen	6	
Gesamt: Abnahme	**27**	**25**
Ich weiß nicht	13	20

Haben Veränderungen und Entwicklungen in den folgenden Faktoren bedeutend dazu beigetragen, dass das Ausmaß der Korruption von ranghohen Amtsträgern durch ausländische Unternehmen in den letzten fünf Jahren *abgenommen hat?*

	2002
Größere Pressefreiheit	52 %
Staatliche Ermittlungen in Korruptionsfällen	48 %
Verbesserungen in Corporate Governance	42 %
Verstärkte Kontrollen bzgl. Geldwäsche	39 %
Wachsende Globalisierung und Wettbewerb	38 %
Verbesserung der öffentlichen Vergabepraktiken	33 %
Privatisierung des Staatsvermögens	33 %
Erhöhte Rechenschaftspflicht von Beamten	33 %
Erhöhte Liberalisierung der Finanzmärkte	29 %
Reformen in der Parteienfinanzierung	10 %
Andere	1 %

Haben Veränderungen und Entwicklungen in den folgenden Faktoren bedeutend dazu beigetragen, dass das Ausmaß der Korruption von ranghohen Amtsträgern durch ausländische Unternehmen in den letzten fünf Jahren *zugenommen* hat?

	2002
Toleranz der Öffentlichkeit gegenüber Korruption	67 %
Verschlechterung der Rechtsstaatlichkeit	59 %
Immunität ranghoher Beamter	53 %
Unzureichende Kontrollen bzgl. Geldwäsche	49 %
Niedrige Löhne im öffentlichen Sektor	44 %
Verschlechterung der öffentlichen Vergabepraktiken	35 %
Zunehmende Geheimhaltung in Regierungskreisen	34 %
Privatisierung des Staatsvermögens	32 %
Wachsende Globalisierung und Wettbewerb	28 %
Reformen in der Parteienfinanzierung	23 %
Erhöhte Liberalisierung der Finanzmärkte	19 %
Beschränkung der Pressefreiheit	6 %
Andere	2 %

Andere illegitime Geschäftspraktiken, um unlautere Vorteile zu erlangen

Gibt es in den Ihnen vertrauten Wirtschaftsbranchen andere illegitime Geschäftspraktiken, wodurch Regierungen unlautere Geschäftsvorteile für ihre Unternehmen erlangen?

	2002	1999
	835	779
Gesamtzahl	%	%
Ja	68	69
Nein	26	69
Keine Angaben	7	–

»Andere illegitime Geschäftspraktiken« sind die Korruption begleitende Praktiken, die dazu dienen, den internationalen Handel und Investitionen auf unerlaubte Weise zu beeinflussen.

Andere illegitime Geschäftspraktiken, die Regierungen einsetzen, um unlautere Vorteile zu erlangen

Welche illegitimen Geschäftspraktiken setzen diese Regierungen ein?

Gesamtzahl der Befragten	2002 567 %	1999 537 %
Diplomatischer oder politischer Druck	66	53
Finanzieller Druck	66	45
Handels-, Preisfragen etc.	66	49
Lieferbindung	54	35
Drohung mit Kürzung ausländischer Hilfe	46	–
konditionierte Waffen- und Rüstungsgeschäfte	41	28
Gefälligkeiten/Geschenke an Beamte	39	36
konditionierte Stipendien/Bildung/ Gesundheitswesen	22	16
Andere Mittel	8	11
Keine Angaben	5	2

Länder, die unlautere illegitime Geschäftspraktiken anwenden, um Geschäfte abzuschließen oder im Geschäft zu bleiben.

Welche drei der aufgeführten Regierungen verbinden Sie grundsätzlich mit den oben genannten illegitimen Geschäftspraktiken [andere illegitime Geschäftspraktiken außer Bestechung, um unlautere Vorteile im internationalen Handel und bei Investitionen zu erlangen]?

Gesamtzahl	2002 567 %
USA	58
Frankreich	26
Großbritannien	19
Japan	18
Volksrepublik China	16
Russland	13
dieses Land	12
Deutschland	11
Spanien	9
Italien	5
Taiwan	5
Südkorea	4
Schweiz	4
Malaysia	3
Kanada	3
Niederlande	3
Singapur	1
Belgien	1
Australien	1
Österreich	1
Hongkong	1
Schweden	< 1

Der Wert spiegelt den Prozentanteil der Antworten wider, bei denen das Land unter den ersten drei der am meisten mit unlauteren Mitteln assoziierten Ländern genannt wurde.

Web-Adressen

Die zentrale Anlaufstelle für TI in Deutschland ist:
www.transparency.de;
die weltweite Adresse lautet:
www.transparency.org.

Direkt zu Informationen zum Source Book gelangt man über:
www.transparency.org/sourcebook.

Unter www.gwdg.de/~uwvw findet sich eine Dokumentation des Corruption Perceptions Index. Eine ausführlichere Beschreibung der für den CPI 2002 angewandten Methodik befindet sich unter: www.transparency.org/cpi/index.html#cpi oder unter: www.gwdg.de/~uwvw/2002.html

Die beiden Ausgründungen von TI, Partnership for Transparency Fund und Forest Integrity Network, sind zu finden unter:
www.partnershipfortransparency.org und www.forestintegrity.org.

Die UN stellt unter www.unglobalcompact.org vorbildliche Firmen vor, die am Global Compact beteiligt sind.

Dem Thema Korruption widmen sich die Weltbank unter:
www1.worldbank.org/publicsector/anticorrupt, die OECD unter:
www1.oecd.org/deutschland/Dokumente/bestech.htm und die Internationale Handelskammer unter:
www.icc-deutschland.de/icc/frame/1.3.html.

Zur praktischen Umsetzung des Integritätspakts in Seoul gibt es detailliertere Informationen unter der Adresse:
www.metro.seoul.kr.

Die gläsernen Abgeordneten, die auf ihrer Homepage Vermögensverhältnisse und Einkünfte offen legen, sind erreichbar unter:
www.kelber.de, www.simmert.de und www.volquartz.de.

Danksagung

Viele haben zu diesem Buch beigetragen. Mein Dank gebührt vor allem Hansjörg Elshorst und Gesine Schwan, die das Manuskript gelesen und durch ihre guten Kommentare bereichert haben. Auch Hans Küng, Richard von Weizäcker und James Wolfensohn danke ich herzlich für ihre wichtigen Zeugnisse. Die mutigen und brillanten Leistungen meiner Mitstreiter bei Transparency International, insbesondere auch der Mitbegründer und Führungspersönlichkeiten von TI in aller Welt und unseres hochengagierten Teams im Sekretariat in Berlin, tragen nicht nur wesentlich unsere praktische Arbeit sondern leuchten auf jeder Seite dieses Buches. Ich bin glücklich und dankbar für unsere Zusammenarbeit. Besonders bedanken möchte ich mich bei Karsten Lohmeyer, ohne dessen engagierte Arbeit das Projekt in dieser Form nicht zu Stande gekommen wäre.

»DIE EINFLUSSREICHSTE PERSON UNTER 35 JAHREN« THE TIMES

Naomi Klein
ÜBER ZÄUNE UND MAUERN
Berichte von der
Globalisierungsfront
2003. 303 Seiten

Naomi Kleins Buch *No Logo!* war gerade im Druck, als 1999 der Protest gegen die WTO in Seattle losbrach – eine neue Protestbewegung hatte ihr Coming-out und die Kanadierin wurde zur Verkörperung des kritischen Teils ihrer Generation. Ihr neues Buch nimmt die Leser mit auf ihre Reisen in die von Tränengas vernebelten Straßen von Quebec City und Prag, zum Camping mit Atomkraftgegnern in der südaustralischen Wüste und zu förmlichen Debatten mit europäischen Staatsoberhäuptern. Die Aufzeichnungen bieten unerwartete Einblicke in Selbstverständnis und Funktionieren der Globalisierungskritiker.

»Mit Klein erlebt die Kapitalismuskritik ein Comeback.« *Süddeutsche Zeitung*

campus
Frankfurt / New York

Gerne schicken wir Ihnen aktuelle Prospekte:
Campus Verlag · Kurfürstenstr. 49 · 60486 Frankfurt/M.
Tel. 069/97 65 16-0 · Fax -78 · www.campus.de